商业领袖财税金融成长系列丛书

全面预算管理

让公司指数级增长

徐华 吕勇清 著

机械工业出版社
CHINA MACHINE PRESS

进入移动互联时代后，很多原有的管理体系被打破，作为工业化时代被广泛使用的预算管理工具和体系，在移动互联时代是不是还同样有效？本书以一个有一定规模的传统企业为案例，通过还原它推行全面预算的全过程，来讲述全面预算推行过程中的要点、步骤、注意事项及方法。同时，本书创造性地提出了适用于移动互联时代的 6M 全面预算管理体系，通过三个管理思想——产品、人性、博弈和三个管理工具——战略、预算、绩效，来阐述在移动互联时代全面预算管理的精要。

图书在版编目（CIP）数据

全面预算管理：让公司指数级增长/徐华，吕勇清著. —北京：机械工业出版社，2019.6
（2022.1重印）
ISBN 978-7-111-63029-6

Ⅰ. ①全… Ⅱ. ①徐… ②吕… Ⅲ. ①企业管理－预算管理－研究 Ⅳ. ①F275

中国版本图书馆 CIP 数据核字（2019）第 124588 号

机械工业出版社（北京市百万庄大街 22 号　邮政编码 100037）
策划编辑：曹雅君　　责任编辑：曹雅君　　封面设计：MK 书装
责任校对：李　伟　　责任印制：张　博
三河市国英印务有限公司印刷
2022 年 1 月第 1 版第 3 次印刷
170mm×242mm・16.25 印张・249 千字
标准书号：ISBN 978-7-111-63029-6
定价：59.00 元

电话服务　　　　　　　　　网络服务
客服电话：010-88361066　　机　工　官　网：www.cmpbook.com
　　　　　010-88379833　　机　工　官　博：weibo.com/cmp1952
　　　　　010-68326294　　金　书　网：www.golden-book.com
封底无防伪标均为盗版　　　机工教育服务网：www.cmpedu.com

序

升华自己，成就别人

陈珠明

（中山大学管理学院）

企业转型升级是个过程，是企业生命周期中必然经历的阵痛，要么跨越第二达尔文海，要么走向终结。转型升级没有可复制的模式和可依赖的有效路径。告诉企业家怎么做是愚蠢的，没人知道你真正的痛点，除了你自己。但要有光。有些光是明亮的，有些光是微弱的，但总能给企业家带来些许的希望。

徐华是我指导的全日制 MBA 班的学生，毕业后他去了一家民营企业做财务总监。在该公司工作期间，他帮助该公司完成了股份制改制、战略融资、ERP 的切换、预算推行等一系列复杂而又具有挑战性的工作。在预算的推行过程中，他积累了大量一手资料以及解决实际问题的办法和案例，这也为他写作本书提供了丰富的素材和宝贵的思路。在他带领的财务团队的参与和共同努力下，一个年产值只有 3 亿元的中小企业，经过七年的发展，变成年产值超过 20 亿元的大型企业集团。在这个过程中，由他主导推行的预算工具发挥了至关重要的作用。在美的等大型制造企业工作的经历，加深了他对预算管理体系重要性的深刻认识。

本书以徐华曾经工作过的企业为案例，全面还原了全面预算推行的全过程，从战略目标的制定到预算目标的分解，从经营计划的编写到预算编制，从预算执行、分析、调整到最终的绩效考核，书中都进行了全景式的描述。本书还列举了大量案例，以案例场景应用引导预算实战。

这些在实战中积累的经验和知识应该能够帮助更多的企业家和财务精英解

决其在企业管理和工作中遇到的困惑和难题，帮助企业更快地发展，帮助财务同行更好地提高管理水平，从而为国家、为社会多做贡献。

　　财务管理专业出身的徐华结合自己多年的管理实战经验，总结出了一套新的方法，并把它命名为"6M 全面预算管理体系"，这也是一个大胆的创新和尝试。徐华还根据自己的思考，把他在工作中的所思所想总结成一些图形和管理学模型，这些图形和模型具有较好的应用价值。比如产品成本效率模型图以成本为横轴，以效率为纵轴，通过生产、传播、渠道三个维度在时空中的变化，很好地解释了经济发展从农业化时代、手工业化时代、工业化时代到移动互联网时代的特征变化和规律趋势，并把社会进步的特征总结为：波浪式推进，螺旋式上升。同时这个模型也很好地验证了为什么在这一波重排秩序的竞争浪潮中，一批互联网公司能够独占鳌头。

　　我指导过众多 MBA 学生，以书的形式系统总结和提炼工作经验与思想的学生，徐华是第一个。有想法的人很多，有思想的却少见。虽然他的总结可能不是很成熟，但我相信一个有十多年工作经历、来自一线工作岗位的专业人士的书，对企业家是有帮助的。

　　它就是那一束光，虽然还很弱。

目 录

序　升华自己，成就别人

第1章　引言 / 1

    1.1　写书的初衷 / 2

    1.2　关于预算本质的思考 / 3

    1.3　预算实施失败的"六个坑" / 7

    1.4　6M体系的介绍 / 10

    1.5　本书的框架及特色 / 15

第2章　主要案例与阅读说明 / 18

    【温馨提示】 / 19

    【案例分享】 / 19

    2.1　背景介绍 / 19

        2.1.1　外部宏观经济环境 / 19

        2.1.2　行业经营环境 / 20

        2.1.3　H集团公司经营概况 / 22

    2.2　全面预算的推行 / 23

        2.2.1　全面预算推行概况 / 23

        2.2.2　全面预算管理的定位及整体思路 / 24

        2.2.3　拉开2016年全面预算工作序幕 / 26

第3章　预算前期准备工作操作实务 / 28

    3.1　战略规划 / 29

3.1.1　定方向　/ 29
　　3.1.2　定目标　/ 32
　　3.1.3　定模式　/ 34
3.2　目标的制定　/ 39
　　3.2.1　经营目标的制定　/ 39
　　3.2.2　管理目标的制定　/ 50
3.3　组织架构　/ 51
　　3.3.1　组织架构的梳理　/ 51
　　3.3.2　各部门具体职责　/ 52
　　3.3.3　人员任命　/ 54
3.4　基础体系的搭建　/ 55
　　3.4.1　企业内部控制制度　/ 55
　　3.4.2　企业业务流程　/ 63
3.5　战略目标转化为经营计划的过程　/ 71
　　3.5.1　经营目标与管理目标的分解　/ 71
　　3.5.2　经营计划　/ 76
3.6　会议体系　/ 83
　　3.6.1　战略规划阶段　/ 83
　　3.6.2　预算编制阶段　/ 86
　　3.6.3　预算评审阶段　/ 86
　　3.6.4　预算执行阶段　/ 87

第4章　预算编制操作实务　/ 88

4.1　概述　/ 89
4.2　预算编制准备阶段操作指南　/ 90
　　4.2.1　责任中心　/ 90
　　4.2.2　预算套表编制说明书　/ 98
　　4.2.3　预算培训　/ 112
4.3　预算推行规划阶段操作指南　/ 113
4.4　预算编制实施阶段操作指南　/ 115

4.4.1　预算初稿的编制　/ 115
　　4.4.2　预算汇总与平衡测试　/ 119
　　4.4.3　预算汇报　/ 119
　　4.4.4　预算批准　/ 120
4.5　H集团公司前装事业部2016年预算的编制　/ 120
　　4.5.1　经营预测　/ 120
　　4.5.2　组织架构与人员任命　/ 123
　　4.5.3　经营计划（简表）　/ 124
　　4.5.4　预算编制　/ 126

第5章　预算控制操作实务　/ 132

5.1　预算控制与集团管控的关系　/ 133
　　5.1.1　集团管控的三种模式　/ 133
　　5.1.2　集团管控模式下预算控制模式的选择　/ 135
　　5.1.3　三种预算控制模式的选择　/ 136
5.2　预算控制方法和步骤　/ 137
　　5.2.1　预算控制方法与思路　/ 137
　　5.2.2　预算控制七步法　/ 145
5.3　预算控制操作实务　/ 146
　　5.3.1　预算资金池的原理及案例应用　/ 146
　　5.3.2　预算准备金的原理及案例应用　/ 149
　　5.3.3　投入产出比的原理及案例应用　/ 151
　　5.3.4　人力成本控制及案例应用　/ 154
　　5.3.5　产品价格管控及案例应用　/ 157
5.4　预算外支出管控　/ 162
　　5.4.1　KPI考核：预算编制准确率　/ 162
　　5.4.2　预留额度，分级授权　/ 162
　　5.4.3　总量控制　/ 163
　　5.4.4　案例应用：预算外支出管理规定　/ 163
5.5　IT条件下的预算控制　/ 164

5.6 预算控制案例分析：以前装事业部为例 / 165
  5.6.1 将事业部分类：差别授权 / 166
  5.6.2 优化预算的审批流程 / 166
  5.6.3 时效控制 / 167

第6章 预算分析操作实务 / 168
6.1 定性分析法和定量分析法的区别与联系 / 169
6.2 定性分析法应用指南 / 169
  6.2.1 头脑风暴法 / 170
  6.2.2 德尔菲法 / 170
  6.2.3 鱼骨图法 / 171
  6.2.4 5W2H法 / 174
  6.2.5 问卷调查法 / 175
6.3 定量分析法应用指南 / 178
  6.3.1 差异分析法 / 178
  6.3.2 对比分析法 / 179
  6.3.3 结构分析法 / 180
  6.3.4 趋势分析法 / 181
  6.3.5 因素分析法 / 181
  6.3.6 排名分析法 / 183
6.4 预警分析应用指南 / 184
  6.4.1 概述 / 184
  6.4.2 风险预警指标体系和红黄绿灯预警制度 / 184
6.5 预算分析案例 / 186

第7章 预算调整操作实务 / 192
7.1 预算调整 / 193
  7.1.1 预算调整概述 / 193
  7.1.2 预算调整原则 / 193
  7.1.3 预算调整类别 / 194
  7.1.4 预算调整时间 / 194

- 7.1.5 预算调整流程 / 195
- 7.2 一般预算调整操作指南 / 195
  - 7.2.1 预算内调整 / 195
  - 7.2.2 预算外调整 / 196
  - 7.2.3 一般预算调整流程 / 196
  - 7.2.4 一般预算调整案例 / 197
- 7.3 重大预算调整操作指南 / 198
  - 7.3.1 概述 / 198
  - 7.3.2 重大预算调整的条件 / 199
  - 7.3.3 重大预算调整的范围和程序 / 199
  - 7.3.4 重大预算调整案例 / 200

第8章 预算考核操作实务 / 205

- 8.1 预算考核概述 / 206
  - 8.1.1 预算考核的定义 / 206
  - 8.1.2 预算考核遵循的原则 / 206
  - 8.1.3 预算考核和绩效考核的区别与联系 / 208
- 8.2 预算考核的意义 / 210
- 8.3 预算考核的方法 / 211
  - 8.3.1 考核要与人性结合 / 211
  - 8.3.2 考核要明确责任中心 / 222
  - 8.3.3 KPI与BSC / 227
  - 8.3.4 二元分布法：经营指标和管理指标的阴阳之美 / 231
  - 8.3.5 博弈论在超额奖设计中的应用 / 232
- 8.4 预算考核案例分析——二元分布法中蕴育的平衡之道 / 234
  - 8.4.1 利润中心预算考核范例 / 235
  - 8.4.2 成本中心预算考核范例 / 236
  - 8.4.3 费用中心预算考核范例 / 237

后记 / 239

致谢 / 247

第 1 章 引 言

第 1 章的思维导图如图 1-1 所示。

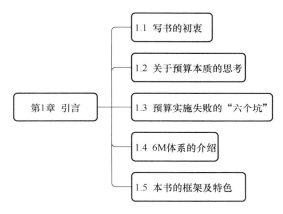

图 1-1　第 1 章的思维导图

1.1 写书的初衷

写这本书的想法由来已久。

2008年年初，我从深圳一家拟在香港上市的公司加盟到佛山三水一家汽车电子公司，也由此开始，见证了一个汽车电子龙头企业的诞生和崛起。

我刚进这家公司的时候，这个行业还处于市场培育期，产品售价高，品牌认知度低，质量各异的产品充斥市场，行业缺乏有号召力的品牌和有责任心的企业。与行业的不规范相比，该公司的管理基础也非常薄弱。2007年在一家咨询公司的帮助下，该公司推出了预算、绩效、信息三大管理工具。从2008年开始，我正式接手了该公司预算体系的建立和改造过程。

从2008年我进入该公司的第一天开始，我们在全面预算的推行和实施上做了很多有益和大胆的尝试，我也能够以操盘者的身份，将自己在书本上和以前公司里所学的知识和经验付诸实践。我很感谢该公司当时给我提供了比较宽松的环境和施展的舞台，也感谢当年跟我一起打拼的兄弟姐妹，他们现在很多已经成为各自公司里的精英和骨干。

从2008年1月到2014年9月，将近7年的时间，我们把"全面预算"这个西方人发明的伟大工具在当时只有3亿元年产值的小企业里进行了大胆的实践，并结出了非常丰硕的成果。当我离开这家公司，追赶创业大潮的时候，它已经扩张了7倍多。当然也有很多遗憾，我们还可以做得更好，还有一些规划中的事项没来得及实施，所以当我向董事长递交辞呈的时候，随辞呈递交的还有一封超万字的信，信中是我对该公司未来的建议和对财务中心的一些规划和思考，包括未来基于预算深化实施的一些思路。

创业以后，我们把方向定在三大块：服务、教育和资本。围绕的也是两类人群：创业家和财务人。在跟他们交流的过程中，我深深地感受到一个好的管理体系的重要性。请允许我把全面预算称作一个管理体系，而不是仅仅作为一个财务工具。体系和工具最大的区别，在于它是否具有思想。如果硬要把全面预算叫作一个工具，我会这样称呼它：全面预算是一个"有思想"的系统性管理工具。

说到思想，不得不提到东西方差异。全面预算发轫于西方，工业化时代将这个工具的作用发挥到了极致，而现在已经进入互联网时代，一切变得大不相同。以 BAT 为代表的中国优秀的互联网企业在两个时代的交接和变换中实现了对西方企业的"弯道超车"。我相信这只是开始，未来会有更多优秀的中国企业"跳"出来，走到世界的前列。这是个大趋势，是由很多因素决定的，但其中很重要的一个因素，我认为是中国几千年的传统文化。文化的形成需要漫长的过程，是很难复制和模仿的，文化是一个民族的基因，融合在这个民族的血液里。

这其实也是我写这本书的初衷，也是本书与很多其他预算书籍的不同所在。我们怀着无比敬畏的心态来学习它，虽然它来源于西方，但是我们希望能够有所超越。中国现在已经是世界第二大经济体，并且还在飞速成长。

英国专栏作家吉迪恩·拉赫曼在他的新书《东方化》中阐述了这样一个观点，全球重心正在加速从西方向东方转移。作为英国《金融时报》首席外交事务评论员，吉迪恩·拉赫曼的观点代表了一部分西方精英人士的想法。

作为中国人，我们不能盲目乐观，但也不可妄自菲薄，紧跟宏观大势，把握住历史赋予我们的伟大机遇。作为管理人和实践者，我们已经做了一些勇敢的尝试。我相信不仅是我们，还有很多管理人和学者也正在为中国智造的崛起而努力奋斗。

1.2 关于预算本质的思考

要学好预算，首先得搞清楚预算是什么，也就是预算的本质是什么。不要觉得这是个简单的问题，如果对预算的本质认识不清、认知不深，就会导致我们在预算的推行过程中走偏。如果你是执行者，走偏后还会有人把你拽回来；但如果你是预算的设计者，那问题可能就大了。

要搞清楚预算的本质，我们要看看它的定义。

网上关于预算的定义大概有这么几个版本。

版本 1：预算是一种由人来控制成本的会计技术。

版本 2：预算是通过对企业内外部环境的分析，在科学的生产经营预测与决策基础上，用价值和实物等多种形态反映企业未来一定时期的投资、生产经营及财务成果等的一系列计划和规划。

版本3：全面预算是为数不多的几个能把组织的所有问题融合于一个体系之中的管理控制方法之一。

如果把这几个版本的关键词罗列出来，分别是：成本控制、会计技术、计划和规划、管理控制、方法。我们再把这些关键词进行归类，成本控制和管理控制可归为一类，会计技术和方法可归为一类，计划和规划可归为一类。

所以说，对于预算定义的表达，大抵有以下三种：

（1）它是一种技术和方法。

（2）它是一种控制手段。

（3）它是一种计划和规划。

这三种定义正确吗？正确，但不够全面。

把预算当成一种技术和方法的人我见过，他是一等一的高手，底稿设置、公式链接、勾稽关系、预算报表做得非常华丽。然而，这些并没有什么用，落不了地，跟其他部门缺少沟通，没有形成一个闭环的管理体系。没办法，再好的技术也替代不了管理者的思考。预算是管理者思想的延伸，它不单单是一门技术而已。

说预算是一种控制手段的人就更多了。"企业做预算就是对员工进行控制的，因此，为了摆脱企业对我们的控制，我们要减少束缚，就要多报预算、虚报预算，报完再跟企业博弈。"

"我们也没办法，谁叫你们不做预算。我们只能根据你们的预算进行审批，否则，我们也要承担责任的。宁杀过不错过"。这是很多负责预算审核的财务人员的心声。因为大家都把预算理解为一种控制手段，所以在很多实施预算管理的企业中，财务部门和业务部门水火不容。

"预算是一种计划和规划，所以我们要申请预算调整"。与把预算理解成控制手段的人不同，持这种观点的人认为预算应该有很大的灵活性，因为未来是不确定的，预算只是对未来的一种规划，当"未来"变成"现在"时，我们应该根据实际情况进行相应调整。持这种观点的人也不在少数。由于缺乏严谨性，预算最终只能变成一堆毫无意义的表格，有或没有差不多，走个形式呗。

所以说，把预算理解为技术、手段和计划的，都不够准确和全面。

那预算的本质到底是什么？

我认为是配置，更准确一点，叫目标分解和资源配置。

为什么这么说？请听我解释。

战略的三大职能是定目标、定方向和定模式。其中，核心职能是定目标，定完目标后要把目标分解下去。怎么分解？这就涉及预算的职能。预算除了把目标逐层往下分解外，还有一个重要的功能就是配置资源。想让马儿跑，得让马儿先吃草。领导要让各部门完成下达的目标，得给其配置相应的资源。所以说，预算的实质是根据战略目标来配置资源的一个过程。把这个本质搞清楚了，各部门就不会排斥预算了。因为预算并不是来控制你的，它是帮助各部门合理地配置资源的。

比方说，你是销售部门的负责人，公司给你制定了 10 亿元的销售指标，1 亿元的利润指标，同时分配给你 2 亿元的销售费用。你接受指标和资源后，要把指标和资源再往下分解和配置，这个分解和配置的过程就是预算编制和执行的过程。如果没有全面预算这个系统的工具，你如何能够将资源以最有效率的方式配置下去呢？你又如何利用公司配置的资源调动你所管辖部门的员工的积极性，从而顺利地完成公司下达给你的指标呢？另外，如果你利用公司给你的资源超额完成了公司下达的指标，你还能拿到额外的奖励。如果没有预算这套体系做支撑，人力资源部门又用什么依据来制订你的业绩考核标准呢？

因此，正确地理解预算的本质会有助于预算的推行，有助于最大限度地发挥预算的价值。

说到这里，我想起 2008 年刚到 H 集团公司的时候遇到过的一个问题。该公司刚在广州和北京设立了两家销售分公司，负责这两个城市的市场拓展和产品销售。为了加强对分公司的财务管控，分公司所有的费用在报销时都需要经过集团总部财务部审核，分公司出纳方可付款。这种看似严厉的管控措施其实漏洞百出。

1. 工作效率低下

大到每月工资的发放，小到业务人员花几百元请客户吃饭，都需要把报销单据拿到集团总部审批，这样的规定其实很不具有可操作性。看似严厉的管控，其结果适得其反，业务人员往往先斩后奏。他们也是没办法。比如帮客户做门头广告，从写申请到集团总部批准，审批的时间加来回邮寄的时间，起码半个月过去了。这时候再来干活，效果肯定大打折扣，客户的满意度当然也好不到哪里去。

2. 员工满意度差

分公司的经理和员工如果完全执行集团总部的规定，很多事就很难干成，也必然会影响分公司的销售业绩。先斩后奏的结果，一种可能是需要员工自己先垫钱，另一种可能是集团总部不审批，费用还需要员工自己出。

3. 资金并不安全

集团总部本来希望通过对审批流程的严格管控来确保资金的安全，但这种看似严格的管控制度根本保证不了资金的安全性。

如何解决这些问题呢？堵不如疏。前面说过了，预算的本质不是控制，而是目标分解和资源配置，根据企业下达的战略目标，合理地配置资源，并且保障战略目标的达成，这才是对预算的准确理解和正确的打开方式。

因此，经过详细的调研和论证，我们采取了以下三条措施对分公司的财务进行管控。

（1）措施一：适度放权。

（2）措施二：收支两条线。

（3）措施三：建立预算审批制。

先说放权，最开始给予分公司经理的审批权限限额为 2 000 元，等到措施二和措施三都实施到位后，再把审批权限限额提升到 5 000 元。由于分公司为销售型公司，所以 5 000 元的审批额度基本上能保证分公司日常经营活动的开支由分公司经理做主，集团总部只需对分公司每月的工资及超过 5 000 元的大额费用支出进行审核。

适度放权的同时建立收支两条线的政策。要求每个分公司至少开立两个银行账户：一个账户为收入账户，负责款项的收取；另一个账户为支出账户，负责分公司日常经营支出。收入账户由集团总部财务部门进行管理，分公司经理只有知情权而无支配权。收入账户与集团总部的账户关联，超过一定额度后自动划拨到集团总部的资金账户。支出账户由分公司进行管理，确保各项费用支出能够及时报销和到账。

除了适度放权和收支两条线以外，最后一条措施是建立预算审批制。分公司每月将资金预算报表呈报集团总部审批后，财管中心在上下半月分两次将集团总部审批的资金划入分公司支出账户。

这些措施实行后，员工满意度大幅提升，集团总部对分公司的管控看似减弱了，但分公司的运行效率却大大提高，资源也得到了更好的配置。

1.3 预算实施失败的"六个坑"

中国有句古话:"凡事预则立,不预则废。"可见做成一件事,事前的规划是多么重要。

关于预算的重要性,我就不多说了。有幸读到这本书的人,我相信您对于预算应该有一定的了解。如果您做过预算,那么预算会带给您喜悦或您曾为预算所伤。

根据我以往的经验及从网络上获取的数据,很多企业所做的预算是不成功的。为什么不成功?导致预算实施失败的主要原因又是什么呢?怎样才能提高预算实施的成功率?有没有一套行之有效的方法或体系能确保预算的有效实施?

这几年我一直在思考和研究这些问题,走访了很多企业,与许多上市公司或拟上市公司的财务高管进行了深度的交流,并阅读了大量国内和国外关于预算方面的书籍,希望能找到解决这些问题的答案。

我试着去把这些导致预算实施失败的原因进行归纳总结。经过反复推敲,我总结出了导致预算实施失败的"六个坑"。

1. 坑一:管理缺位

管理缺位是在实施预算的企业中普遍存在的一种现象。很多人把预算工作看成财务部门的事情,管理层没有给予足够的重视。企业的预算实施由财务总监或预算经理负责,但并没有得到相应的授权。

全面预算是个"一把手"工程,企业的 CEO 才是全面预算的第一责任人。管理的错位必然带来管理的缺位,而管理缺位带来的恶果是显而易见的,即所谓"屁股决定脑袋"。管理缺位是很多企业在推行全面预算时常犯的一个错误,究其原因,大概有以下几种。

(1)职责不清。预算是战略的承接,企业通过战略规划确定了年度目标,承接这个目标的是以 CEO 为首的经营管理团队。因此,通过战略规划制定的目标首先由 CEO 来承接。总经理承接这个目标后,再通过一套系统的方法分配给各部门,由于这个分配的工作一般是由财务部门来完成的,所以很多人会以为预算就是财务部门的工作。

（2）老板就是CEO。在很多民营企业中，所有者和管理者的角色存在严重的重合和混淆，老板就是CEO。在这种情况下，老板既是任务的制订者，又是任务的承接者。任务完成了，是老板自己的功劳；任务完不成，所谓的职业经理替老板"挨板子"。这是一种管理错位造成的管理缺位。

（3）认知上的误区。把预算看成财务部门的职责，持有这种观点的人还真不在少数。这是一个非常普遍的认知误区。而要改变这种认知错误，其实是一件很难的事情。我以前有个同事，在公司中负责一个品牌的营销，他认为公司做预算就是来控制他们的，因此，在公司任职期间，他经常和财务部门的同事吵架，财务部门组织的预算培训他也很少参加。后来，他自己出来创业，当了老板，才深知预算的重要性。我在一个平台上讲预算时，他竟然把我讲的三期课程都很认真地听完了。他之所以能从以前的排斥到现在的主动，主要是在认知上发生了变化。所以，要让老板走出认知上的误区，你可以尝试买一本书送给他。

2. 坑二：预算和考核"两张皮"

预算和考核脱节，是在预算实施中遇到的第二个常见的"坑"。战略、预算和绩效，常常称作企业管理的"三驾马车"，而这"三驾马车"中，战略排在首位，另"两驾马车"都是围绕着战略来展开的。全面预算和绩效考核的工作一般是由两个平行的部门来承接的，这两个部门分别是财务部门和人力资源部门。由于它们是两个平行的部门，权力相当，地位对等，因此很容易造成各自为政，谁也不服谁的局面。

对于一个大的集团型企业而言，董事会一般会下设三个专业委员会：战略委员会、预算委员会和薪酬绩效委员会。战略委员会负责企业战略的制定，一般由总裁办或企管中心承接；预算委员会负责企业预算的实施，一般由财务中心来承接；薪酬绩效委员会负责企业薪酬绩效体系的设计，一般由人力资源中心来承接。三个机构分工明确，职责清晰，但这也带来一个问题，就是横向沟通的成本和效率问题。战略没有预算做分解，只能高高在上，落不了地；预算没有绩效考核做支撑，只能是一堆美丽的数字，徒有其表。

3. 坑三："一口吃个胖子"

我国自改革开放以来，经济取得了飞速发展，造就了一批又一批亿万富翁。同时，过快的经济增长也导致很多人追求短、平、快，希望快速成功。表现在企业的管理上,就是急功近利,今天种庄稼,恨不得明天就收果实,结果却往往欲速则不达。

推行全面预算是一个系统工程,从导入到实施再到完善,一般需要3~5年的时间。如果企业想"一口吃个胖子",往往会适得其反:不做预算还能存活下去,一做预算,企业反而垮了。这不是预算本身的问题,而是在方法上出了问题。

4. 坑四:预算僵化,缺乏灵活性

"做预算就是为了控制费用""有预算就给钱花,没有预算就不给钱花",很多人对预算的认知还停留在这样一个层面。在这种认知下,负责预算组织的财务部门和预算使用部门始终处于一种"敌对"的关系。预算使用部门担心预算太少,钱不够花,所以拼命做大预算;而执行预算的财务部门则根据预算报表机械地执行。这两种情况都是预算僵化的表现,为了预算而预算,缺乏灵活性和必要的变通。

预算僵化在很大程度上是因为对预算认知的错误,把预算的本质理解成控制:你要控制我,所以我要做大预算;我要控制你,否则你会乱花钱。

5. 坑五:预算与战略脱节

战略高高在上,高层制定完战略就交给财务部门执行,预算只不过是战略的一个"留声机"。预算与战略的脱节在很大程度上基于企业对预算的漠视。战略和预算不是从属关系,而是你中有我、我中有你。没有战略做前提,预算无从下手;同样,没有预算做支撑,战略只不过是一纸空文。

6. 坑六:缺乏系统、有效的预算管理体系

对预算认知不深,缺乏系统、有效的预算管理体系也是预算实施不成功的重要原因之一。系统的预算管理体系的缺失也是目前国内管理会计学界面对的一种客观现实,造成这种尴尬有以下几个原因:

(1)全面预算是舶来品。全面预算起源于西方,跟西方企业几十、上百年的沉淀相比,中国企业的历史都比较短,在管理上相对比较粗放。此外,由于中西方的文化差异,适用于西方企业和西方人的管理体系到了中国,有时候也会存在水土不服的现象。比如,在西方企业中流行甚广的平衡计分卡,应用到中国企业中,就鲜有成功的。

相对于平衡计分卡,全面预算在中国企业中推行的力度更大,范围更广,成功率也要高很多,但这些推行成功的企业并不是教育机构,这些成功的经验和经

过企业自身实践改良后的体系并不能广泛地应用到其他企业。

（2）管理学的发展严重滞后于科技的进步。我们正处于一个伟大的变革时代，由于移动信息技术和IT技术的迅猛发展，中国乃至全球都在由工业化时代向移动互联网时代快速过渡。

在这个过渡中，相比科技的进步，国内管理学的发展却严重滞后。清华大学的一位教授曾说过，他在对企业进行辅导的时候，发现西方的体系越来越不适用于中国的企业。这位教授的话透露出了两层意思：一层意思是中国本土的管理体系还处于跟跑状态，落后于西方；另一层意思是在新的变革时代，如果我们管理学人把握机会，就有可能像中国的科技企业一样实现"弯道超车"。这个"弯道超车"的契机，在于中国几千年传承下来的优秀的传统文化。

（3）缺少针对管理会计和全面预算的系统培训。和国外注重实战的培训不同，国内职业经理人的培养更多还是来自于企业实战。虽然经过这么多年的发展，中国的职业教育取得了长足的进步，但与国外成熟的商学院教育体系相比，还有很大的差距。

仅就教材而言，我们很多商学院的教材来源于哈佛大学等发达国家的高校，国内真正自主研发编写的高质量教材少之又少。

商学院尚且如此，再细化一点的职业会计教育，特别是管理会计教育，就更加不容乐观了。另外，从财务人员的培训体系来看，国内比较偏重于考证教育，专注于会计实战的培训机构则相对较少。很多财务人员在负责企业预算的工作时，对预算知之甚少，也就制约了企业预算实施的质量和效果。

以上是我和我的团队总结出来的预算实施的"六个坑"。了解这"六个坑"，有助于我们树立正确的预算意识，建立正确的预算认知，从而在预算的实施过程中少走弯路，把预算的价值和思想真正发挥到极致。

1.4　6M体系的介绍

6M体系的出现，是基于我本人及团队大量的管理实践及之前所做的思考。使工具更强大的不是工具本身，而是赋予工具的思想。每个工具的产生都有其时代背景，但背景终有一天会变成背影，要想留住背影，必须赋予其新的思想。

这个新的思想又是什么呢？我们把6M打开来看看。6M顾名思义就是6个M，围绕着全面预算的6个管理维度。这6个管理维度分别是：产品、人性、博弈；战略、预算、绩效。前面三个为管理思想，后面三个为管理工具。思想作用于工具，工具驱动管理。

1. 管理思想

我们先来说说三个管理思想。

（1）产品。大家肯定会觉得奇怪，为什么说产品是一种管理思想呢？产品不就是商品吗？这两者有什么区别？相对于商品而言，产品的含义更广泛一些，商品是用于交易的产品。

当然我们不是来谈产品和商品的差异的，我们来讲讲为什么产品是一种管理思想。要弄清楚这个问题，我们先来看看企业是以什么为目的的。对的，企业以营利为目的，这是由企业的经济属性决定的。企业要营利，就必须要有买和卖，也就是我们常说的交易，要完成交易的整个过程，必须要打通三个环节：生产、传播和渠道。每个环节又对应两个指标：成本和效率。

如表 1-1 所示，我们从工业时代说起。工业时代是一个划时代的时代，因为工业时代发生了两件大事：一个是蒸汽机的发明；另一个是泰勒提出了科学管理理论。这一硬一软两样东西极大地提高了生产环节的效率，降低了生产环节的成本，所以说，工业时代解决了两个指标，即生产环节的成本和效率问题。除了这两个指标外，我们再看看传播环节，工业时代的传播比较依赖于报纸和电视，特别是电视，一个广告播出，妇孺皆知。比如秦池酒业，央视黄金时段标王一拿，马上从一个不入流的小酒厂晋升为明星企业，酒的销售量呈几何级增长。可是巨额的广告投入对酒的品质有改善吗？没有任何改善。因此，工业时代只解决了传播环节的效率问题，没解决传播环节的成本问题。因为传播的成本过高，最终秦池酒业还是倒闭了，可谓成也广告，败也广告。最后看渠道环节，工业时代的渠道多采用的是经销商制，一层层分销，每一层都要加价，因为要付租金，养团队，还要赚取一定的利润，所以渠道的成本是很高的。除了渠道成本高，效率还很低，商品从工厂生产出来，要先转移到省级经销商的仓库，然后再从省级经销商的仓库转移到地级分销商的仓库，再转到县级分销商的仓库，最后到零售商的仓库，这一级级的转移导致效率极其低下。

表1-1 产品成本效率模型

时代	指标	生产	传播	渠道
农业	成本	高	高（口碑）	高（集市）
	效率	低	低	低
手工业	成本	高	较高（商户）	较高（门店）
	效率	较低	较低	较低
工业	成本	低	高（传统广告）	高（代理、分销）
	效率	高	高	低
互联网	成本	低	低（自媒体）	低（电商）
	效率	高	高	高

可以总结一下，被人们称之为划时代的工业时代，也不过解决了六个指标中的三个指标。是哪三个指标呢？生产环节的成本指标、生产环节的效率指标、传播环节的效率指标。还有三个指标的问题没解决：传播环节的成本问题、渠道环节的成本问题、渠道环节的效率问题。

哪里有压迫，哪里就有反抗；哪里有痛点，哪里就有商机。工业时代没解决的三个指标衍生出来的痛点，就给了互联网企业机会，淘宝、天猫、京东等解决了渠道环节的成本问题；顺丰、圆通、菜鸟物流等解决了渠道环节的效率问题；百度、自媒体、优酷视频等解决了传播环节的成本问题。互联网企业的快速崛起和迅猛发展，引领我们从工业时代进化到互联网时代。产品成本效率模型如图1-2所示。

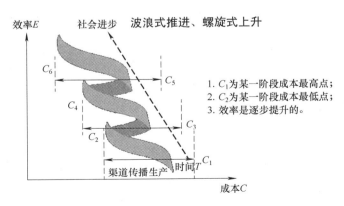

图1-2 产品成本效率模型

目前，我们正处于历史的转折点，人类几千年的发展才完成了半个抛物线，现在正处在这个抛物线的切口和临界点，因此，一夜之间很多原来遵守的商业规则和逻辑好像都不再适用了。有一段时间，企业家们陷入集体的焦虑，不知道该往何处走。有些企业盲目地冲进电商平台，结果没有打击互联网公司，自己的传统渠道反而被摧残得一塌糊涂。究其原因，是企业家们没有研判到行业的变化和未来的发展趋势。

所以，我们要做好全面预算，必须制定清晰而正确的企业战略；而要制定出清晰而正确的企业战略，就要清楚地了解和掌握行业的发展方向以及未来的发展趋势，也就是人们常说的"风口"。学习产品成本效率模型有助于把握未来的趋势和风口。

（2）人性。关于人性，有两种说法：一种说法是人性本善；另一种说法是人性本恶。其实人的本性是善恶兼有的。人的善性，我们要用文化去牵引；人的恶性，我们要用制度去约束。世间绝少纯粹的善，也绝少纯粹的恶。一个好的管理者一定善于激发人的善性，抑制人的恶性，用文化和制度把人性的善恶拿捏得恰到好处。撇开善恶，对人性最准确的描述我觉得应该是趋利避害。趋利是因为贪婪，避害是由于恐惧。几千年来，人的本性基本上没发生过什么变化。正是因为贪婪和对美好生活的向往，才推动了人类社会的进步；也正是因为恐惧和对违反制度的害怕，才让人们循规蹈矩，不敢轻易做出有损于企业的事情。

（3）博弈。如果说企业的管理就是人性的管理，那么企业的经营就是各种博弈的综合运用。管理无处不博弈，大到企业战略目标的制定，小到一个普通员工的招聘，都需要博弈。

比如说预算目标的确定与下达就是一系列博弈的过程。预算目标来自战略目标，战略目标由战略委员会制定，战略委员会是董事会下面的一个专业委员会，代表的是股东，即所有者的利益。战略目标一般会制定3~5年，下一个年度的目标就是预算目标。预算目标由以CEO为首的经营班子来进行承接，这个经营班子代表的是管理层的利益。所有者肯定希望企业的利润越高越好，投资回报率越高越好；而管理层则希望目标越低越好，目标越低，目标完成的可能性就越大，管理层对应的绩效和奖金就越多。所以企业预算目标的确定过程就是一个博弈的过程。企业级的预算目标确定后，还要一层层往下分解。CEO承接董事会下达的目标后，要把它往各部门、各事业部、各中心进行分解。分解的过程又是一轮博弈的过程，直至把每一项目标落实到最基层的员工身上。

除了预算，新员工的招聘也是一个博弈的过程。人力资源中心要招聘一名新员工，作为用人部门，肯定希望用最少的钱招到最优秀的人；而作为求职者，我之所以跳槽到你这里，当然希望你这儿的薪水和待遇比我在原来公司的高。两者的诉求存在分歧，又是一轮博弈。前面说过，预算的本质是配置，而要使资源得到最合理的配置，就需要管理者具备高超的博弈技能。有些人认为博弈是"要心眼"，这是不对的。"要心眼"是我赢你输，而博弈是令资源的效益最大化，达到双赢和多赢。

2. 三个工具

说完三个管理思想，再来说说三个管理工具。

（1）战略。关于战略的定义，一千个人有一千种解释。在这么多定义中，我认为这个解释比较接地气：企业战略是以未来为基点，为寻求和维持持久竞争优势而做出的有关全局的重大筹划和谋略。再通俗一点，所谓战略，就是战胜别人或战胜自己的策略。

战略位列管理之首，有了战略，预算才有用武之地。战略有三个职能：定目标、定方向和定模式，这三个职能我们会在后面的章节中做详细的描述，这里就不展开讲了。

以下是关于战略的几个观点：

1）企业以营利为目的，因此企业制定战略时应该以盈利为导向，盈利=当前盈利+未来盈利；

2）制定战略时必须注重对商业模式的探讨与研究；

3）制定战略时必须寻找差异化。

当然本书的重点不是跟大家讨论什么叫战略，而是要同大家一起探讨如何制定战略并且将制定好的战略落实到企业的日常管理中，也就是我们通常所说的战略规划。

（2）预算。预算是本书讲述的重点，后面章节中会有详细介绍，在这里也不做过多阐述了。分享给大家我的几个观点：

1）预算是个非常好的管理工具，很多管理者还没有意识到其真正的价值，而仅仅把其当作一个财务工具；

2）预算的实质是建标准，对照标准找差异；

3）预算必须有预算考核做支撑，预算考核要融入绩效考核之中；

4）预算是个"一把手"工程。

（3）绩效。从管理学的角度看，绩效是组织期望的结果，是组织为实现其目标而展现在不同层面上的有效输出，它包括个人绩效和组织绩效。简单点说，绩效的实质是对个人和组织的一种评价。

关于绩效，也有以下几个观点：

1）绩效考核不等于KPI，绩效管理是一个体系；

2）做好绩效管理一定要通晓人性；

3）好的绩效管理是在经营目标和管理目标之间找到一个动态的平衡；

4）最有效的绩效考核是让员工做合伙人。

1.5　本书的框架及特色

最后跟大家介绍一下本书的框架及特色。

本书一共分为8章，如图1-3所示。

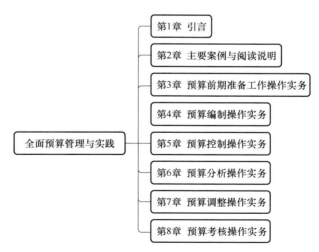

图1-3　全面预算管理与实践的思维导图

这本书花了我和我的团队很多的心血。我们在筹划这本书的时候，希望它是一本特别的、真正用心的、对您有用的书。

经过长达三年多时间的撰写和打磨，它终于要与广大的读者见面了，我的内心非常激动。

它有什么特色呢？我试着总结一下：

第一，实战性。

实战性是本书最大的特点。我们假想了一个案例，这个案例取自于我曾经服务及辅导过的公司，来源于生活又高于生活。为了便于大家了解全面预算的全过程，我们以 H 集团公司前装事业部为基础，还原了战略目标的制定、预算的编制、预算的执行、预算的考核等场景，并对某些关键节点做了较为详细的描述。我们相信，我们经历过的这些事故以及在事故中总结出来的经验，能给您提供或多或少的帮助，如果这些帮助能让您挽回一些损失或少走一些弯路，那么我们所有努力的付出，就算得到了一个比较圆满的结局。

第二，可读性。

大凡专业类的书籍都会让人觉得晦涩难懂，因此，为了增强本书的可读性，我们设计了大量小的有趣的案例，比如，在讲如何设计超额奖的那一节，我们举了一个吃包子的例子。另外，我们尽量用通俗易懂的语言来描述专业的词汇，比如对于战略的定义。

我们深知，一部好的作品，不是自我标榜，而是读者愿不愿意花时间去了解，就像评价一位厨师的好坏，不是因为他的名气，而是他做出的菜能不能让顾客去点单。我们希望您拿起这本书就不愿意放下，像一本故事书一样，一口气把它读完。

第三，启发性。

有人说管理是一门科学，的确，从预算目标的分解到预算报表的试算平衡，无一不体现出预算的精确性：多一分嫌肥，少一分则瘦。但我认为，管理更是一门艺术，即使有再多的推理和假设，我们也不能覆盖所有可能的结果，这个世界充满偶然性，有很多的不确定性，因此，与其授人以鱼，不如授人以渔。我们希望通过一些案例的讲解，让您能够明白其中的道理，从而能举一反三，并把这些您理解到的原理和方法应用到您的企业中去，在实践中总结出一套比 6M 更好用、更强大的体系。

第四，完整性。

与一些关于预算的书不同的是，本书小述了战略、详写了绩效，这两者往往被作者们所忽略。因为无论战略也好，绩效也罢，都不是由财务部门所主导的，但是战略是预算的起源，而绩效却在很大程度上决定了预算的成败，没有绩效考核做支撑，再漂亮的预算也只能是金玉其外。因此在预算考核这一章节，我们把绩效考核放在跟预算考核同等重要的位置，并且创新性地提出二元分布法理论：根据不同类型的责任中心来调配经营指标和管理指标的权重。这是一个大胆的探索，并且经过了实践的检验，它曾经很好地帮助 H 集团公司成为这个行业的领军企业。

此外，本书还有一些有趣的地方。它似乎不是一本纯粹讲预算的书，讲了很多与预算和财务无关的内容，比如产品成本效率模型、人性博弈曲线图、二元分布法等，它们来自于我的管理实践及在实践中的思考。这些内容在教科书里找不到相关的出处，也可以说它们不属于财务知识，却给了我们财务人更广阔的视角。也许跳开财务来看财务，才会让我们更清楚地体悟到财务的本质。

最后，我还想说，与这本书的优点相比，它的缺点更多。我们只是做了一些有益的探索，也许这些探索是毫无价值的，甚至还得出错误的结论，但这又何妨，权且当成抛砖引玉，希望大家给我们更多的包容、更多的建议、更多的指正。也真诚地希望您能和我们一起，共同去探索财务管理的真谛，让中国传统文化的精髓能够融入这个伟大的时代，不仅助力中国企业家的崛起，更推动中国文化的全面复兴。

而这仅仅是开始。

第 2 章 主要案例与阅读说明

第 2 章思维导图如图 2-1 所示。

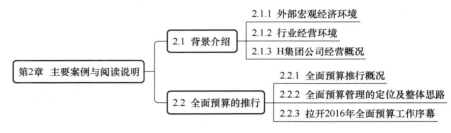

图 2-1　第 2 章的思维导图

第 2 章 主要案例与阅读说明

【温馨提示】

全面预算是一个实操性很强的系统管理工具。为使读者更好地掌握这个工具的操作要领，本书虚拟了一个以现实企业为背景的案例，让读者从企业实施全面预算管理的整个活动过程中体验和领悟全面预算管理的规律和方法，用身临其境的方式，来增强本书的体验性、实战性和有效性。

本案例贯穿于整本书的全过程，也是本书的起点。因此，建议各位读者对本案例进行仔细地阅读，了解案例中的每一个细节对企业全面预算管理实施的影响，以便可以置身其中，与本案例中企业的做法进行比较，更好地体验得失、总结成败，从而领悟科学管理的规律，提高您的经营管理能力。

【案例分享】

2.1 背景介绍

2.1.1 外部宏观经济环境

H 集团公司诞生于 1998 年，是一家从事汽车智能车载导航产品的研发、生产、销售和服务于一体的大型企业集团。H 集团公司在 2009 年完成了股份制改造，并在次年引入了国内一家著名的私募股权机构，H 集团公司由此也进入了发展的快车道。2010 年 H 集团公司含税销售收入超 20 亿元，成为行业当之无愧的领导品牌。

中国经济持续 20 多年的高速增长，给 H 集团公司带来了巨大的发展机遇，因此，主动适应外部经营环境的变化是 H 集团公司战略选择的必然考量。

2014 年 5 月，习近平在考察河南的行程中第一次提及"新常态"。他指出："我国发展仍处于重要战略机遇期，我们要增强信心，从当前我国经济发展的阶段性特征出发，适应新常态，保持战略上的平常心态。"

国际金融危机带来的外部风险使中国经济发展的旧有模式难以为继。国家领导人将这种挑战形容为"三期叠加"：增长速度进入换挡期、结构调整面临阵痛期、前期刺激政策进入消化期。

2.1.2 行业经营环境

1. 车载导航行业市场的特征

（1）产业链条长。从卫星导航定位系统到 GPS 接收机芯片的制造厂商，从电子地图商到导航软件提供商，再到市场终端的车载 GPS 设备、PND 设备和 GPS 手机等，车载导航产业是一个非常复杂的系统，需要上中下游企业的配合。市场终端中车载导航设备的规模依赖于汽车行业的发展。

（2）市场潜力大。在中国，汽车的 GPS 导航装车率远低于欧美等国，外加中国本身巨大的汽车市场，车载 GPS 导航设备会有广阔的市场前景。越来越多的人开始接触并使用 GPS 导航定位功能，从而导致更多的电子产品集成 GPS 导航功能。此外，随着我国私人汽车保有量的增长及用途的转变，GPS 车载导航系统的市场容量不断增长。中国加入 WTO 后，由于汽车进口关税下降，轿车售价随之降低，市场需求更加旺盛。

（3）市场模式的渐近变化。随着家用汽车的普及化程度的提高和汽车售价的降低，车载电子系统在整车生产中的应用也快速提高，搭载导航系统成为车厂提质提价的必然选项，因此车载导航系统前装化将逐步增长。随着行业技术的发展和方案公司的崛起，进入车载导航行业的门槛有所降低，整个行业迎来爆发式增长，爆发式增长带来的后果是竞争加剧，特别是后装市场，一轮轮的价格战导致一批又一批的中小企业被淘汰出局。前装市场成为新的拓展方向，但前装市场投入资金量大，回收周期长，前装的竞争主要体现为企业综合实力的比拼。

（4）手机导航替代风险。随着智能手机的普及以及 4G 技术的逐步成熟，手机导航对传统的车载导航形成了一定的威胁。与手机导航相比，传统的车载导航更加安全，性能更好，屏幕更大，这是车载导航设备的优势，但是它的缺点是价格比较贵，地图更新比较麻烦，需要到固定的地点更新 SD 卡；而手机导航不需要增加太多额外的成本，只需下载一个地图软件，性价比高是手机导航的优势，手机导航技术的发展严重威胁传统车载导航设备生产商的生存空间。但同时，智能手机作为"跨界"的"搅局者"，也促使车载导航行业加快技术和产品的升级换代。

2. 车载导航发展特征

（1）个性消费，中低端消费层主导。目前，国内消费者对车载导航产品的接受能力还停留在中低端水平上。大部分消费者对车载导航产品可接受的主流价位居中；少部分受经济条件的限制，选择了价格较低的低端产品；价位较高的产品只占市场总量的 1/5，只有极少数音响发烧友和高消费人群有能力购买高价格的车载导航产品。

所以，在目前的国内车载导航报价市场上，消费者不仅将单纯的娱乐消费转变为多元化、个性化的理性消费，而且在车载导航市场存在着高、中、低三个层次的消费，中低端消费层成为市场的主导。

（2）群雄纷争，后装市场烽烟四起。作为未来 10 年中国最具成长性的行业，汽车工业的快速发展给国内的汽车后装市场也带来了新的发展机遇。以车载导航产品为例，除了日益增多的私家车，数百万的货车、客车也都有待安装车载导航产品，市场前景广阔。

汽车 GPS 导航后装市场的巨大发展前景为不少投资者看中，这块蛋糕的分食者越来越多。据了解，自 2005 年起，国内大大小小制造和销售车载 GPS 导航产品的厂家逐年增加，截至 2010 年，制造和销售 GPS 导航产品的厂家就多达 230 多家。

随着车载导航厂商的主动出击，以及车主对影音导航品质的追求及个性化的需求，国内汽车影音导航市场上不断出现"建店热""促销热""价格战"等热潮，各生产企业纷纷用自己独有的销售方法以及渠道抢占市场份额。国内车载 GPS 导航后装市场的竞争风起云涌，车载 GPS 导航市场进入了群雄纷争的时代。

（3）新兴领地，前装配套持续增长。随着中国汽车产业的高速发展，私家车的不断普及，车载导航系统已逐渐被人们所认识，其巨大的市场潜力已经引起各方的广泛关注。汽车前装 GPS 受制于汽车消费市场的变化，主要诉求于中高端车型，因此市场保持了平稳的增长态势。进口品牌占前装 GPS 市场的绝大部分，其余多为国产高端车型以及 15 万元以上的车型。由于前装 GPS 市场进入的门槛高，所以国外品牌优势明显。中国导航系统在前装市场中的份额逐年增长，可见各个车系、车型对 DVD 及导航配置的关注度明显上升，DVD 及导航配置随着车的档次的提高在车中的普及率也随之升高，汽车导航系统配置已经成为消费趋向。

（4）智领科技，车联网开启新领域。经过几年的高速发展，中国已经成为全球最大的汽车生产国之一。随着中国汽车市场的不断升温，汽车相关服务也随之应运而生。正是在这样的背景下，向中国汽车市场引入车联网服务已经成为众多整车厂全球化战略的重要内容。

2.1.3　H 集团公司经营概况

2010 年开始，H 集团公司开始对产业链进行整合布局，先后成立了 7 家子公司，涉及上游核心零部件、增值业务、附属业务和下游渠道业务，从而形成了"纵向一体化，横向多元化"网络化布局。H 集团公司在研发、生产和服务方面进行了大规模的投入，初步在研发能力、生产制造能力、渠道开发能力和客户服务能力等方面形成了行业优势。H 集团公司的组织架构如图 2-2 所示。

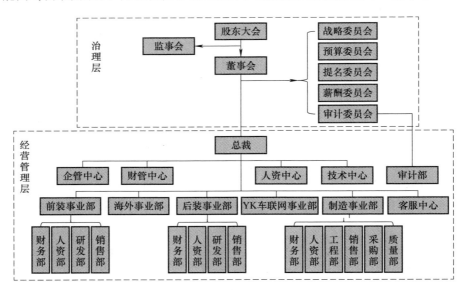

图 2-2　H 集团公司的组织架构

H 集团公司的股东大会、监事会和董事会共同构成治理层，董事由股东大会选出，董事会代表股东对 H 集团公司的经营实施监督管理。H 集团公司各部门及下属的事业部和子公司构成了 H 集团公司的经营管理层，负责 H 集团公司及所属单位的日常事务。制造事业部主要负责 H 集团公司的统一采购和产品生产，将产品销售给其他事业部，其他事业部根据其各自的业务定位和经营范围对外开展业务。H 集团公司的业务定位如图 2-3 所示。

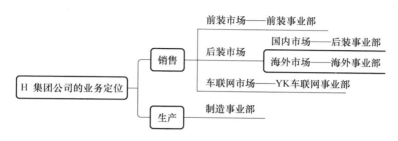

图 2-3　H 集团公司的业务定位

得益于宏观环境的持续向好和前几年大规模的投入和整体规划布局，自 2013 年开始，H 集团公司的业务进入平稳增长期，新投入的项目虽然未能盈利，但整体发展趋势良好。由于"纵向一体化，横向多元化"的集团整体战略布局，子公司业务较为分散，管理效率有待进一步提升，综合优势没有得到最大限度的发挥。

2.2　全面预算的推行

2.2.1　全面预算推行概况

H 集团公司自进入发展期后，步入高速发展通道，年销售复合增长率达 30% 以上，企业规模、管理层级及员工数量大幅增长。在此情况下，H 集团公司迫切需要引入预算管理的工具来进行目标的分解、资源的配置以及绩效的评估。2008 年，H 集团公司引入了预算管理，此后，该公司历经股改、引入风投和制定多元化战略，全面预算管理逐步形成和发展起来。

全面预算管理是 H 集团公司引入的富有成效的管理工具之一。它将全面预算管理思想与该公司的实际业务相结合，为规避内部、外部经营风险，促进该公司的发展壮大发挥了重要的作用。

H集团公司全面预算管理的发展经历了三个阶段，从销售预算和费用预算开始切入，逐步培育预算文化和丰富预算管理的内容，最终建立起基于公司战略并与绩效紧密连接的全面预算管理体系。H集团公司预算发展的三个阶段如图2-4所示。

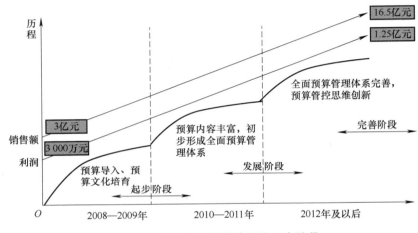

图2-4　H集团公司预算发展的三个阶段

2.2.2　全面预算管理的定位及整体思路

经过多年的发展与沉淀，H集团公司逐步建立起一套较为完善的预算管理体系，形成了战略规划、预算管理、绩效考核三位一体的闭环管理系统。战略规划确定H集团公司未来的目标、方向和模式；预算管理来承接和分解战略规划制定的目标、方向和模式并进行资源的有效配置，督促各预算责任主体根据H集团公司配置的资源完成H集团公司下达的预算目标，而预算管理的工作又为绩效考核提供了数据支持；绩效考核系统的建立有效地保障了H集团公司战略目标的达成。H集团公司经营管理的"三驾马车"如图2-5所示。

预算管理的模式和整体思路由企业战略、集团管控模式所决定。2015年以前，H集团公司实行的是集团管控下的事业部制，在管控模式上是营运管控型。因此，预算管理的模式上对应的是集权模式，集团总部是预算目标的制定者，子公司和事业部是预算执行的主体，集团总部对子公司和事业部的预算责任进行考核与监督。集权模式下的预算管理有着执行力强、集团对业务把控精准、目标感强等优点，但也存在着不可忽略的劣势：过于关注短期利益、与市场脱节、不能充分调动子公司或事业部经营管理层的工作积极性等。

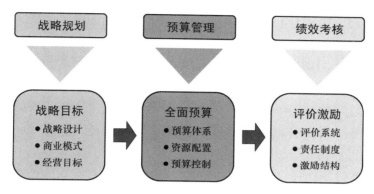

图 2-5　H 集团公司经营管理的"三驾马车"

为了解决集权管控模式下进行决策过于僵化的问题，在 2015 年结束之际，H 集团公司董事会经过多次的战略研讨，决定在 2016 年采取"小集团大事业部"的管控模式，预算目标的制定流程也做了如下调整，如表 2-1 所示。

表 2-1　H 集团公司预算目标的制定流程

步骤		具体内容
1	集中	董事会根据战略目标制定年度经营目标
2		预算委员会根据年度经营目标确定预算总目标，并分解到各责任主体
3	民主	各责任主体根据分配的目标进行再分解，并根据上年预算执行情况及下年可能发生的变化，结合自身资源的配置，进行目标测试
4		各责任主体将测试中的目标差异上报预算委员会
5	集中	预算委员会汇总目标差异并进行综合平衡，确定并下达目标给各责任主体
6		各责任主体根据预算委员会下达的预算目标进行分解

在整个预算目标制定的过程中，董事会及其下属专门委员会进行集中性的目标制定，再把总目标分解到下属事业部及部门。各事业部和部门将对各自目标进行合理性分析和可行性分析，并将分析结果上报给预算委员会进行调整，此为区别于营运管控型模式的民主过程。最后，由预算委员会根据目标汇总结果对目标

进行调整和再一次分解。该预算管控模式既保证了董事会对 H 集团公司战略方向的把控和主动权，避免了财权分散的风险，也兼顾了子公司和事业部经营的独立性和利益，保证预算能够起到管理、协调与控制的作用。

2.2.3 拉开 2016 年全面预算工作序幕

2015 年 9 月，H 集团公司举行了三年战略规划会议，在总结过去三年成败得失的基础上，对未来三年集团的战略进行了研讨。

研讨认为，国内宏观经济发展进入了调整期，存在进一步下探的风险，世界经济复苏缓慢，国际出口业务面临压力。因此，H 集团公司决定调整强势出击的发展战略，以优化产业结构、做强主业、进行内部组织架构调整为主要方向。

在战略方向上，H 集团公司的管控方向由业务管控型向战略管控型转变，集团总部不再具体管理子公司业务，只从战略方向上行使对子公司重大事项的管理。

在业务结构上，对集团业务的附属产业进行剥离，以形成核心业务、新兴业务和种子业务结构。

在组织架构上，形成"小集团大事业部"的布局，集团小而精干，事业部职能充实。

在审批权限上，给事业部、子公司以更大的授权，在 H 集团公司总体定位和目标框架下，事业部、子公司享有更大的独立经营和自主管理的权限，以让子公司释放更大的活力。

会议决定，2015 年 10 月初，H 集团公司举行 2016 年度经营目标研讨会，要求各事业部、子公司提交 2016 年经营目标的预测并提请战略委员会探讨。

会议要求，2015 年 10 月中旬，H 集团公司召开预算工作启动会议，要求预算委员会根据 H 集团公司的战略调整寻求相适应的预算管理模式，最大限度地发挥预算管理的规划、协调、控制和资源优化配置的功能。

会上，集团总裁兼预算委员会主任李×要求集团副总裁兼预算委员会执行主任张×根据集团战略的调整和布局尽快完成预算管理方案。

会后，集团副总裁兼预算委员会执行主任张×找来财管中心预算管理部刘部长，传达了集团战略规划会议的精神，并对 2016 年预算管理方案框架提出了新的想法,要求刘部长进行具体化。因此,H 集团公司 2016 年的预算工作正式拉开了序幕。本书案例中涉及的角色、人员如表 2-2 所示。

表 2-2 涉及人员名单

序号	机构	人员	单位	职位	专门委员会职称
1	集团总部	鲁×	集团	董事长	战略委员会主任
2		李×	集团	总裁	预算委员会主任
3		张×	集团	副总裁兼财务总监	预算委员会执行主任
4		王×	集团	副总裁兼企管总监	战略委员会执行主任
5		刘×	集团	预算管理部部长	预算委员会执行委员
6	各事业部	李×	前装事业部	事业部总经理	主任
7		蔡××	海外事业部	事业部总经理	主任
8		曾××	后装事业部	事业部总经理	主任
9		陈××	YK 车联网	事业部总经理	主任
10		梁×	制造事业部	事业部总经理	主任
11	职能部门	王×	企管中心	部门总监	
12		张×	财管中心	部门总监	
13		黄×	人资中心	部门总监	
14		王×	技术中心	部门总监	
15		林×	审计部	部门总监	
16		吕××	客服中心	部门总监	
17	前装事业部	张×	前装事业部	销售中心总监	副主任
18		张×	前装事业部	制造中心总监	副主任
19		钟×	前装事业部	研发中心总监	副主任
20		张××	前装事业部	财务经理	执行委员
21		曾×	前装事业部	人力资源经理	委员
22		汪××	前装事业部	行政经理	委员
23		刘×	前装事业部	预算专员	

第3章
预算前期准备工作操作实务

第3章的思维导图如图所示。

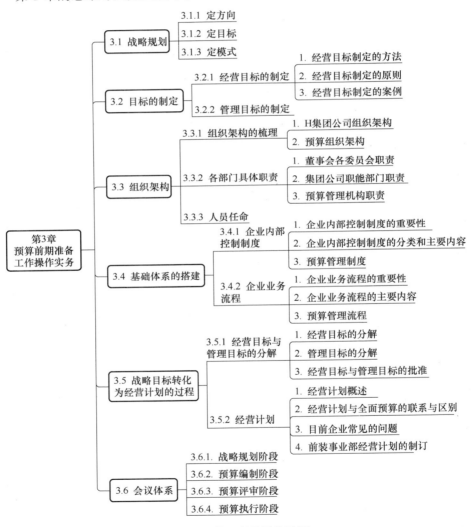

图 3-1　第 3 章的思维导图

"工欲善其事，必先利其器。"在正式编制预算前，还有大量的前期准备工作要做，以下对照思维导图分别阐述。

3.1 战略规划

董事会下设的战略委员会负责集团战略的制定，制定出的战略规划的周期一般为3~5年，主要分为三个方面：定目标、定方向和定模式。战略规划的内容如图3-2所示。

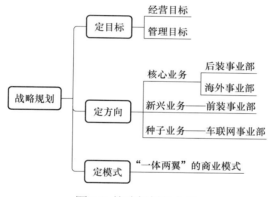

图 3-2 战略规划的内容

3.1.1 定方向

定方向就是确定企业现在及将来的发展方向。

企业的发展方向分为三类：短期发展方向、中期发展方向、长期发展方向。短期发展方向对应的是企业的核心业务；中期发展方向对应的是企业的新兴业务；长期发展方向对应的是企业的种子业务。

我们再来看看三种业务的定义。

核心业务是指在企业所有业务类型中具有绝对竞争优势，能够给企业带来主要利润收入并且相对成熟和稳定的业务。它在短期内能为企业提供主要的利润和现金流。

核心业务会给市场和消费者一个明确的概念，这家企业主要是做什么的。

核心业务一般处于企业生命周期中的发展期和成熟期。

核心业务通常也被称为传统业务。

新兴业务是指企业中正在快速发展和将要快速发展的业务。它属于企业的中期布局。

新兴业务相对核心业务而言，是企业的下一个业绩增长点。

新兴业务一般也是行业中的蓝海市场，跟核心业务更关注利润和现金流不同，新兴业务更关注销售收入的增长和市场占有率的提升。

种子业务是指在企业的所有业务中具有长远的发展潜力，但目前还处于战略投入期和孵化阶段的业务。它属于企业的远景规划。

相对于核心业务和新兴业务而言，种子业务具有较大的不确定性，且由于种子业务还处于投入期和孵化阶段，对种子业务更多的关注点不在于经营指标的达成，而在于管理指标的实现。

根据H集团公司自身的竞争能力以及行业形势，我们把业务类型进行了划分。划分的结果如下：

核心业务：后装事业部和海外事业部。

新兴业务：前装事业部。

种子业务：车联网事业部。

为了让大家更好地理解这个案例，我将这三大业务的分类及命名依据跟大家做一下简要的说明。

后装事业部：相对前装事业部而言，其主要产品是针对汽车出厂以后再进行配置和加装的，以经销渠道体系（含4S店、改装店）为客户群体。

前装事业部：相对后装事业部而言，其主要产品是在汽车出厂前就已经加装好了的，以车厂体系（含车厂、销售公司）为主要客户群体。因此前装事业部一般也是车厂的供应商。

海外事业部：与后装事业部和前装事业部主要针对国内市场不同，海外事业部主要针对海外的市场。

车联网事业部：是H集团公司新设立的一个事业部，成立于2011年5月，是一家大数据的行车安全服务运营商，是通过链接车厂、后装市场、车主，产生人、车行为大数据，为智能网联汽车行业的UBI车险、高精度地图、汽车消费金融、自动驾驶等提供基础支撑的平台型公司。

与后装事业部、前装事业部、海外事业部主要销售硬件不同，车联网事业部主要销售软件和服务。

1. 核心业务——后装事业部、海外事业部

后装事业部和海外事业部给 H 集团公司提供了稳定而充足的现金流。成立于 1998 年的 H 集团公司，在国内前后装智能车机、车载系统领域均发展多年，在国内后装市场占有举足轻重的地位，因此将后装业务归为核心业务。此外，随着国内汽车产业的高速发展，汽车保有量迅速增长，2006—2015 年国内汽车保有量达 14.75%。截至 2015 年，国内汽车保有量已达到 1.72 亿辆。较高的汽车保有量为后装市场提供了广阔的市场空间。虽然国内车载导航产品的前装率不断提升，当达到市场成熟的临界点后，最终会挤压国内车载导航产品的后装市场规模，但是，根据国外成熟市场的经验分析，这将是一个较为长期的过程。此后几年，国内后装车载导航市场仍然具备一定的增长潜力，主要原因如下：第一，虽然前装导航的渗透率在逐步提升，但其目前主要集中在以外资、合资品牌为主的高端车市场，且该部分车型的销量有限，而因性价比、成本，特别是产业链成熟度等因素制约，中低端车市场，特别是国产车市场的前装导航渗透率仍旧非常有限，且该部分车型的销量巨大，为后装导航市场提供了广阔的发展空间；第二，超过上亿辆的存量车消费，更为后装车载导航市场扩展了客户资源；第三，汽车工业、车联网的快速发展、北斗的建成和运营等宏观环境，也对未来后装车载导航系统起到相当程度的促进作用。

2. 新兴业务——前装事业部

H 集团公司在后装市场上的销售已趋于稳定成熟。根据市场发展趋势，未来前装市场将快速成长。随着导航配置越来越成为各品牌车型的竞争力之一，市场上 10 万元上下的车型，特别是自主品牌车型中，车载导航、雷达、倒车影像等基本已成为标配，专业人士认为，车载电子的趋势是从后装汽车电子产品转向前装。有机构数据显示，前装的份额越来越大，日本车载电子产品的前装率已达到了 70%～80%。相对于后装市场，前装市场代表了更高的技术和价值，对车载导航产品的可靠性、稳定性、准确度要求相对较高，其利润空间也更为可观。同时，前装市场的繁荣对我国车载信息产业链从电子元器件、汽车零部件、整车制造到车载信息系统服务及相应的软件产业的发展起到整合作用，有利于我国汽车工业以及相关配套行业的整体发展。因此，随着车主对车载导航产品要求的不断提高和我国汽车工业及其配套行业产业升级的加快，前装车载导航产品将逐步成为汽车的标准配置。

3. 种子业务——车联网事业部

H 集团公司除后装业务、前装业务和海外业务之外，紧跟行业前沿，于 2011 年注册成立 YK 车联网公司，并在 2015 年将 YK 车联网公司独立为车联网事业部，将其定位为种子业务。车联网行业正处在快速发展期，2011—2015 年，我国汽车保有量从 0.94 亿辆到 1.72 亿辆，增幅高达 82.98%，为我国车联网产品市场形成了巨大的潜在需求。据前瞻产业研究院发布的《中国车联网行业市场前瞻与投资战略规划分析报告》统计，车联网前景持续向好。据该报告预计，到 2020 年，我国车联网市场规模将突破 500 亿元，全球车联网领域的市场容量将达到千亿美元。2015 年，国务院相继发布的《中国制造 2025》和《关于积极推进"互联网+"行动指导意见》中，车联网、智能交通、自动驾驶等是"中国制造 2025"和"互联网+"发展规划的重要内容之一。车联网是物联网重要的组成部分，也是汽车行业转型升级的关键所在。车联网不仅仅是指汽车联网，而是指由车辆位置、速度和路线等信息构成的巨大交互网络，对智能交通的实现、减少交通事故和拥堵等都具有重要意义。未来 10 年，整个汽车行业将迎来前所未有的巨大变革，车联网便是其中的主角之一。

3.1.2 定目标

定目标就是确定企业现在及将来的奋斗目标。

目标分为经营目标和管理目标两种。

经营目标也叫经营指标，是指与企业当期损益直接相关联的目标。如销售收入和营业利润等。经营目标一般反映在企业的利润表上。

2009 年之前，后装事业部还叫后装营销中心，是 H 集团公司的一级部门之一，也是一个大的收入中心。在 2008 年完成销售额 7 亿元（不含税）的基础上，H 集团公司给后装营销中心定下了 2009 年年度目标：年销售额（不含税）9.6 亿元，销售费用率不超过 12%，销售费用总额不超过 1.152 亿元。

那么年销售额（不含税）9.6亿元，销售费用率12%，销售费用总额1.152亿元均被称为经营目标。这三个指标都反映在利润表上。

管理目标也叫管理指标，是指与当期损益无关或者关联度不大，但会影响企业中长期业绩达成的指标。如关键人才到岗率、存货周转率等。管理目标一般反映在企业的资产负债表上。

在2007年年底H集团公司的战略规划会议上，H集团公司提出了一个宏伟的口号：创中国的博世、建人才的高地。根据这个口号，衍生出一个指标：未来五年，H集团公司要网罗行业顶尖人才100名。顶尖人才100名就是一个管理指标，这个指标不反映在财务报表上，不直接影响当期损益，但是如果不重视这个管理指标，等到五年后，可能会出现这样一个结果：H集团公司技术人才严重老化，技术能力严重不足，由于缺乏高尖端技术人才，H集团公司的技术水平从行业领先到落后于行业平均水平，从而导致H集团公司主打产品创新不足，销量大幅下滑，利润严重缩水。

从这个案例中可以看出，企业制定的这个指标虽然不直接影响当期损益，但是对五年后的财报却产生了很大影响，这类指标统称为管理指标。

在制定企业年度目标时，管理目标往往容易被忽略，企业管理层会把更多精力放在经营目标上，这是一个很大的管理盲区。经营目标和管理目标相融共生，互为表里，一阴一阳，共同护卫着企业"这棵大树"。

陈春花老师在文章《我所提倡的管理观》中写道："管理与经营是企业的两个面，经营是选择正确的事情做，管理是把事情做正确。"

我非常赞同她的观点。"企业经营管理"中这两个词虽然连在一起，但企业经营和企业管理其实是两件事。这两者关系虽然密不可分，但同时也要提醒大家，千万不能把这两个词混为一谈。经营目标和管理目标亦是如此。

为了说明管理目标与经营目标同样重要，我给大家举个小例子。

案例小帮手：从美的、科龙不同的发展走向，看管理指标的重要性

美的和科龙是顺德两个大的家电企业，美的于1993年在深圳中小板上市，科龙于1996年在香港主板上市。在20世纪末、21世纪初，科龙是香港资本市场上的宠儿，而美的在遭遇1995年、1996年两年缓慢的增长后，痛定思痛，于1997年启动事业部制改革。美的创始人何享健说过一句广为流传的话："60年代靠北

溶人，70年代靠顺德人，80年代靠广东人，90年代靠中国人，21世纪靠地球人。"这五靠反映的是美的创始人何享健的人才价值观，也是美的的人才战略，如果把这个人才战略细化，就是一连串的管理指标。

相反，差点收购了美的的这家家电企业，却在公司内部形成了一个不成文的规定：营销岗和财务岗不招外省人。据说是因为当时空调供不应求，在营销部门干活就相当于手里拿着一台印钞机，营销人员除了有基本工资外，还有一个大头的收入，就是销售提成，卖得越多提成越高。所谓肥水不流外人田，说的大概就是这种情况。另外，我个人一直认为，财务部门人员的构成也能反映出一个企业的格局、开放程度以及发展阶段。如果一个公司财务部的主管级以上管理岗位（包括一把手）长期由管理层的家属、亲戚、朋友把持的话，那么我们基本可以武断地下一个结论，那就是这个公司过于家族化，发展后劲是不足的。

通过这个案例我们可以看出，管理指标对一个企业的长期发展有着至关重要的意义。如果仅仅关注经营指标，那么我们看不出这家企业存在什么问题，经营业绩好，财务数据也漂亮，但我们想象不出，十年后，这家当初要收购美的的企业会遭遇资金危机，反被另外一家企业收购。

可见对于管理指标认知上的差异最终导致这两家企业走向了截然不同的道路。

思考：关于经营指标和管理指标，您认为哪种指标对企业更为重要？为什么？请结合您公司的情况，分别列举出1~2个经营指标、管理指标，并进行比较分析。

3.1.3 定模式

定模式是指确定企业的商业模式。

商业模式是一个企业真正的基因，种下什么才有可能收获什么。

商业模式这几年被人们津津乐道，成为一个热门话题。但商业模式并不是近几年才出现的，它一直都存在于我们的身边，只是我们忽略了它。

以下分析几个家电企业：格力、美的和海尔。它们在战略上是有差异的：格力专注于空调，美的和海尔则是多元化经营；格力聚焦于技术和研发（6M体系中的生产环节），美的擅长市场和渠道运作（6M体系中的渠道环节），海尔则打服务牌（服务其实可以成为独立于生产、传播和渠道之外的第四个环节）。这种战略上的差异化其实在三家企业早期的广告词中就有体现，我们来看一下：

格力："好空调，格力造。"（强调技术实力）

美的："美的生活每一天。"（渠道渗透力，渗透到了每个人的日常生活）

海尔："真诚到永远。"（保姆式的贴心服务）

但这种战略上的差异化都掩盖不了这样一个事实，无论格力也好，美的也罢，还是海尔，都有一个共同的商业模式，我们姑且称之为"赚差价的商业模式"。

技术实力强，前提是把更多的钱投在研发上。研发投入得越多，反映在利润表上是利润的减项，而要赚取更多的利润，就必须卖比别人更高的价格。所以这三个企业销售的同类空调中，格力的价格是最高的。

而美的呢？它在技术上竞争不过格力（当然这是之前，现在未必），但市场营销和渠道拓展比格力做得好，价格不及格力，但卖的数量比格力多。

再看海尔，它在技术上拼不过格力，在渠道上做不过美的，那好，售后服务比它们做得好一点。买海尔的电器大可放心，产品有质量问题，海尔立刻维修。海尔通过比格力和美的更好的服务来赢得消费者的青睐。

但是不管是技术的投入还是渠道的拓展，抑或是服务的提供，都需要花钱，花的钱最终变成财务报表上的成本和费用，成为利润的减项，而经营管理者的最终目的是要赚取更多的利润，在成本和费用增加的基础上，要赚取更多的利润，只有提高售价和增加销量。所以说，这三家企业的做法虽然有所不同，但目的只有一个：开源。

除了开源外，企业还要考虑节流。在资源确定要投入的前提下，如何让资源投入得更有效率，投入产出比更高，就要考虑节流。节流的方法有很多，这里我就不细述了。

在互联网企业没有"杀进来"之前，这些传统企业几十年的管理方式基本上都是围绕着如何开源节流。虽然有商业模式，但是很简单、很原始，说白了就是赚差价的商业模式，并且大部分企业趋同，所以十年前很少有企业在制定战略时考虑到商业模式的设计与优化。

然而现在是互联网时代，行业的边界越来越模糊，跨界的事件层出不穷。你不研究他，他总有一天会悄无声息地"杀进来"，消灭你。

我们再来看几个案例。

案例好帮手：小米、罗辑思维、共享单车和梁宁的三级火箭

先说小米。小米的横空出世是对传统企业大佬们最大的冲击。如果说阿里巴巴、京东是互联网时代的 1.0 版本，它们只是变革了渠道，还没有伤及传统企业的根本，那么以小米为代表的新互联网企业则是互联网时代的 2.0 版本。它们已经从渠道渗透到生产制造领域，而这个领域是传统企业大佬们的根据地，也是他们赖以生存的法宝。要进入这个领域跟他们竞争，就必须避开他们的锋芒，找到一个比他们更优的商业模式。因为如果跟他们拼管理、拼开源节流，很难是他们的对手，他们已经在这个领域里沉淀了十几二十年甚至更长时间。要拼就拼他们不擅长的，比如商业模式，与他们的经营管理能力相比，这些传统手机厂商的商业模式还处于比较初级的阶段。

小米创始人雷军看到了这一点，所以小米没有急于建工厂和拓展渠道。雷军采用了一个非常轻巧的模式，从研发端入手，利用几乎免费的极客资源，迅速进行传播，在短短的几年时间内，积累了一大批忠诚的粉丝。

《产品思维三十讲》的作者梁宁在总结小米的商业模式时提到一个三级火箭的概念，她是这样描述的：

小米的一级火箭是手机。手机对于 VIVO、OPPO 是利润中心，对于小米则是头部流量。对于利润中心来讲，这个产品必须要赚钱；对于头部流量来讲，它只是集客的一个手段。《五分钟商学院》的作者刘润把这个手段称之为降维打击。

小米的第二级火箭是它的一系列零售场景，即小米商城、米家、小米之家、小米小店。当小米之家、小米小店开到一定规模的时候，"插根扁担都能开花"（梁宁语）。小米商城里不仅卖小米的产品，也卖小米生态链企业的产品，比如小米商城里一款很畅销的米家扫地机器人，就是小米生态链企业石头科技研发生产的。

小米的第三级火箭是一个高利润的产品。梁宁没有说出来，只说这是一个利润非常高的项目，能扛住小米的整个财报。

那么这个高利润的产品到底是什么呢？我们不妨试着来分析并大胆地猜测一下。

通过手机这个高频产品来做头部流量，集客，再通过小米商城、小米之家等线上线下的渠道来变现。有了流量和渠道，就差能够变现的产品，这些产品中小米自己做一部分，更多的是依赖生态链的企业。产品变现只是赚取产品的差价，还有比赚差价取得更多利润的东西吗？有，那就是小米生态链企业自身。

我们来看看 2018 年 2 月 8 日雷军发的一条微博，内容如下：

雷军的这篇微博中信息量很大。我们重点关注下面这句话："华米成功赴美上市，是小米生态链模式的巨大胜利！"

雷军的话似乎从一个侧面验证了我这个猜测的正确性。

小米的第三级火箭是小米生态链的企业。跟卖产品并赚差价不同，如果在资本市场上卖出这些生态链的企业，1 块钱的利润可以放大 10~100 倍，具体的倍数取决于企业本身的盈利能力及它要登陆的资本市场。可以想象一下，华米上市，小米的投资回报率至少在 10 倍以上。而且小米在这些生态链企业中退出的途径还有很多种，上市只是其中一种途径而已。等这些生态链的企业上市或被并购，小米可以赚取几十倍的溢价并退出，这些溢价退出的收益反映在小米的财报上就是投资收益，最终会变成净利润。净利润再通过资本的杠杆几十倍地放大企业的市值。

还有比这更厉害的商业模式吗？！

为了让大家更清醒地认识到商业模式在现代企业竞争中的重要作用，我再举几个大家耳熟能详的例子。

在举这些例子之前，我还是认真给大家介绍下梁宁的三级火箭模型。

一级火箭是头部流量。

二级火箭是沉淀某类用户的商业场景。

三级火箭是完成商业闭环。

基于这个模型，我们再来分析一下当前两个非常热门的公司的商业模式。

先说罗辑思维。

第一级火箭是罗振宇坚持多年的免费脱口秀。这个脱口秀有两档：一档为音频,每天 60 秒;另一档为视频,每周一期,在优酷上播出。这两档脱口秀为后来的得到积累了数以百万计的头部流量。

第二级火箭是沉淀某类用户的商业场景,这个商业场景是"得到 APP"。

第三级火箭完成商业闭环,就是在得到上付费听课。比如梁宁在得到上传了一个课程,叫"产品思维三十讲",每一讲只有十多分钟时间,加在一起,不到六个小时,可你知道这不到六个小时的课程,得到帮她卖了多少钱?截至我写段话为止,一共是 145 312 人购买,这个课程的定价是 99 元,算一算你会吓一跳,14 385 888 元,差不多是一个中型企业一年的利润总额!重要的是人家没有库存,没有应收账款,实打实都是现金。想一想现在很多实体企业的窘境,我在这里忍不住再问大家一句,商业模式是不是真的很重要?我们在制定企业战略的时候,是不是要把企业商业模式的设计与优化放在比较重要的位置?!

答案是肯定的!

说完罗辑思维,再说共享单车,它们的一级火箭都是比较强大的。通过短距离出行这个痛点,它们积累了巨大的头部流量。有了头部流量后,下一步是要沉淀出一个用户商业场景,也就是二级火箭,大部分共享单车的二级火箭都是靠用户押金的滞留产生收益来实现的。这种盈利模式存在着极大的争议,所以风险很大,不持久。一旦政策干预,不允许收取押金或者要求用户押金专户专用后,这级火箭就相当于废掉了。因此,共享单车企业要好好研究一下它们的三级火箭是什么。否则,纵使前面再热闹,最终都还是要门前冷落鞍马稀。

思考:美团收购摩拜后,在部分城市实施免押金政策,免押金后摩拜靠什么来实现盈利?摩拜的新三级火箭又是什么?

从一个企业的商业模式中可以窥见其未来,特别是初创企业,因为没有太多的历史经验可以借鉴,初创企业必须想办法一次就把事情做对,也就是陈春花教授说的:正确地做事。

定模式是战略规划一个非常重要的部分,而之前,我们往往把它忽视了,因此,我在这里大力呼吁企业家们、预算的推行者们,要好好地重视这个环节,把它提升到一个应有的高度上来。

我们来看看 H 集团公司几个事业部的商业模式。

后装事业部:主要通过区域经销商和汽车 4S 店集团来实现销售。区域经销商是指与 H 集团公司签署产品经销协议的经销商,通常是对 H 集团公司品牌认可度及忠诚度较高、与 H 集团公司具有多年的良好合作关系、具有较强的市场培育与开拓能力且商业信用良好的客户。H 集团公司根据经销商的综合考评情况并遵循市场发展战略，筛选确定区域经销商，通过签署《经销协议书》确立经销合作关系。汽车 4S 店集团销售是车载导航信息终端销售的重要终端渠道。在大多数情况下，汽车 4S 店由当地经销商负责供货和提供售后服务，但 H 集团公司会与部分实力较强的大型汽车 4S 店企业集团直接建立经销合作关系。

前装事业部：通过联系有合作意向的汽车生产厂商，从技术进行接入，根据客户对导航产品的技术功能需求，签订技术开发协议。H 集团公司根据客户要求和车厂标准，进行产品规划，组织产品研发，向客户提供样机；客户对 H 集团公司开发的导航产品样机进行测试、认证，完成采购、品质等方面的审核，进而开展全面的商务合作。

海外事业部：与国外客户主要以"ODM"方式进行合作。在海外，H 集团公司通过专业的行业展览、网络宣传进行产品推广，与当地的车载导航信息终端销售商以"ODM"方式进行合作。H 集团公司海外事业部拥有独立的研发部门，针对海外市场不同区域的产品标准差异和需求特性，进行产品开发，并在当地选择资金实力强、销售渠道广的导航产品销售商，以"ODM"方式开展合作。H 集团公司产品直接销售给"ODM"合作伙伴，在当地最终以合作方品牌进行市场销售。

从以上描述可以看出，这三大事业部的商业模式均为赚差价的商业模式，在这种商业模式下，管理的重点就是如何开源节流。

车联网事业部：这是一个新设的事业部，也是整个集团公司唯一的种子业务，它肩负起整个集团公司 5 年后的未来。YK 车联网事业部与前述三大事业部卖硬件并赚差价的商业模式不同，YK 车联网事业部的商业模式是通过服务打包的方式进行会员制的销售，积累到一定数量的会员后，再向会员售卖保险等附加值更高的增值业务。2017 年 6 月，YK 车联网获得 A 轮 4 000 万元融资，所融资金将用于打造"人工+智能"守护行车安全服务平台，商业模式进一步升级和演变。

3.2 目标的制定

3.2.1 经营目标的制定

经营目标的制定是战略规划的重要职能之一。经营目标的制定需要进行经营预测。经营预测是指企业根据现有的经营条件和整个市场发展的趋势，通过掌握的历史资料以及客观事物的内在联系和对未来市场发展的判断，对企业经营活动的未来发展趋势及其状况所进行的预计和推算。它主要包括：销售预测、利润预测、成本预测等方面。

1. 经营目标制定的方法

经营目标制定的方法会随分析对象和预测期限的不同而有所不同，但其基本方法大体上可归纳为定量分析法和定性分析法两大类。经营目标制定的方法如表3-1所示。

表3-1 经营目标制定的方法

类别	内容	举例	优劣
定量分析法	主要应用数学方法和计算工具对各种信息进行加工处理，并建立预测分析的数学模型，充分揭示各有关变量之间的规律性联系并对计算结果做出结论	本量利分析法、投入产出分析法	比较精确，但无法考虑许多非计量因素
定性分析法	主要依靠人员的丰富实践经验以及主观的判断和分析能力来推断事物的性质和发展趋势的分析方法	行业和市场情况的专家分析报告	受主观因素的影响较大

2. 经营目标制定的原则

经营目标制定的原则主要是指在进行经营预测时所应遵循的基本思想准则。它主要包括三项基本原则，如表3-2所示。

表3-2 经营目标制定的原则

序号	原则	内容	举例
1	延续性原则	指企业经营活动中，过去和现在的某种发展规律将会延续下去，并假设决定过去和现在发展的条件同样适用于未来	固定费用（如折旧、摊销、税费、职工薪酬等）都存在延续性，变动费用也与销售额存在相似的比例关系
2	相关性原则	指企业经营活动过程中一些变量之间存在相互依存、相互制约的关系，可以利用对某些经济变量的分析研究来推测受它们影响的另一些经济变量发展的规律性	销售额的增长会引起单位产品成本的下降（规模效应），同时会引起销售费用的增长

(续)

序号	原则	内容	举例
3	相似性原则	指企业在经营活动过程中不同的经济变量所遵循的发展规律有时会出现相似的情况,可以利用已知变量的发展规律类推出未知变量的发展趋势	由不同类型的业务构成的供应链存在相似性,对新兴业务可以参照传统业务的发展规律、模式进行预判

3. 经营目标制定的案例

在进行经营目标的制定时,一般会采取定性分析法与定量分析法相结合的方法,根据企业的战略规划路径、市场环境(宏观/中观/微观)的分析和企业资源状况以及近三年的财务数据来进行。而经营预测是经营目标制定的基础,是制定预算目标之前的概算。

以下是制定 H 集团公司经营目标的实操案例:H 集团公司作为汽车电子产品和服务的提供商,主要从事电子导航的生产和销售,业务区域覆盖国内与海外。H 集团公司进行经营预测时需要对宏观、中观、微观环境进行综合分析,经营目标的制定过程如图 3-3 所示。

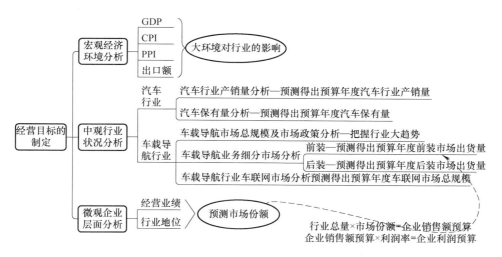

图 3-3　H 集团公司经营目标的制定过程

(1)宏观经济环境分析。宏观经济环境分析的核心在于识别对 H 集团公司所在的行业和所开展的业务具有重大影响的宏观因素。根据宏观经济学的主要衡量指标体系，我们对 2008—2015 年的主要指标进行了汇总分析，如表 3-3、图 3-4 所示。

表 3-3 H 集团公司宏观经济环境分析

增长率%	2008年	2009年	2010年	2011年	2012年	2013年	2014年	2015年
GDP	9.6	9.2	10.4	9.2	7.8	7.7	7.4	6.9
CPI	5.86	−0.7	3.3	5.4	2.6	2.6	2	1.4
PPI	6.9	−5.4	5.5	6	−1.7	−1.9	−1.9	−5.2
出口额（按亿美元计）	17.29	−15.88	31.3	20.3	7.9	7.9	6.1	−2.8

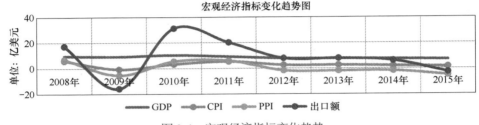

图 3-4 宏观经济指标变化趋势

从表 3-3、图 3-3 中可以看出，2008—2015 年，GDP 总体趋势较为平稳，CPI 和 PPI 在 2008—2009 年有一定下降，而后恢复并趋于平稳。

伴随着中国经济的发展，人均 GDP 与居民可支配收入水平不断提高，居民消费能力和消费品质有所提升。从 2014 年起，消费成为国民经济增长的第一驱动力，对经济增长的贡献率逐步提升到将近 65%，消费对经济增长发挥着基础性作用。消费能力的提升从一定程度上增加了居民在汽车行业的消费，间接带动了汽车行业的发展。2015 年年底，预计 2016 年中国居民消费价格指数（CPI）涨幅为 2.2%，出口增长加速到 6.9%。

H 集团公司所在行业必定受宏观经济大环境的影响，在制定 H 集团公司 2016 年经营目标时需要结合宏观环境进行分析。GDP 总体趋势稳中有升，CPI 和出口均有增速加快的趋势，综合来看，宏观经济环境向好，刺激消费需求的增长，为汽车行业的发展提供了良好的时机，将会促进行业的发展，进而促进 H 集团公司的发展。

（2）中观行业环境分析。中观行业环境分析见表 3-4。

表 3-4 中观行业环境分析

重要因素	汽车行业	
	汽车产销量	汽车保有量
说明	从 2005—2015 年间，中国汽车产销量均呈持续上升趋势：2015 年中国汽车产量、销量为 2 450 万辆、2 460 万辆，较 2005 年分别增长 330%、328%。

2005—2015年中国汽车产量

2005—2015年中国汽车销量 | （1）2005—2015 年的 11 年间，中国千人汽车保有量大幅增长，从 2005 年的 24 辆突破到 2015 年的 110 辆。

2005—2015年中国千人汽车保有量

（2）目前中国千人汽车保有量水平（110 辆）远低于世界平均水平（158 辆）和发达国家水平（500~800 辆），发展空间巨大。

（3）数据显示，公车及其他车的保有量一直在增长。而私家车的保有量达到饱和状态（0.48 亿辆）。

国家政策支持汽车行业，扩大内需，促进新能源和小排量汽车的发展，也促进了整个汽车行业的发展 |

（续）

重要因素	汽车行业	
	汽车产销量	汽车保有量
2016年预测	预计 2016 年汽车产销量将在 2015 年的基础上继续增长，预计产销量增速相比 2015 年低速增长期将会有大幅提升，预计达到 12%，则 2016 年汽车产销量为 2 744 万辆和 2 755 万辆，其中乘用车产销量分别为 2 360 万辆和 2 369 万辆	预计 2016 年中国车保有量为 1.92 亿辆（2015 年为 1.72 亿辆）增加的 0.2 亿辆基本为新增的私家车保有量

重要因素	车载导航行业	
	市场规模与政策	前装市场
说明	（1）2009—2015 年，车载导航市场规模呈持续增长趋势。 2009—2015年中国车载导航市场规模 （2009年 4.17，2010年 5.29，2011年 7.04，2012年 9.50，2013年 13.20，2014年 17.49，2015年 20.57） （2）车载导航是卫星导航产业最重要的应用之一。我国政府高度重视卫星导航产业的发展，将其作为促进产业结构优化升级的重要途径和手段，推出了一系列产业政策，从而间接鼓励了车载导航产业的发展	乘用车销量巨大的增量将带来前装车载导航市场的爆发式增长。我国前装导航产品的渗透率不断提升，2015 年达到 18%，比 2014 年增加 5 个百分点。但相比其他国家（2009 年新车装配率：日本市场为 66.6%，欧洲市场为 15.6%，北美市场为 14.1%），中国车载娱乐导航系统的新车装配率依然很低，未来前装市场产品存在巨大提升空间。 2012—2015年中国前装车载导航市场规模 （2012年：乘用车销量 1 550，前装车载导航市场出货量 131，前装导航渗透率 8%；2013年：1 793，182，10%；2014年：1 970，251，13%；2015年：2 115，371，18%）

（续）

重要因素	车载导航行业		
	市场规模与政策	前装市场	
2016年预测	预计2016年车载导航前装市场规模仍将保持增长势头	预计2016年前装导航渗透率在2015年的基础上有所提升，达到25%，则前装车载导航市场出货量约为592万辆。	
重要因素	后装市场	车联网市场	
说明	（1）按照所有车辆前装20%的渗透率，仍然有80%的市场空间留给后装市场。市场空间较大。 （2）2014年中国后装车载导航销量达到813万台，渗透率仅为40%，在未来几年国内后装市场仍有较大的增长潜力。 （3）随着未来我国前装渗透率进一步提升，后装市场必定会受到挤压，因此我国主流后装车载导航企业纷纷往前装市场发展，争取进入前装市场。 出货量：万辆 3 000 2 000　550　630　720　793　970　1 115 1 000 0　2012年　2013年　2014年　2015年 41%　40%　41%　52%　60% 40% 20% 0% ■ 乘用车销量　■ 后装车载导航市场出货量　— 后装车载导航渗透率 2012—2015年中国前装渗透率进一步提升	（1）目前车联网渗透率正在逐渐上升，推动汽车向无人驾驶方向前进。 （2）2010—2014年，我国车联网市场规模一路上升，截至2015年，我国车载车联网终端市场规模已达330亿元，渗透率达到10%，其中车联网的渗透率将提高至20%，市场规模有望翻番。2014年，我国车载车联网终端市场总量为65亿元，2015年为110亿元，增长率为69%。 15% 10%　10% 　　　7.50% 5%　　　　6% 　　5%　5.40% 　4% 0 2010年　2011年　2012年　2013年　2014年　2015年 2010—2015年中国车联网渗透率	
2016年预测	预计2016年车载导航后装市场渗透率为60%，则后装车载导航市场出货量为1 421万辆。	预计2016年车载车联网终端市场总量在2015年基础上增长率为50%，则2016年车载车联网市场规模为165亿元	

（3）微观企业层面分析。根据宏观经济环境分析和中观行业分析（预测的车载行业的市场容量），结合H集团公司所在GPS导航行业的竞争形势（所占市场份额），对2016年的销售收入进行预测：

H集团公司的销售额=行业市场容量×市场份额

首先进行行业市场容量的预测，分为前后装市场出货量和车联网终端市场总量两部分。详细预测过程已在行业环境分析中陈述，具体步骤如表3-5所示。

表3-5　H集团公司销售目标制定的步骤

2016年前装、后装市场出货量预测/万辆							车联网终端总量预测/亿元		
2015年乘用车销量①	乘用车年增长率②	2016年乘用车销量③=①×(①+②)	2016年前装市场渗透率④	2016年后装市场渗透率⑤	2016年前装出货量⑥=③×④	2016年后装出货量⑦=③×⑤	2015年车联网终端市场总量⑧	车联网终端市场总量年增长率⑨	2016年车联网终端市场总量⑩=⑧×(①+⑨)
2 115	12%	2 369	25%	60%	590	1 421	110	50%	165

根据预测的H集团公司2016年前装、后装业务和车联网的市场份额，计算出H集团公司的销售收入总额。由于三个业务经营目标的制定大同小异，为简化说明，以下仅以前装事业部经营目标的制定作为案例进行说明，如表3-6所示。

表3-6　前装市场经营目标的制定

前装市场				
出货量	份额	H集团公司前装业务销量	平均装机单价	销售收入
5 900 000辆	20.03%	1 182 000辆	848.65元/台	1 003 100 000元

同时根据H集团公司的战略规划、2013—2015年的经营数据和行业规律来预测H集团公司的重大成本费用指标，最后汇算出净利润指标。H集团公司2016年经营预测如表3-7所示。

表3-7中，第一项销售收入预测完毕后，需要根据利润表顺序对重大成本费用指标进行预测，由于销售毛利率的分析和预测较为典型，而其他费用和成本项目的预测与毛利率具有一定的相似性，故在此仅以毛利率的分析和预测作为例子进行具体说明。

表 3-7 H 集团公司 2016 年经营预测

单位：万元

年份 指标	2013 合计	2013 比率	2014 合计	2014 比率	2015 合计	2015 比率	2016 下限	2016 比率	2016 上限	2016 比率
销售收入	53 000		68 000		81 000		93 150	15%	101 250	25%
销售成本	38 690	27%	51 000	25%	61 560	24%	70 794		77 962.5	
销售毛利	14 310		17 000		19 440	24%	22 356	24%	23 287.5	23%
税金及附加	250	0.47%	319.6	0.47%	380.7	0.47%	437.81	0.47%	475.88	0.47%
期间费用	11 160	21.06%	11 850	22.36%	12 760	24.08%	13 715	14.72%	14 040	13.87%
固定资产折旧	680	1.28%	650	0.96%	600	0.74%	590	0.63%	590	0.58%
无形资产摊销	220	0.42%	200	0.29%	180	0.22%	170	0.18%	170	0.17%
税费	180	0.34%	220	0.32%	230	0.28%	255	0.27%	280	0.28%
财务费用	380	0.72%	480	0.71%	550	0.68%	700	0.75%	700	0.69%
职工薪酬	4 500	8.49%	4 800	7.06%	5 100	6.3%	5 500	5.9%	5 500	5.43%
其他经营费用	5 200	9.81%	5 500	8.09%	6 100	7.53%	6 500	6.98%	6 800	6.72%
营业利润	2 900	5.47%	4 830.4	7.1%	6 299.3	7.78%	8 203.2	8.81%	8 771.63	8.66%
营业外收入	850	1.6%	900	1.32%	900	1.11%	900	0.97%	900	0.89%
营业外支出	30	0.06%	45	0.07%	45	0.06%	45	0.05%	45	0.04%
营业总额	3 720	7.02%	5 685.4	8.36%	7 154.3	8.83%	9 058.2	9.72%	9 626.63	9.51%
所得税费用	558	1.05%	852.81	1.25%	1 073.15	1.32%	1 358.73	1.46%	1 443.99	1.43%
净利润	3 162	5.97%	4 832.59	7.11%	6 081.16	7.51%	7 699.47	8.27%	8 182.63	8.08%

（1）分析。毛利率在一定程度上可以反映企业的持续竞争能力，具体为产品是否具有差异化优势、成本控制是否有效等。如果企业具有持续的竞争优势，其毛利率就处在较高的水平，企业可以对其产品或服务自由定价，让售价远远高于其产品或服务本身的成本；如果企业缺乏持续的竞争优势，其毛利率就处于较低的水平，企业只能根据产品或服务的成本来定价，赚取微薄的利润。

对毛利率的分析主要分为行业横向分析和企业纵向分析。毛利率的分析方法如表3-8所示。

表3-8 毛利率的分析方法

分析方法	横向分析		纵向分析
	全行业的毛利率时间序列分析	行业可对标公司的毛利率对比	自身毛利率时间序列分析
内容	搜集同行业近年的毛利率数据进行汇总和对比，得到该行业总体毛利率近年的现状和趋势	对比目标公司与同行业可比较公司（尤其是行业领头羊）的毛利率，深挖毛利率差异背后呈现的行业格局、行业地位和竞争优势	对企业历年的毛利率进行分析，得出毛利率变动的趋势
作用	（1）得到行业毛利率的大致水平，作为目标公司的标杆和基准。（2）显示一个行业近期的大体走向，一般来说如果有明显的趋势性产生，是非常值得注意的特征，需要进一步深入挖掘	（1）既能看到自己企业核心竞争力的高低，也能看到竞争对手的现状，进一步制定具有针对性的策略。（2）透视自身的经营问题，如通过毛利率对比得知自身企业与行业领头羊的主要区别在采购成本上，再得知原材料采购的供应商是企业高管的亲戚，采购价格比市价高出不少，得出结论：明年需要更换供应商	毛利率变动趋势折射企业的经营走向，以及以往经营策略的改善情况

（2）预测。对毛利率进行预测时需要考量毛利率的规律。

如果毛利率的曲线是相对平滑的，则说明后面几年的数据变动不会太大，除非在技术上有大的突破，否则很难发生毛利率大幅度提升的情况。即使在那些产品价格快速上涨的时期，毛利率也会被同时快速上涨的原材料拉回正常水平。因此，如果企业的目标是在今后的一年提高毛利率，进行预测时就需要考虑毛利率可能提高的速率。

另外，行业的平均毛利率一般会在一个合理的范围内。除了一些具有垄断资源的企业，所有成熟行业里的企业之间的差异其实是非常小的，这就说明各家企业之间的毛利率不会出现太大的差异。因此对企业毛利率的预测需要考量合理性，如所在行业的平均毛利率为30%，那么企业预测的毛利率水平应该在30%附近的合理范围内，太低和太高都会偏离实际。

为了预测H集团公司2016年的毛利率，我们对H集团公司毛利率和行业水平进行如下分析，如图3-5所示。

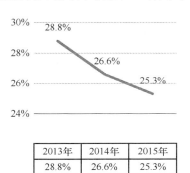

电子导航行业总体毛利率

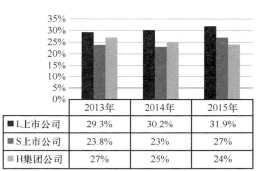

同行业可对比公司：毛利率比较

图3-5 H集团公司的毛利率和行业水平分析

根据全行业的毛利率时间序列分析，GPS导航行业的总体毛利率近年逐步走低，从2013年的28.8%降低到2015年的25.3%，主要原因如下：①行业竞争激烈，市场越发分散，价格竞争呈白热化。②后装转向前装：后装市场逐步转移到前装市场，后装市场主要面对代理商客户，定价相对较高；而前装市场面对汽车生产厂家，客户议价能力较强，因此大多会采取薄利多销的策略。

L上市公司和S上市公司同为汽车电子产品和服务的提供商，产品业务类型、商业模式以及公司规模与H集团公司相仿，故可作为H集团公司的比较对象。如图3-5所示，L上市公司的毛利率在30%左右，S上市公司从23.8%逐步上升到27%，而H集团公司的毛利率与GPS导航行业总体毛利率趋势相似，从27%逐步下降到24%，其原因与行业毛利率走低的原因相似。H集团公司的后装业务日趋成熟，毛利率趋于稳定，而逐渐拓展的前装业务仍属于新兴业务，随着前装业务的日渐发展壮大，加上汽车厂家客户具有较强的议价能力，使得H集团公司的整体毛利率有所下降，但下降幅度较小。在 2016 年，H 集团公司将进一步拓展前装业务，因此预测 2016 年 H 集团公司的毛利率仍将在原来的基础上不变或有小幅度下降，预计为 23%～24%。

3.2.2 管理目标的制定

经营目标关乎企业的损益情况（销售额和净利润），以定量指标为主。而与经营目标相辅相成的管理指标，则主要关乎更加宏观、长期的管理事项。为了实现企业所制定的经营目标，管理目标的作用在于把经营目标落实到每一个具体的管理事项中去，包括但不限于资金成本利润率、预算达成率、采购降成目标、人力资源费用率、运营费用率、研发项目准时完成率、技术创新目标、客户满意度、部门协作满意度、人均年产值等，涉及市场拓展、产品研发、体系建设、文化打造、团队建设、品牌宣传、资本运作等方面。这些管理目标的制定与经营目标的制定一样重要，并将对企业未来经营目标的实现产生重大影响。

与制定经营目标的逻辑思路相对固定不同，管理目标的制定更像是一个头脑风暴的过程。管理目标制定方法如表 3-9 所示。

表 3-9　管理目标制定的方法

方法	会议式头脑风暴法	
参会人员	战略委员会成员、各职能部门总监、各事业部总经理	
步骤	（1）总裁简述年度经营情况，总结去年经营管理目标的完成情况 （2）企管中心总监简述新年度的经营目标，并对参会人员进行分组，要求各组针对实现经营目标提出各项管理目标。 （3）企管中心总监汇总各组的观点清单，并组织全体参会人员对观点清单进行集体讨论，根据问题的重要性程度筛选出最终的管理目标清单	说明： （1）管理目标的制定更多地依赖于企业管理者对行业竞争、市场趋势的触觉以及对企业底层数据的积累与分析。如某汽车制造企业发现同行业对手都在布局无人驾驶研发，而无人驾驶将会成为未来趋势，但自身企业却在无人驾驶方面没有任何布局，这时就会提出研发无人驾驶的管理目标；某企业通过底层数据的分析发现，自己在产品生产中造成的损耗和费用明显高于行业竞争对手，因此，可制定管理目标：优化生产工艺流程。 （2）目标清单的排序和筛选需要考虑问题的重要性、实施可能性、投入产出比等因素

（续）

方法	会议式头脑风暴法
会议后续	（1）企管中心对管理目标清单进行后续整理，最后制作管理目标的红头文件。 （2）企管中心将管理目标分解到下属事业部和职能部门

案例：H 集团公司 2016 年的管理目标清单。

根据头脑风暴法，H 集团公司召开多次会议针对管理目标进行集体讨论，按照问题的轻重缓急筛选出最终的管理目标清单。H 集团公司 2016 年管理目标如表 3-10 所示。

表 3-10　H 集团公司 2016 年管理目标

资金成本利润率	40%，3 年平均提升 10%
预算偏差率	±10%
采购降成目标	3 年平均下降 6.57%
人力资源费用率	控制在销售总额的 10%以内
运营费用率	低于 17%，三年平均下降 10%
研发项目准时完成率	88%，3 年逐年提升 10%
技术创新目标	3 年发明专利提报并被受理 30 项
客户满意度	3 年逐年提升 10%
部门协作满意度	80 分
人均年产值	60 万元以上

3.3　组织架构

3.3.1　组织架构的梳理

1. H 集团公司组织架构

董事由股东大会选出，董事会代表股东对 H 集团公司的经营实施监督管理。董事会按照股东大会的有关决议设立战略委员会、预算委员会、薪酬委员会、提名委员会和审计委员会等，为董事会在各项重要事项的决策上提供辅助。

董事会任命总裁人选，总裁根据集团经营管理需要，设立企管中心、财管中心、人资中心、技术中心四大职能部门；同时设立五大事业部：前装事业部、海外事业部、后装事业部、YK车联网事业部、制造事业部。其中制造事业部主要负责采购与生产，将产品销售给其他事业部，其他事业部根据其各自的业务定位进行对外销售。为了适应各事业部的业务经营需要，各事业部会设立各职能部门，事业部各职能部门负责人由总部职能部门委派并接受总部监督，如前装事业部财务部人员结构为1+N，即1个财务经理+N个财务人员，财务经理由总部财管中心委派，而财务人员则由事业部根据实际需要进行招聘。后装事业部根据销售区域下设6个分公司，各分公司也会根据需要设立职能部门。后装事业部、前装事业部、海外事业部等事业部也会设立研发部门，在平台研究的基础上进行适应于产品对象的应用研究。见图2-2。

2. 预算组织结构

全面预算管理是一项系统工程，通常要跨法人、跨组织进行协调和推进，因此，需要在顶层设计上建立起高效的组织。H集团公司逐步建立了以预算委员会为核心的预算管理机构如表3-11所示。

表3-11 H集团公司预算管理机构

组织类型	组织名称	人员组成
预算决策机构	预算委员会	主任：公司总裁 常委：董事长、董事、副总裁 执行委员：财务总监
预算组织部门	财管中心	财管中心总监
预算执行部门	各职能部门、各事业部、各分公司	各部门总监和各事业部总经理
预算监控部门	审计部/财管中心	审计部总监/财管中心总监
预算考评机构	人资中心/财管中心	人资中心总监/财管中心总监

3.3.2 各部门具体职责

1. 董事会各委员会职责

董事会各委员会职责如图3-6所示。

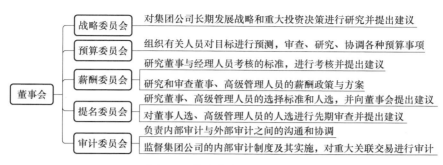

图 3-6　董事会各委员会职责

2. 集团公司职能部门职责

集团公司职能部门职责如表 3-12 所示。

表 3-12　集团公司职能部门职责

职能部门	细分部门	主要职责
企管中心	企管部	负责承接战略委员会的部分职能，协调集团各事业部、分（子）公司的内部事项
	法务部	处理与集团公司有关的合同事项以及建立并完善企业的法务管理制度
财管中心	财务部	承接预算委员会的部分职能，推行集团公司预算管理以及管理、核算和监督企业财务工作
	信息部	负责集团公司信息化建设及指导下属公司信息化建设
人资中心	人力资源部	负责集团公司的人才招聘、培训与考核及薪酬福利政策的制定
	行政部	处理集团公司事项的日常后勤工作
技术中心	车身电子研究部	负责集团公司产品的预研性研究
	工业设计中心	外观设计
	研究院	进行平台的研究和转化
审计部	审计部	独立于财务部，承接审计委员会的部分职责，承担集团公司内部的审计和控制职能

3. 预算管理机构职责

预算管理机构职责如表 3-13 所示。

表 3-13 预算管理机构职责

组织名称	主要职责
预算委员会	① 根据集团年度经营总目标确定各责任中心的预算目标； ② 制订、解释及修改预算管理政策和程序； ③ 审核和批准整体预算和子公司预算及草案； ④ 审核和批准超预算支出及提出处理建议； ⑤ 仲裁有关预算冲突
财管中心	① 集团财管中心负责综合、平衡和调整子公司预算草案，对所有的调整事项做出书面说明，并报集团预算委员会，以确定集团公司的整体预算； ② 汇总预算执行数据，进行预算执行差异分析，形成预算执行情况的相关数据和报告，向预算委员会报告； ③ 对存在购销关系的子公司的预算进行配比和平衡测试，以促进各子公司的预算合理与协调； ④ 对超出预算的支出项目进行初步审核
子公司财务部门	① 子公司财务部门负责综合、平衡、控制和调整子公司各部门的预算草案，并对调整事项说明，报子公司负责人批准； ② 汇总子公司预算执行数据，进行预算执行差异分析，形成预算执行情况的相关数据和报告，向子公司负责人和集团财管中心报告； ③ 对超出预算的支出项目进行说明
责任中心负责人	① 根据集团预算委员会下达的预算目标，将集团整体预算编制要求与本单位的实际情况相结合，制订本单位的预算计划； ② 对预算的测算依据、基础和措施进行详细说明； ③ 在经营活动中严格执行预算，加强预算自律，严格控制预算外支出行为； ④ 定期提供预算实际执行数据，并对预算执行情况进行分析和考核

3.3.3 人员任命

人员任命如表 3-14 所示。

表 3-14 人员任命

机构		职务	名单
董事会组织机构	董事会	董事长	鲁×
	战略委员会	主任：公司董事长 常委：董事、总裁、副总裁 执行委员：企管中心总监	

（续）

机构		职务	名单
董事会组织机构	预算委员会	主任：公司总裁 常委：董事长、各事业部总经理执行 委员：财管中心总监	
	提名委员会	委员：3名董事（2名独董）	
	薪酬委员会	委员：4名董事（3名独董）	
	审计委员会	委员：3名董事（3名独董）	
集团总部		总裁	李×
各事业部	前装事业部	事业部总经理	李×
	海外事业部	事业部总经理	蔡××
	后装事业部	事业部总经理	曾××
	YK车联网事业部	事业部总经理	陈××
	制造事业部	事业部总经理	梁×
职能部门	企管中心	部门总监	王×
	财管中心	部门总监	张×
	人资中心	部门总监	黄×
	技术中心	部门总监	王×
	审计部	部门总监	林×
	客户服务中心	部门总监	吕××

3.4 基础体系的搭建

3.4.1 企业内部控制制度

1. 企业内部控制制度的重要性

完善的企业管理制度体系是顺利实施全面预算的重要基础。只有建立在科学、合理的制度基础上，明确关键控制点，建立完善的管理制度，全面预算管理工作的开展才是有意义的。

现代企业的一个重要标志就是企业管理的规范化和制度化。企业内部管理制度是管理现代化的必然产物，它贯穿于企业经济活动的各个方面。企业经营者首先要考虑制定科学的、可操作的企业内部制度，进而使企业不断发展壮大。企业内部制度的健全与否对于一个企业的成败具有至关重要的影响。一个健全的内部管理制度不仅可以增强企业的管理机制，增强企业的管理功能，同时也能帮助企业提高经营管理水平，提高经济效益，以达到"增收节支，事半功倍"的效果。

2. 企业内部控制制度的分类和主要内容

按控制的目的不同，内部控制可分为会计控制和管理控制。会计控制是指与保护财产物资的安全性、会计信息的真实性和完整性以及财务活动合法性有关的控制；管理控制是指与保证经营方针、决策的贯彻执行，促进经营活动经济性、效率性、效果性以及经营目标的实现有关的控制。会计控制与管理控制并不是相互排斥、互不相容的，有些控制措施既可以用于会计控制，也可以用于管理控制。一般来说，企业内部控制制度具体可分为会计核算、预算管理、资金管理、财务管理、税务管理方面的制度，如图3-7所示。

以下重点对预算管理制度进行说明。

3. 预算管理制度

预算管理制度对企业的预算具体事项做出规定与说明，一般包括组织架构及其职责分工、预算的编制、预算的执行与控制、预算调整的规范、审批流程、预算报告与考核、委员会会议流程制度等。由于预算组织架构及其职责分工在以上章节已有详细介绍，这里不再赘述，主要对预算管理制度其他部分进行介绍。

（1）预算编制制度。预算编制制度涉及预算编制的时间、要求、原则、方法和内容。时间一般为一个会计年度，遵循全员参与、综合平衡的要求；原则主要为"集中—民主—集中"；编制方法主要有自上而下法、自下而上法和上下结合法，具体又可分为固定预算法、弹性预算法、增量预算法、零基预算法、概率预算法、滚动预算法和作业预算法等。具体制度内容根据不同企业的特点而有所不同。

以H集团公司的预算编制制度为例说明如下：

1. 预算期间

H集团公司预算期间为公历会计年度，即1月1日—12月31日，分月进行编制。

2. 编制要求

以责任主体为预算责任单位，并以隶属关系对各预算单位按"分层管理、逐级上报"原则进行编报、审核和汇总。

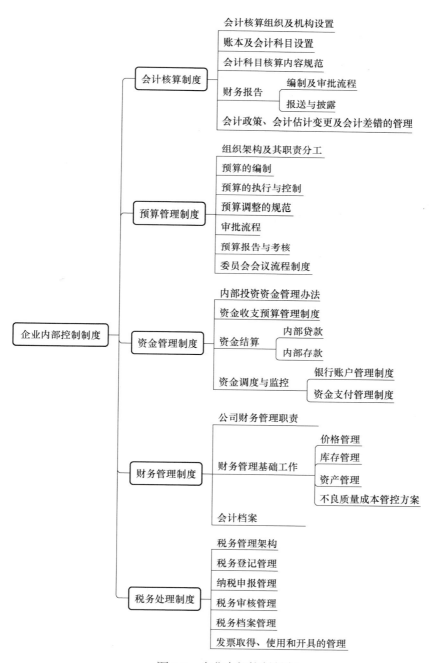

图 3-7　企业内部控制制度

3. 编制原则

集中—民主—集中。

4. 编制方法

自上而下，自下而上，上下结合。

H集团公司各单位应当以零基预算法为主，也可结合不同预算项目的特点和要求，因地制宜地采取以下不同预算方法：

（1）固定预算法和弹性预算法。

（2）增量预算法与零基预算法。

（3）概率预算法与滚动预算法。

（4）作业预算法。

5. 预算编制内容

（1）业务预算：包括销售预算、生产预算、成本预算和费用预算。

（2）资本性支出预算：反映企业对预算期内进行资本性投资活动的预算，主要包括长期投资及长期资产购置预算。

（3）利润贡献预算：在销售预算、成本预算和费用预算等基础上汇总，综合反映责任主体利润贡献预算情况。

（2）预算的执行与控制制度。预算的执行与控制制度是为完善全面预算管理体系，加强过程控制，保证资源按照预算目标合理配置，根据全面预算管理的要求而制定的。它主要规定了预算具体执行的方法和内容，以及在执行过程中对预算进行控制的原则和方式。

预算执行主要围绕销售收入、产品成本、费用、材料采购和现金收支等环节进行制定；预算控制主要有授权控制、反馈控制、预警控制、调整控制和制度控制等方法。

以H集团公司的预算执行与控制制度为例说明如下。

预算执行的方法与内容

1. 销售预算的执行

关键抓住销售活动的"计划、控制、反馈、考核"四个环节。

2. 产品成本预算的执行

关键在于把握各项生产活动的"指令、实施、控制、核算、考核"五个环节。

3. 费用预算的执行

关键是各项费用支出必须按照"审批、执行、核算、考核"的程序进行。

4. 材料采购预算的执行

一般需要按照"立项、实施、支付、核算、考核"的程序进行。

5. 现金预算的执行

做好现金收入和支出的执行等。

预算控制

1. 控制原则

（1）单项控制与总额控制相结合：各预算责任主体或责任中心预算总额和预算项目单项均纳入控制。同一月份单项及总额均不得超标。

（2）专项控制与集团及分子公司控制相结合：各预算责任主体或责任中心专项预算支出及其他预算项目支出均纳入控制。

（3）比率控制与金额控制相结合：预算金额和执行率均纳入控制。

2. 集团总部职能中心预算控制

● 日常控制

（1）事前审批控制：对于纳入前置审批程序的，在业务发生前应先经过审批。

（2）事中审核控制：各项费用支出必须经预算组织部门审核。

（3）事后评估与分析：对预算执行情况进行评估，分析产生差异的原因，为后续控制提供参考依据。

● 预算外控制

（1）严格控制预算外支出。特殊情况确需支出的，必须控制在当期预算总额内并履行预算外审批手续。

（2）因当期业务未发生，单项金额确需调整至以后期间的，也应履行预算外审批手续。

3. 子公司预算控制

● 日常控制

（1）各子公司财务部负责子公司预算的日常控制工作。

（2）各子公司财务部应当定期向集团公司预算管理部提供预算执行数据和管理报表。

（3）预算支出超出子公司审批权限的，还应报集团公司审批。

- 各子公司费用的控制应当按照集团总部职能中心费用控制原则执行
- 季度滚动调整及预算资金池的计算方法

（1）预算资金池=实际利润贡献−预算利润贡献；利润贡献超过预算，表示预算资金池盈余；利润贡献未达到预算，表示预算资金池亏损。年度内按季度滚动，盈亏自动弥补。

（2）销售收入预算按季度滚动调整，例如，第1季度未完成的销售收入预算，调整至第2季度，调整后第2季度销售收入预算数为第2季度预算与第1季度未完成的预算之和，以此类推。

（3）预算资金池亏损的，滚动调整下季度费用预算额度。在预算资金池盈余的情况下原则上不调整下季度费用预算额度，经申请可用于生产经营、研发投入、市场拓展等，但不得用于发放工资及福利。

（3）预算调整制度。预算调整是指在预算执行过程中，当企业内外环境发生变化，预算出现较大偏差，原有预算不再适宜时，所进行的预算修改。预算调整制度对预算调整应该遵循的原则，能够进行预算调整的时间、条件等进行了详细规定。

以H集团公司的预算调整制度为例，说明如下。

1. 预算调整的概念

预算调整是指对预算责任单位或责任中心预算目标进行的调整。

2. 预算调整包含的内容

（1）重大预算调整。

重大预算调整是指影响年度预算目标的调整。为了保证预算的刚性，在一般情况下，是不允许调整年度预算目标的。用一句话来形容预算的刚性，即不调整目标，只修改手段。但由于一些重大事件的发生，导致原有的预算目标制定的基础发生改变时，为了避免资源的浪费，就要进行重大预算调整。进行重大预算调整的条件如下：

① 产业形势发生重大变化。

② 国家相关政策发生重大变化。如国家行业政策发生重大变化等。

③ 集团公司组织架构、战略进行重大调整。如出于集团公司整体战略的考虑，将原有的两个事业部进行了合并。

④ 预算委员会认为应该调整的其他事项。如各种突发事件，包括因不可抗力引发的自然灾害、重大质量事故等。

（2）一般预算调整。

一般预算调整是指不影响年度预算目标的调整。一般预算调整体现了预算的柔性。在不调整年度预算目标的前提下，由于上一个预算考核期间的预算目标没有完成，这些未完成的预算目标需要在下一个预算考核的周期内予以弥补；或是因为经营计划的调整，在上个月应该开展的活动延迟到了这个月，从而应对这个月的预算进行调整。这些调整都称为一般预算调整。

一般预算调整应遵循的原则如下：

① 例外原则。应放在预算执行中出现的重要、非正常、不符合常规的关键性差异方面。

② 内部挖潜原则。当不利于预算执行的重大因素出现时，应首先通过内部挖潜或采取其他补救措施弥补；只有在无法实现的情况下，才能提出预算调整申请。

③ 目标原则。预算调整的结果不能偏离企业发展战略和年度经营目标。

④ 最优化原则。应当能在经济上实现最优化。

3. 预算调整时间

重大预算调整的时间为当且仅当触发重大预算调整的事项发生时。一般预算调整的时间为上一个预算考核周期结束时。

（4）预算考核制度。预算的执行效果要通过预算考核来体现，只有与绩效考核相结合，才能让全面预算落到实处。预算考核制度是为完善企业的全面预算管理体系，建立预算激励与约束机制，有效地保证预算目标的实现，根据全面预算管理制度的要求而制定的，具体规定了预算考核的原则、时间、考核办法。

以 H 集团公司的预算考核制度为例，说明如下。

1. 预算考核原则

（1）目标原则，即以年度目标为基准，按目标完成情况评价目标执行者的业绩。

（2）激励原则，即年度目标是对目标执行者业绩评价的主要依据，将采取考评和激励相结合的方式。

（3）时效原则，即年度目标考评应采取动态机制，每期目标执行完毕后立即进行。

（4）例外原则，即对一些阻碍目标执行的重大因素，如产业环境的变化、市场的变化、重大意外灾害等，考评时应作为特殊情况处理。

（5）分级考评原则，即年度目标考评要根据组织结构层次和年度目标的分解层次进行。

2. 预算考核时间

（1）集团公司对子公司级年度目标考评的时间为年度末。

（2）子公司内部考核时间为月度末、季度末、年度末。

（5）委员会会议制度。预算委员会是在董事会领导下负责预算管理的决策机构，主要职责包括确定企业年度预算总目标和总方针，审定年度预算（草案），分解落实年度预算（方案），制定全面预算编制的方针，程序和要求，组织预算相关会议，预算调整和仲裁，审定预算考核方案，制定全面预算管理制度等。其职责需要通过召开一系列会议来履行。委员会会议制度对会议形式、召集主持、会议通知、议事规则等做出了规定。

以 H 集团公司的预算编制制度为例，说明如下。

1. 会议形式

● 定期会议

（1）月度会议：由副秘书长组织总部职能部门和专项预算执行部门参加，反馈总部职能部门预算执行情况，听取专项预算推行部门的工作汇报。

（2）季度会议：审议预算调整及重要的预算管理决策、仲裁有关预算冲突。

（3）年度会议：总结年度预算执行情况，布置下年度预算工作。

● 临时会议

应董事会要求，或经委员会主任或者半数以上委员提议，或预算推行部门申请并经委员会主任批准，可召开临时会议，审议各项即时性议题。

2. 召集主持

预算委员会会议由预算委员会主任主持，副秘书长召集和组织，会议由秘书负责通知和安排，会议纪要由秘书记录和分发。

3. 会议通知

定期会议应当于召开前 2 日内以邮件形式通知各与会人员，临时会议应当于会议召开前 1 日内以邮件形式通知各与会人员，在特殊情况下可临时通知。会议通知应当告知会议时间、地点、与会人员、议题，会议时间如有变更，需至少提前 1 小时以邮件或电话方式告知与会人员。会议召开前，会议组织者需与会议室管理者确认会议室安排情况，并提前准备好会议设施及资料。

4. 议事规则

（1）预算委员会主任和执行委员享有表决权，其他与会人员不享有表决权。

（2）委员不能出席的，可书面委托其他人员出席，也可书面委托其他委员行使表决权。

（3）实行一人一票的表决办法，各项决议须经出席会议的有表决权成员过半数通过方为有效。

3.4.2 企业业务流程

1. 企业业务流程的重要性

在企业管理制度体系中，业务流程的有效运行决定着企业资源的运行效率和效果，因此建立健全业务工作规范，完善业务管理程序，以适应全面预算管理的要求。业务流程对于企业的意义不仅仅在于对企业关键业务的一种描述，更在于对企业的业务运营有着指导意义。这种意义体现在对资源的优化、对企业组织机构的优化以及对管理制度的一系列改变。

2. 企业业务流程的主要内容

业务流程是指为达到特定的目标而由不同的人分别完成的一系列活动。活动之间不仅有严格的先后顺序限定，而且活动的内容、方式、责任等也都必须有明确的安排和界定，以使不同活动在不同岗位角色之间进行转手交接成为可能。与企业内部控制制度相似，企业业务流程也可按会计核算、预算管理、资金管理、财务管理和税务处理进行分类，如图3-8所示。

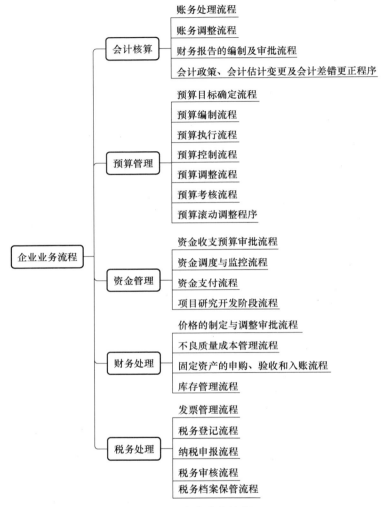

图 3-8　企业业务流程

以下重点对预算管理中的流程进行说明。

3. 预算管理流程

（1）预算编制流程。企业编制预算时，一般应按照"上下结合、分级编制、逐级汇总"的程序进行，具体可以按"下达目标—编制上报—审查平衡—审议批准—下达执行"的流程编制。预算委员会下达年度预算编制任务，各子公司编制预算草案并上报，预算管理办公室对各预算执行单位上报的财务预算方案进行审查、汇总，提出综合平衡的建议。预算委员会应当责成有关预算责任单位进一步修订、调整，正式编制企业年度预算草案，并提交审议批准。审议批准的年度总预算分解成一系列的指标体系，由预算委员会逐级下达各预算责任单位执行。

以 H 集团公司的预算制定流程为例进行说明，如图 3-9 所示。

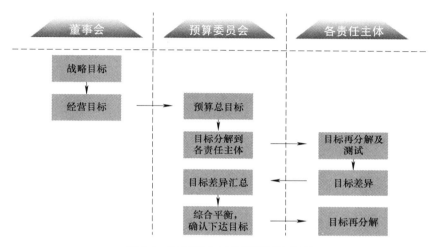

图 3-9　H 集团公司的预算制定流程

1. 预算编制的启动

每年 10 月份，集团公司预算管理办公室根据确定的预算总目标和分业务目标，组织预算编制启动会议，下发《年度预算编制大纲》并指导各单位预算编制。

2. 预算编制

- 年度计划的确定

每年 11 月份，各预算责任单位应当根据《年度预算编制大纲》和分解的预算目标，拟订本单位年度经营计划，细化行动方案并进行优化，作为预算编制的基础。

- 业务预算的编制

基于年度经营计划，各单位的责任中心确定各项资源需求，评估预期效果和测算财务收益，形成业务预算，并按要求上报上一级预算管理办公室。业务预算的编制要求采用零基预算方法。

- 财务预算的编制

预算管理办公室组织相关部门，对现有资源及分布情况进行测算，并评估可获取的资源水平（包括未来业务活动流入、新增融资能力等），确定总体资源及分布状况。

- 资源匹配与平衡

（1）预算管理办公室需要对业务部门提交的业务预算（含底稿资料）进行评估（按重要性排序，可组织相关部门参与评估），对业务计划方案建议优化的，返回责任中心完善。

（2）预算管理办公室将各责任中心业务预算方案与企业所可拥有的资源进行匹配，在资源许可范围内选择和确定业务预算方案（草案）。业务预算超出内部可支配资源的缺口，可通过外部渠道进行筹集。原则上应保留部分资源以应对不确定性事项的发生。

3. 提交和审查

（1）每年11月份，子公司预算管理办公室汇总编制单位预算方案，报送预算委员会审核。需要修改的，返回预算管理办公室组织修改。

（2）每年12月份，预算管理办公室将预算方案报送集团公司预算机构。

4. 审议批准

（1）每年12月份，集团公司预算机构组织对各子公司的年度预算方案进行评审，通过或修正后，集团公司对各子公司下发年度预算批复。

（2）每年12月份，各子公司预算委员会将集团审议通过的预算方案提交集团公司董事会审议（集团公司批复的预算主要指标仅为预算最低目标；董事会审议时，某些指标可高于集团公司批复指标）。

5. 分解执行

次年1月份，各单位（预算管理办公室协助）将预算委员会或董事会审批后的年度预算方案在集团公司内部分解，并以《预算目标责任书》的形式下发各部门/责任中心执行，同时将年度预算方案报送集团公司预算机构。

（2）预算执行与控制流程。预算执行与控制流程描述了以预算为基础，开展实际经营活动时的控制流程，以及对预算执行过程进行监督控制的流程。预算执行流程主要包括按预算开展经营活动，对执行情况进行分析。预算控制流程主要包括对业务计划和资金计划进行平衡与执行，对预算执行过程和结果进行事前、事中、事后的监督、检查和监控。

以 H 集团公司的预算执行流程为例说明，如图 3-10 所示。

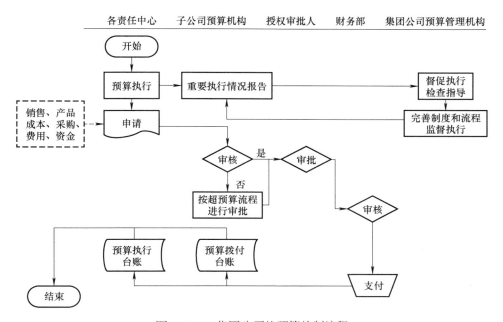

图 3-10　H 集团公司的预算编制流程

1. 预算执行流程

（1）各预算责任单位应严格按预算开展经营活动。

（2）各预算责任单位的负责人为预算执行的直接责任人，对预算执行结果负主要责任。

（3）专项预算推行部门为专项预算责任人，对专项预算执行结果负责。

（4）各项支出应经预算推行部门审核，接受推行部门监督。

（5）各预算责任单位专项预算支出应当接受专项预算推行部门的监督。

（6）按月向预算推行部门提供实际预算执行数据，并对执行情况进行分析。

2. 预算控制流程

（1）子公司预算管理办公室每季末的最后一周负责对各责任中心业务计划和资金计划进行初审和初步平衡，提出建议并提交其预算委员会审议。

（2）子公司预算委员会每季度末的最后一周，对业务计划和资金计划进行平衡后，下发执行。

（3）各子公司将确定后的下季度预算情况报送集团公司预算管理办公室备案。

（4）在预算执行中各责任中心应当按照预算管理的流程进行报告，各预算监控部门和责任领导应当按照事中和事后控制的要求做好监督和控制。

（5）集团预算管理办公室依据上报的预算备案进行监督、检查和监控。

（3）预算调整流程。预算调整流程对预算执行过程中需要对预算目标进行调整时的具体业务流程进行描述。它主要包括调整要求和申请、评审、审批和执行。

以H集团公司的预算调整流程为例说明，如图3-11所示。

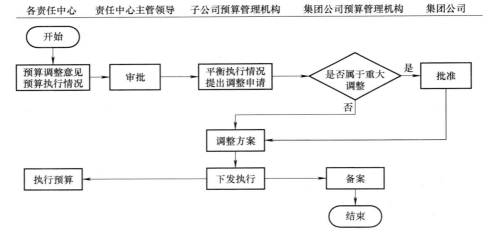

图3-11　H集团公司的预算调整流程

1. 预算调整流程

按不同预算单位的预算调整分类，可以分为以下几类流程：

（1）集团总部职能中心预算目标调整。集团总部职能中心因内外部原因确需调整预算目标的，由责任主体向预算委员会提交调整方案，经预算委员会审议批准方可。

（2）子公司预算目标调整。子公司涉及预算指标年度目标确需调整的，由子公司提交调整方案并经子公司经营负责人审批后，报集团公司预算委员会审议批准方可。

（3）预算委员会认为需要调整的，责令预算推行部门制定预算调整方案并提交预算委员会审议批准。

2. 预算调整程序

2.1 调整要求和申请

来源包括：

（1）集团公司在评估中期预算完成情况、环境和预算资源变化情况后，提出预算调整要求的；

（2）集团公司预算管理机构基于对中期预算整体运行情况的分析，提出的预算调整申请；

（3）各子公司基于对本单位各责任中心中期预算运行情况的分析，提出的预算调整申请。

预算调整申请应详细说明调整原因，阐述预算执行的具体情况、客观因素变化情况及其对预算执行造成的影响程度，并提出预算调整建议幅度等。

2.2 评审

集团公司预算管理办公室对预算调整要求和申请进行汇总，并组织相关部门对预算调整的必要性和调整方向进行评估和论证，提出预算调整意见和建议，报送集团公司。

2.3 审批和执行

集团公司预算机构将预算调整方案提交集团公司审批后，通知各执行中心（子公司）编制调整后方案，并在内部进行分解和下发各部门执行，同时报送集团公司预算管理办公室备案。

（4）预算考评流程。预算执行过程中，需要定期根据各项预算指标和企业预算考核制度，对预算执行结果进行考核评估。预算考评流程对考评涉及的部门及其考评具体过程进行描述。它具体包括收集考评所需的各种信息资料，比较实际与预算的差异，区分不利差异和有利差异，分析差异形成的原因，明确相关经济责任，与相应的激励约束机制挂钩，撰写考评报告，发布考评结果。

以H集团公司的预算考评流程为例说明，如图3-12所示。

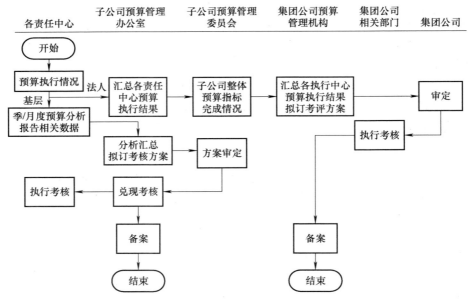

图 3-12 H集团公司的预算考评流程

（1）集团公司预算委员会根据年度预算目标和年度预算的审批结果，制定各单位的年度预算考核指标。

（2）人力资源部根据各个项目预算目标的重要性，分别确定考核指标的权重。

（3）集团公司预算办公室向预算委员会和预算考核机构提交各单位的预算执行情况和预算体系运行情况的信息。

（4）人力资源部根据预算办公室报送的信息掌握各单位的预算执行情况和预算体系运行情况。

（5）人力资源部根据预算委员会制定的预算考核要求、指标和预算办公室提供的各单位预算执行和预算体系运行情况，对各单位和集团公司本部各专业职能部门进行预算考核并出具考核报告。

（6）集团公司预算委员会负责对人力资源部出具的预算考核报告进行审批。

（7）集团公司经济责任制管理委员会根据预算委员会审核批准的预算考核报告，将对各单位预算考核的结果纳入整个集团公司绩效考核体系，进行奖惩。

3.5 战略目标转化为经营计划的过程

3.5.1 经营目标与管理目标的分解

3.2 节中,对经营目标和管理目标的制定进行了详细阐述。集团公司总的经营目标和管理目标制定完成后,需要将总预算目标分解至各个子公司或事业部。这个分解工作既是个技术活,也是个力气活:说是技术活,是因为战略规划只是定了个大方向、大目标,要把这个大方向、大目标分解下去,必须要有一套科学的体系和方法;说是力气活,是因为分解牵涉方方面面的利益,要把各个子公司、各个事业部、各个部门的利益分配好,需要有很强的协调能力,一个集团公司协调一圈下来,不亚于一个马拉松长跑。因此,经营目标与管理目标的分解工作十分重要。在分解目标时,应该遵循整体一致性原则,兼顾长期利益和短期利益,兼顾长期目标和短期目标,兼顾效率和公平,提高整体的盈利水平和盈利能力。

经营目标分解的方法如表 3-15 所示。

表 3-15 经营目标分解的方法

分解方法	定义
自主申报法	根据整体目标,各预算分主体或责任人根据实际能力和市场环境,自主申报自己的预算目标,经过有关部门汇总分析后,对各责任主体的预算目标进行统筹安排或修正,据以进行分解。 优点:有利于调动各预算责任主体的积极性,更贴近责任主体的实际状况。 缺点:有可能鞭打快牛,保护落后,也有可能各预算责任主体的申报量远低于整体目标值,从而使整体目标难以落实
固定比例分配法	根据各责任主体的历史状况、内外部环境的变化,确定一个相对固定的分配比例,按照这一比例,将企业整体预算管理目标分解到各预算责任主体,这一比例既要有科学的测算方法支持,也要与各责任主体进行充分沟通,一旦确定,要保持相对固定和稳定。 优点:考虑了历史和现实,既没有鞭打快牛,也没有保护落后。 缺点:难以充分考虑未来的发展因素,且由于相对固定,对发展格局的变化不敏感

（续）

分解方法	定义
基数法	以各预算责任主体上年或前几年实际完成的数据为基数，或以前几年的平均数为基数，再考虑预算期的发展速度，分解确定预算目标。 优点：简便易行，应用面广。 缺点：不规范，由于固化了历史基数，对历史上不合理的因素没有加以区别考虑，会导致不公平性存在
固定发展速度法	以各预算责任主体的上年实际或计划数做基数，固定一个共同的或平均的发展速度，确定本年的预算实际目标值。 这一方法相对简单，适合于各预算主体差异因素较小的情况
因素分析法	将影响各预算责任主体的主要因素汇总起来，经过一定的分析测算，确定各预算责任主体的预算目标。 优点：考虑了各预算责任主体的实际情况，比较合理。 缺点：助长了各预算责任主体的讨价还价和强调客观因素。同时，由于影响因素较多且各式各样，给预算分解带来较大的难度
倒推法	把可以预见和考虑的主要因素对预算的影响确定下来，根据总的预算管理目标，倒推出各预算责任主体的预算目标

1. 经营目标的分解

3.2 节以前装事业部为案例展示了具体的经营目标制定过程。集团公司总的经营目标制定过程与之相类似，在此不再赘述。

由战略委员会主导，经过战略研讨，最终确定了 H 集团公司 2016—2018 年的三年战略目标，具体如表 3-16 所示。

表 3-16 H 集团公司三年战略目标　　　　　　　　　　单位：亿元

指标	2016 年	2017 年	2018 年
销售额	21	24	26
净利润	1.8	2	2.2

其中，2016 年经营目标为实现销售收入 21 亿元，净利润 1.8 亿元。总的集团公司经营目标由财管中心往下分解，结合各个事业部的实际情况和整个集团公司的战略规划，2016 年 H 集团公司经营目标的分解如表 3-17 所示。

表 3-17　2016 年 H 集团公司经营目标的分解　　　　　单位：亿元

市场形态	市场定位	市场目标	销售分解	利润分解	利润率
前装	新兴业务	保持现有车厂合作的份额，每年开拓 1 个车厂	10	0.8	8%
后装	核心业务	巩固代理业务，新增全国 4S 集团业务	6	0.5	8.33%
海外	核心业务	巩固非洲、东南亚业务，新增美洲、欧洲业务	3	0.4	13.33%
车联网	种子业务	快速增长用户，提升用户续费率，寻求融资渠道	2	0.1	5%
合计			21	1.8	8.57%

2. 管理目标的分解

集团公司管理目标已经制定完毕，之后由企管中心主导，将管理目标按照各个事业部的特点进行分解，方便执行、控制、考评和监督。需要注意的是，并不是每个集团公司的管理目标都需要分解到事业部，而是要根据管理指标的类型和事业部的实际情况进行分解。H 集团公司 2016 年管理目标如表 3-18 所示。

表 3-18　H 集团公司 2016 年管理目标

管理目标
（1）资金成本利润率：40%，3 年平均提升 10%
（2）预算偏差率：±10%以内
（3）采购降成目标：3 年平均下降 6.57%
（4）人力资源费用率：控制在销售总额的 10%以内
（5）运营费用率目标：低于 17%，三年平均下降 10%
（6）研发项目准时完成率：88%，3 年逐年提升 10%
（7）技术创新目标：3 年发明专利提报并被受理 30 项
（8）客户满意度：3 年逐年提升 10%
（9）部门协作满意度：80 分
（10）人均年产值：60 万元以上

2016 年 H 集团公司的管理目标分解至各事业部，具体如表 3-19 所示。

表 3-19　H 集团公司 2016 年管理目标的分解

事业部	市场定位	市场目标	管理目标	指标属性	数值
前装	新兴业务	保持现有车厂合作的份额，每年开拓 1 个车厂	研发项目准时完成率	定量	90%
			技术创新目标	定量	4 项
			采购降成目标	定量	6%
			预算偏差率	定量	±8%
			客户满意度	定量	90%
			人均年产值	定量	100 万元
			运营费用率目标	定量	13%
			资金成本利润率	定量	30%
后装	核心业务	巩固代理业务，新增全国 4S 集团业务	研发项目准时完成率	定量	80%
			技术创新目标	定量	2 项
			采购降成目标	定量	7%
			预算偏差率	定量	±10%
			客户满意度	定量	80%
			人均年产值	定量	90 万元
			资金成本利润率	定量	40%
			人力资源费用率	定量	8%
			部门协作满意度	定量	80 分
海外		巩固非洲、东南亚业务，新增美洲、欧洲业务	研发项目准时完成率	定量	85%
			技术创新目标	定量	2 项
			采购降成目标	定量	7%
			预算偏差率	定量	±10%
			客户满意度	定量	80%
			人均年产值	定量	90 万元
			资金成本利润率	定量	40%
			运营费用率目标	定量	9%
			部门协作满意度	定量	80 分
车联网	种子业务	快速增长用户，提升用户续费率，寻求融资渠道	研发项目准时完成率	定量	80%
			技术创新目标	定量	2 项
			采购降成目标	定量	5%
			预算偏差率	定量	±15%

（续）

事业部	市场定位	市场目标	管理目标	指标属性	数值
车联网	种子业务	快速增长用户，提升用户续费率，寻求融资渠道	客户满意度	定量	80%
			人均年产值	定量	50万元
			资金成本利润率	定量	5%
			部门协作满意度	定量	90分
			人力资源费用率	定量	10%

3. 经营目标与管理目标的批准

（1）概述。全面预算是验证和实现企业经营管理目标的资源路径。经营管理目标本身无所谓合不合理，不能由目标本身来证明其合理性和可实现性。目标的合理性和可实现性要通过实现目标的路径来证明：路径存在，目标存在；路径合理，目标合理。

因此，企业通过对经营的预测，自上而下地下达了一个初步的目标，而经营计划的编制又是自下而上地通过合理的路径来验证和分解了经营、管理目标，但企业的经营管理目标应经董事会批准才能生效。任何一个企业的经营管理目标的确定都不是一蹴而就的，而是一个漫长而艰苦的博弈和相互妥协的过程。

我们先从全面预算编制的起点说起。全面预算编制的起点是预算目标的确定，而预算目标又来源于战略目标，那么战略目标又是谁制定的呢？是设在董事会下的战略委员会。因此战略委员会在制定企业的战略目标时，更多地体现全体股东的意志，或者说战略目标是以股东利益最大化为前提的。战略委员会制定战略目标后，把这些目标转交给预算委员会。预算委员会与战略委员会的不同之处在于，预算委员会是由以总裁为首的经营班子组成的，也是董事会下面的一个常设机构。它一方面要体现全体股东的利益，另一方面又要反映经营管理层的需求。因此，预算委员会更多地起着一个平衡器的作用，董事会和经营管理层博弈的最终结果通过集中、民主、再集中的方式，反映在预算目标的最终调整上。

企业的预算目标确定后，各子公司、各事业部、各部门要把分配给本预算责任单位的预算目标再行分解下去，这个分解的过程又是新一轮博弈，只不过这一轮博弈发生在子公司/事业部/部门负责人和他们的下一级单元之间。

除了上下级单位存在博弈外，同级之间也存在博弈，因为目标是刚性的，而资源却是稀缺的。参与预算分配的每个预算单元都希望自己获得更低的目标和更多的资源，这是人性使然，再者，每个预算单元的负责人不仅代表他本人的利益，还代表了这个预算单元整体的利益。因此，上一级主管部门的负责人在分配预算目标时，一定要保证一碗水端平，做到公平公正。

（2）经营管理目标批准。经营管理目标的制定和分解涉及各个层级的博弈、协调和平衡，一般通过多次内部沟通会议和评审会议进行讨论修改，最终达成最优结果。之后由集团董事会和预算委员会进行批准，正式下达经营管理目标。下文以H集团公司为例，描述目标制定的博弈过程。

H集团公司进行经营目标分解就是一个典型的博弈过程。经过多次战略研讨会研究讨论，确定了H集团公司2016年度总经营目标为21亿元，制定集团公司总经营目标后，需要将其分解到前装事业部、后装事业部、海外事业部、车联网事业部。为此，H集团公司各事业部总经理和董事会开展了多次讨论。

前装业务是H集团公司的新兴业务，将作为H集团公司销售收入的最主要来源，H集团公司最初下达给前装事业部的预算经营目标为2016年实现销售收入101 250万元，即在2015年销售收入81 000万元的基础上增长25%。但前装事业部总经理认为，由于前装业务是新兴业务，市场还没有成熟完善，目前后装市场仍是车载导航的主导市场，前装业务销售收入增长率定为25%偏高，实现难度较大。于是前装事业部总经理多次在平衡试算会议和沟通会议上，通过分析前装市场宏观、中观和集团公司层面的实际情况与发展趋势，对整个前装市场的出货量和H集团公司前装业务的市场份额做出合理的预测，提出将前装事业部2016年预算目标调整为100 310万元，即下调940万元。通过与预算委员会和其他部门经理的沟通协调，预算委员会最终批准前装事业部2016年经营目标的调整，下调部分由其他部门进行分配后共同完成，以保证H集团公司21亿元的总经营目标能够最终达成。

3.5.2 经营计划

1. 经营计划概述

经营计划是指企业在一定时期内确定和组织全部生产经营活动的综合规划。

它在企业整体战略的指导下，根据市场需求和企业内外环境、条件变化并结合长远和当前的发展需要，合理地利用人力、物力和财力资源，组织筹划企业全部经营活动，以达到预期的目标和提高经济效益。企业经营计划按时间可分为长期经营计划、中期经营计划和短期经营计划三种，我们在这里所说的是年度经营计划。

简单地说，经营计划就是各单位、各部门以及个人为了实施战略活动而做出的工作部署。年度经营计划要解决的主要问题是确定年度目标、规划年度活动和确定经营对策。它包括以下四个方面的内容，如表 3-20 所示。

表 3-20　经营计划内容

部分	项目	内容
1	目标	未来做什么？
2	责任	未来由谁去做？
3	时间	未来什么时候做？
4	措施	未来如何去做？

2. 经营计划与全面预算的联系与区别

经营计划与全面预算的联系与区别如表 3-21 所示。

表 3-21　经营计划与全面预算的联系与区别

类型	经营计划	全面预算
联系	（1）经营计划和全面预算都服务于战略。 （2）企业战略规划、经营计划是全面预算的基点和前提。 （3）全面预算来源于经营计划，同时全面预算检验经营计划的有效性和可行性	
区别	（1）经营计划是一种预测工具。 （2）经营计划是对未来的预测和安排。 （3）经营计划不能作为绩效考核的依据	（1）全面预算既是预测工具，又是控制工具。 （2）全面预算是全体人员对企业的承诺。 （3）全面预算是绩效考核的依据

两者的区别如下：

经营计划是企业根据战略规划制定的行动方案，而全面预算则将经营语言转化为财务数据，并对经营活动的结果和影响做出预测。

通俗一点讲，经营计划是全面预算的文字化表达，全面预算是经营计划的数据化体现。

经营计划比较宏观，全面预算较为细致。

两者的联系如下：

（1）时间先后关系。集团公司及下属各事业部或子公司先根据未来3～5年的战略规划编制年度经营计划，然后财务部门再根据年度经营计划汇总编制全面预算。

（2）平衡关系。企业通过财务预测预估经营活动的效果和效率，评价经营计划是否满足战略目标、资源匹配和投入产出的关系是否平衡。

（3）和谐关系。经营计划明确企业的年度工作方向和工作目标，是落实战略的重要环节，也是考核工作业绩的主要依据。预算用会计语言将经营计划分解，并使其明确化和严谨。两者是统一并存、互不矛盾的。

（4）配合关系。全面预算只有建立在严谨、细致的年度经营计划的基础上，才能真正有效。

3. 目前企业中常见的问题

（1）问题一：没有经营计划，预算硬着陆。很多企业存在预算无从着手的问题，这是负责预算的财务人员永远的痛。其主要的原因是企业仅给出了一个经营目标，业务单位没有编制经营计划，职能部门也没有编制工作计划，而经营目标没办法分解下去，这就是所谓的"硬着陆"。

比如，某个利润中心经过讨价还价最终由董事长拍板定下了销售目标和利润目标，总经理将目标交给财务部，由于业务部门没有制订经营计划，财务部的同事就不知道该如何分解了，有的把它平均分配到每一个月，有的按上一年度每月销售额的比率进行分配。这些分配方式带有太强的主观性，自说自话，没有和业务有效地联结在一起，没有做到业财融合。

因此，经营计划是全面预算的基础。没有经营计划，预算的编制就会成为无源之水，严重脱离实际。

（2）问题二：没有预算，经营计划执行不下去。有一些企业的经营计划编制得洋洋洒洒，各个方面都很详细，从外部到内部，从目标到计划。但由于企业不重视管理会计，所以财务工作还处于记账的财务会计阶段，没有编制全面预算。每年董事会把预算目标定下来，发给子公司执行，由于子公司没有经过系统化的预算编制与目标确定，所以每年执行的结果与预算目标相去甚远。这是因为经营计划没有控制功能，也达不到对经营业务的约束，造成脱节是可想而知的。

因此，经营计划一定要分解到全面预算当中去，并且将其作为经营业务的控制手段和绩效考核基础，才能使经营过程受制于经营计划。

4. 前装事业部经营计划的制订

各子公司、各事业部、各部门按照集团公司分解给本单位的经营目标、管理目标，结合本单位的部门职责开始编制本单位的年度工作计划，再根据部门的组织架构编制部门的年度工作计划，根据人员任命编制员工个人的年度工作计划。

（1）前装事业部的组织架构。前装事业部的组织架构如图3-13所示。

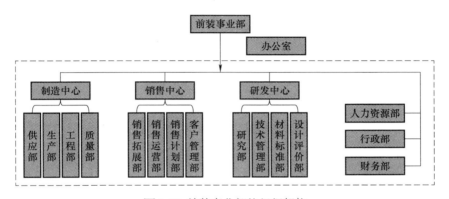

图3-13 前装事业部的组织架构

（2）前装事业部人员的任命。H集团公司关于前装事业部人员的任命通知如下。

关于前装事业部人员的任命通知

通知主题：前装事业部人员任命通知。

通知对象：全体员工。

通知事项：根据公司战略规划，结合前装事业部2016年年度工作规划，经集团公司研究决定，现对前装事业部做如下人员任命调整。

一、人事任命

（1）任命张×为H集团公司前装事业部制造中心总监；

（2）任命张×为H集团公司前装事业部销售中心总监；

（3）任命钟×为H集团公司前装事业部研发中心总监；

（4）任命曾×为H集团公司前装事业部人力资源部经理；

（5）任命汪××为H集团公司前装事业部行政部经理；

（6）任命张××为H集团公司前装事业部财务部经理；

（7）任命李×为H集团公司前装事业部质量系统质量保证部经理；

二、相关事宜说明

（1）上述人员任命，凡属新入职、晋升干部统一设置3个月考察期，考察期间要求各人员的直接上级需加强对该人员的关注及辅导，相关考察、关注动作由人力资源协助及跟进。

（2）请以上涉及工作调整需进行工作交接的干部，于任命生效后10天内完成工作交接。

特此通知！

2015年10月7日

（3）部门年度工作计划。集团公司将预算目标分解到前装事业部之后，前装事业部需要结合部门职责编制部门年度工作计划，将2016年100 310万元的销售目标进行分解，形成部门的年度工作计划。2016年与前装事业部达成合作的车厂共有五个，分别是长安、长城、吉利、通用五菱和比亚迪。根据各个车厂不同车系、不同车型，预计2016年的产量和前装配置数量，最终将100 310万元的经营目标分解至各个车厂，形成前装事业部2016年的年度经营计划，如表3-22所示。

表3-22　前装事业部2016年经营目标

车厂	车系	车型	预计产量/台	配置数量/台	单价/元	总价/万元
长安	CS	CS35	170 000	170 000	850	14 450
	CS	CS75	210 000	210 000	950	19 950
长城	哈佛	H2	190 000	190 000	850	16 150
吉利	帝豪	EC7	242 000	242 000	800	19 360
	博越		190 000	190 000	950	18 050
通用五菱	宝骏	310	50 000	50 000	650	3 250
比亚迪		F3	130 000	130 000	700	9 100
合计			1 182 000	1 182 000		100 310

（4）个人年度工作计划。负责长安车厂的销售人员共3人，1名销售经理丁九加2名业务员张三和李四，其中销售经理对长安车厂全年业绩目标34 400万元负责，两个业务员分别负责CS35车型和CS75车型的销售工作。绩效考核经理根据长安车厂的销售人员和目标情况，制定个人业绩考核标准：业务员张三负责长

安 CS35 车型，与销售经理丁九共同完成 14 450 万元的年度目标销售，按业务员张三占 60%，销售经理丁九占 40%的比例进行个人业绩考核；业务员李四负责长安 CS75 车型，与销售经理丁九共同完成 19 950 万元的年度目标销售，按业务员李四占 60%，销售经理丁九占 40%的比例进行个人业绩考核。长安车厂的目标分解如表 3-23 所示。

表 3-23 长安车厂的目标分解

长安车厂	业绩目标/万元	业务员业绩目标			销售经理业绩目标			备注
		数量/万台	单价/元	金额/万元	数量/万台	单价/元	金额/万元	
CS35	14 450	10.2	850	8 670	6.8	850	5 780	个人业绩划分标准，业务员：销售经理=6：4
CS75	19 950	12.6	950	11 970	8.4	950	7 980	
合计	34 400	22.8		20 640	15.2		13 760	

销售经理和业务员再根据公司分解给他们各自的销售任务编制个人工作计划。

（5）年度经营计划书。经营计划目录如表 3-24 所示。

表 3-24 经营计划目录

部分	章节	内容
一	2015 年度内部运营状况	（1）财务状况 （2）产供销研状况 （3）组织与人力资源状况
二	外部经营环境分析	（1）宏观经济与行业发展 （2）主要竞争对手概况
三	2016 年经营策略与目标测算	（1）总体经营目标与策略 （2）核心业务 （3）新兴业务 （4）种子业务
四	2016 年整体资源管理目标	（1）市场份额目标 （2）品牌目标 （3）客户满意度目标 （4）财务管理目标 （5）人力资源目标
五	2016 年度重点工作计划	（1）渠道整合计划 （2）供应链资源整合计划

（续）

部分	章节	内容
五	2016年度重点工作计划	（3）技术创新计划 （4）制造中心转移计划 （5）融资计划 （6）人员效率与胜任力提升计划
六	2016年组织架构	（1）变革管理要点 （2）组织架构 （3）部门职能定位 （4）主要管理层任免

（6）预算目标责任书。预算目标责任书的签署对于整个全面预算管理工作的开展来讲，不仅是一个仪式的问题，更是一种责任和义务的明确，也是人力资源部门将来作为绩效考核的依据。H集团公司的预算目标责任书举例如下。

2016年预算目标责任书

××有限公司：

根据集团公司经营目标和预算情况，结合子公司的经营预测，按照"集中—民主—集中"的议事决策原则，经预算委员会讨论决定，对××有限公司2016年经营年度（2016年1月1日—12月31日）按以下指标考核。

1. 经营目标（刚性指标）

经营目标（刚性指标）如表3-25所示。

表3-25　经营目标（刚性指标）

项目	销售额（含税）	利润贡献
金额	100 310万元	8 000万元

2. 经营目标（过程指标）

经营目标（过程指标）如表3-26所示。

表3-26　经营目标（过程指标）

项目	毛利率	费用总额
过程指标	≥18.5%	1 280万元

经营目标的刚性指标，预算单位必须完成；经营目标的过程指标不做硬性要求，作为编制预算的参照指标。

以上目标指标根据《集团公司所属成员企业2016年预算材料》中分解的数据

逐月计算评价。具体考核办法另行制定。

本责任书一式两份，由集团财管中心预算管理部和预算单位各执一份。

预算委员会　　　　　　　　　　　预算单位

审核：

批准：　　　　　　　　　　　　　　负责人：

日期：　　　　　　　　　　　　　　日期：

3.6　会议体系

全面预算的管理归根结底是为了战略的落地。为了保证战略的落地，我们在编制全面预算前要将战略目标和规划形成经营计划。如果说，经营计划是把战略、预算和绩效串起来的一根绳子，它让管理的"三驾马车"能够相互联结并形成一个闭环，那么会议体系就是这根绳子上的一个个结点，这些结点的存在，保证了经营计划的有序开展，并及时检索战略目标的达成情况，以便及时纠偏和调整。会议体系内容如表3-27所示。

预算会议伴随着不同预算阶段而召开。在不同的预算阶段，根据沟通需要举行不同目的的预算会议。会议体系也因此可以划分为战略规划、预算编制、预算评审和预算执行四个阶段。

3.6.1　战略规划阶段

在战略规划这个阶段，一个很重要的任务是要确定企业3~5年的战略目标，为此将召开至少两次战略研讨会。研讨会通常由董事长主持，参加者包括企管中心负责人、财务负责人等。

第一次战略研讨会以全面预算启动大会仪式开场，拉开整个全面预算的序幕。战略委员会经过研讨，制定企业的经营目标和管理目标，确定企业的业务发展方向和发展模式，即定目标、定方向和定模式。第一次战略研讨会确定下一年度的发展大方向。

表 3-27 会议体系内容

预算阶段	启动日期	会议名称	内容	牵头者	参加人员	频次
战略规划	10月8日	第一次战略研讨会	（1）全面预算启动大会仪式。（2）战略研讨会（战略委员会）定目标（经营目标、管理目标）；定方向（核心业务、新兴业务、种子业务；定模式（五力模型）	总裁/董事长	董事、总裁、企管中心、财务总监	一年两次
战略规划	10月15日	第二次战略研讨会	（1）组织架构及人员初步任命（人力部门）；（2）初步下发预算目标给预算责任单位结果：3~5年战略规划（表）	企管中心总监		
预算编制	12月31日	预算培训会议	预算培训会（预算编制方法）	财管中心	事业部总经理、财务部门	每年两次
预算编制		内部沟通会议	内部沟通会（预算责任单位内部）研讨、分工，形成部门年度工作计划	部门经理	部门全体员工	不定期
预算评审	12月1日	平衡试算会	进行各责任单位预算的汇总、评审（平衡试算会）	财务中心、预算委员会	部门经理	
预算评审		沟通会议	跟预算责任单位沟通（一对一沟通）	财务部	部门经理	不定期

第 3 章　预算前期准备工作操作实务

（续）

预算阶段	启动日期	会议名称	内容	牵头者	参加人员	频次
预算评审	12月1日	预算平衡会议	（1）预算上会（预算评审会） （2）预算第二次上会，敲定目标、考核机制	董事、高管层 董事、高管层	公司董事、高管层 公司董事、高管层、人力部门	每年两次
		员工大会	下达预算责任状、人员正式任命	高管层	全体员工	一年一次
预算执行	月初	月度经营例会	月度经营例会汇报（预算执行、差异分析）；各事业部汇报（模板）	财务总监、人力总监、各事业部经理	财务总监、人力总监、各事业部	每月
	每季度初	季度经营大会	季度经营大会（预算调整）	财务总监、人力总监、各事业部经理	财务总监、人力总监、各事业部	每季度
	1月中下旬	年度工作总结及人员表彰大会	对全年预算执行情况的全面总结、年度工作总结及人员表彰大会	高管层	全体员工	一年一次

085

第二次战略研讨会在第一次战略研讨会的基础上进行细致化的安排，主要包括组织架构及人员初步任命，形成3~5年战略规划表，并初步下发预算目标给预算责任单位。

3.6.2 预算编制阶段

在战略规划环节确定了企业3~5年的战略目标，接下来的工作就是把战略目标传导到预算编制环节。在这个阶段主要是召开预算培训会议和部门内部沟通会议。

预算培训会议由财管中心负责，主要是进行预算编制方法的培训，方便预算编制的开展。一般为一年两次。

部门内部沟通会议是在预算责任单位内部不定期进行的，在需要进行内部沟通时，由部门经理主持，部门全体员工参与，主要是研讨、分工，形成部门和个人的年度工作计划。

3.6.3 预算评审阶段

在预算编制阶段形成了部门的年度工作报告，战略目标往下进行了分解，各预算责任单位也据此制订和编制了本单位的工作计划与预算报表，这是一个民主的过程。民主的作用是能够集思广益，充分听取基层部门的声音，避免制定的战略目标脱离实际。因此汇总上来的预算目标跟集团公司下发的预算目标总会有些差异，这时就需要集中，召开预算大会进行评审。这个阶段主要涉及以下四种会议：

平衡试算会 财管中心将预算编制阶段各责任单位的预算进行汇总，汇总的预算报表呈报给预算委员会，预算委员会根据财管中心呈报的汇总预算报表组织召开平衡试算会，检查各预算责任单位提报的汇总预算目标与集团公司下发的预算目标的差异，并了解差异的构成。

沟通协调会 不定期进行，主要是财务部跟预算责任单位沟通，对预算目标的调整平衡进行讨论。必要时还包括与战略委员会的沟通，沟通涉及战略目标是否需要重新调整。

预算平衡会 即预算上会，董事、高管层召开大会对平衡试算会出现的预算差异调整进行评审，一般经过两次预算平衡会，最后敲定各个预算责任单位的预算目标，并确定考核机制。

员工大会 在预算目标最终确定后进行，主要是下达预算责任状，宣布人员正式任命，向全体员工传达企业年度预算指标。

3.6.4 预算执行阶段

预算编制完成后即开始预算执行阶段，在执行过程中需要定期开展预算执行结果的总结，即月度、季度经营例会和年终预算会议。

月度经营例会于每月月初进行，对上个月的预算执行进行总结和差异分析，各事业部汇报。

季度经营大会于每季度初进行，对一个季度的执行结果进行总结分析，必要时进行预算调整。

年终预算会议是对全年预算执行情况的全面总结，进行年度工作总结及人员表彰大会。其目的有两个：一是作为第二年预算编制的基础和参考；二是作为年度预算考核的结论和依据。年终预算会议包含子、分公司年终预算会议和集团公司年终预算会议。子、分公司的预算会议召开在前，集团公司年终预算会议在集团公司财务审计完成之后召开。

第 4 章
预算编制操作实务

第 4 章的思维导图如图 4-1 所示。

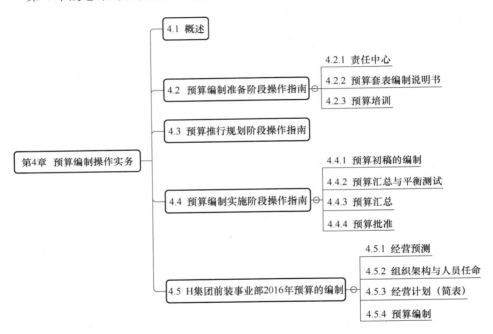

图 4-1　第 4 章的思维导图

4.1 概述

预算编制是全面预算管理的起点,也是最为重要的环节。预算编制是以企业的发展战略、经营目标和企业在各个产、供、销、研等环节的基本策略为原则,以组织架构、职责分工、权责体系和工作流程为基础的。

H 集团公司通过战略研讨会议、战略规划会议和预算启动会议对行业发展方向、集团的发展战略、集团的经营目标和经营策略进行了研究和确定。

基于 2016 年战略规划报告和各单位的经营计划,2016 年 H 集团公司全面预算管理的思路为从集权向分权模式转变。经营管理目标的确定程序如图 4-2 所示。

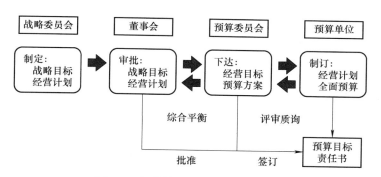

图 4-2 经营管理目标的确定程序

H 集团公司财管中心预算管理部刘部长在总结往年全面预算推行的情况后,确定了 2016 年全面预算推行的各阶段关键内容和时间节点,分为三个阶段,如图 4-3 所示。

图 4-3 全面预算编制的三个阶段

预算编制全过程包括预算准备阶段、预算规划阶段和预算实施阶段三个阶段。预算准备阶段包括预算套表的设计、预算编制说明和预算培训;预算规划阶段主要是预算的分解与测试,通过召开预算启动会议,让各部门清楚编制预算的原因及预算编制实现的目标、方针和思想等,并确定预算编制大纲;预算实施阶段包括预算初稿的编制、预算汇总与平衡测试、预算汇报和预算批准。

4.2 预算编制准备阶段操作指南

为有效地推进预算编制工作,预算管理部刘部长在总结往年预算推行工作得失的基础上,将预算准备阶段的工作进行了细化,并编制了甘特图作为项目管理控制工具。它通过条状图来显示项目内容、每一个项目的时间节点及项目进展的情况,这样可以非常直观地了解每一项目还剩下哪些工作要做,可以清楚地评估工作是正常进行还是存在异常。预算准备阶段的甘特图如图 4-4 所示。

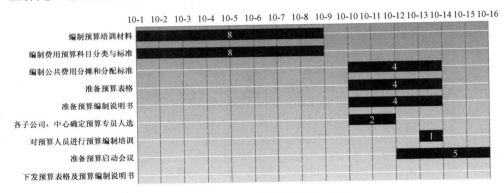

图 4-4 预算编制准备阶段的甘特图

每一个企业预算推行工作的基础和成熟度不同,决定了预算推行准备阶段所关注和执行的项目也不同。以下重点介绍责任中心、预算套表编制说明书和预算培训等内容。

4.2.1 责任中心

1. 责任中心的定义

责任中心是指具备一定管理权限并承担相应经济责任的企业内部单位,是责权利的统一体。

2. 责任中心的意义

集团企业都会围绕着决策权分配问题而引出"集权"和"分权"的概念。所谓集权，就是把经营决策权较多地集中在集团层面，而下属单位（子公司）主要从事执行工作。所谓分权，就是把经营决策权进行适当的分配和转移，授权到下属单位（子公司），集团更多地进行监督和提供服务。分权管理体制的普遍运用引发了管理思想和实践的重大变革，成为责任中心提出的理论基础。因此，集团企业按照责任中心的理论进行了相应的责任主体的划分，一般划分为：投资中心、利润中心、成本中心和费用中心。

3. 责任中心的分类及定义

投资中心是指既要对成本、费用、利润负责，又要对投资效果负责的责任中心。投资中心是比利润中心更高层次的责任中心，投资中心同时拥有投资决策权和经营管理权，而利润中心一般只拥有经营管理权，不拥有投资决策权。投资中心一定是利润中心，利润中心不一定是投资中心。

投资中心一般存在于比较大型的企业集团中，主要负责集团企业对外的投资和并购业务。

对于投资中心，常用的考核指标如下：

- 投资报酬率＝（利润／投资额）×100%
- 剩余收益＝利润－投资额×预期最低投资报酬率
- 现金回收率

利润中心是指既对成本、费用负责，又对收入负责的责任中心。利润中心一般会拥有比较独立的经营管理权，它也是比成本中心和费用中心更高层次的一个责任中心，同时一个利润中心下面可能会包含多个成本中心和费用中心。

利润中心也是采取分权管理模式的企业中比较常见的一种责任单位。它是企业利润和现金流的来源，在各责任单位中处于比较重要的位置。

对于利润中心，常用的考核指标如下：

- 销售收入达成率
- 产品毛利率
- 营业利润率

成本中心是指对成本负责的责任中心。与投资中心和利润中心不同的是，成本中心一般不具有比较独立的经营管理权。它不需要对企业的经营业绩负责，但要在企业给定的资源范围内完成对成本的管控。成本中心常见于制造事业部、技术中心和客户服务中心等主体。

成本中心与费用中心最大的不同是在预算的编制与考核上。成本中心多采取零基预算编制法，考核指标中经营指标和管理指标并重；而费用中心多采取增量预算编制法，考核指标中管理指标占更大的权重。

对于成本中心常用的考核指标如下：

- 单机制造（研发/维修）成本
- 费用控制率
- 客户满意度

费用中心是指对费用负责的责任中心。很多人把费用中心归到成本中心一类。与成本中心一样，费用中心也不具有比较独立的经营管理权，不需要对企业的经营业绩负责，但要在企业给定的资源范围内完成对费用的管控。费用中心常见于职能管理部门，比如人力资源部、财务部和行政部等。

对于费用中心常用的考核指标如下（以人力资源部为例）：

- 关键人才到岗率
- 费用控制率
- 客户满意度

对于责任中心的分类，要遵守实质大于形式原则。各责任中心在一定环境下是可以相互转化的。责任中心的责任范围和考核标准如表4-1所示。

表 4-1 责任中心的责任范围和考核标准

层次	责任中心	责任范围	考核标准
1	投资中心	投资、利润、成本、费用	投资报酬率
2	利润中心	利润、收入、成本、费用	净利润、利润贡献
3	成本中心	成本	责任成本
4	费用中心	费用	责任费用

案例小帮手：一张调价单引发的管理思考

H集团公司在2009年之前把销售部门定义为收入中心，因此销售部门的管理原则是：严格控制费用支出，关注销售收入的达成率，而不关注产品的毛利率。

当时的导航产品还处于蓝海市场，经过多年的市场培育和消费者教育，消费者对导航产品的认知度加深，需求量加大，而竞争对手少且实力都不强，导航产品的市场迎来了前所未有的春天。H集团公司的导航产品品种齐全，品牌知名度高，自然受到广大消费者的青睐。2008年、2009年连续两年，H集团公司的复合增长率都达到了60%以上。2010年起，H集团公司审时度势，提出了不仅要数量增长也要质量增长的口号，将后装销售事业部从收入中心变成利润中心，后装销售事业部不仅要对达成销售负责，更要对目标利润负责。

2010年的某一天，财务总监张×像往常一样审核各部门提报过来的单据，其中某大区经理提报的一张调价申请单引起了他的注意。这款机型在市场上非常畅销，生产部门天天加班加点赶货，经销商交钱都不一定能拿到货，这个大区经理竟然还要申请每台降价200元，而且在部门负责人一栏不是后装事业部吴总经理的签名，却是由总经理助理代签的。张总去询问预算部的刘部长，刘部长的回答是："吴总出差了，授权给他的助理代签的。"张总没有签批这张单据，而是要刘部长把这张申请单退回给后装事业部的吴总。

吴总回公司见到这张申请单后非常生气，他叫来助理小杨，对她一顿训斥："这款机型经销商交钱都拿不到货，为什么要降价？这个申请单请示过我吗？"不仅助理小杨挨批，写这个申请单的大区经理也被吴总狠狠地教训了一顿。

请大家思考以下问题：

- 为什么张总没有直接签不同意而是把申请单退回给吴总
- 为什么吴总没有怪罪退单的财务部同事，而是把签批单的助理小杨和大区经理训斥了一顿
- 这个小案例给你哪些管理启示

我在这里重点给大家回复第二个问题，其他问题留给大家思考。

很明显吴总并没有对这张申请单进行过授权，这从吴总训斥助理小杨的语气中就可以知道。吴总为什么没有怪罪财务部同事，而是对助理小杨和大区经理发那么大脾气呢？就是因为后装事业部是利润中心而不是费用中心，这个在制度上的小小变革往往比单纯的严厉管控更加有效。由于变成了利润中心，H集团公司对吴总的考核指标由过去的销售目标达成调整为利润目标的达成。在产品供不应求的前提条件下，1台少卖200元，1万台利润就减少200万元，10万台利润就

减少2000万元。如果这款机型预计2010年可卖出10万台的话,那么吴总给H集团公司上交的利润就硬生生地减少了2000万元,而少了这2000万元,后装事业部可能正好完不成H集团公司下达的利润目标,你说吴总能不生气吗?

最后的结果我们也能猜到,吴总不仅狠狠地训斥了他的助理小杨和大区经理,而且这张申请单也宣告作废了。

我再问大家一个问题:如果后装事业部不是利润中心,而是费用中心或收入中心的话,吴总的反应还会是这样的吗?

4. 关于责任中心的两个重要问题

在预算管理实务中,常常会遇到如何划分责任中心类型以及各责任中心之间费用划分的问题,下面结合实际情况进行探讨。

(1)责任中心的类型。一般在集团企业里,各子公司被划作利润中心,各车间被划作成本中心,而各职能部门被划作费用中心,这样的划分有一定的科学道理。

在预算管理实务中,我们还可以对责任中心进行改造,尽量将成本费用中心改造成利润中心。因为成本费用中心只对成本和费用负责,可能造成预算资源的浪费,就是平常所说的为完成预算或为来年争取更多的资源而突击花钱。比如,生产车间理论上属于成本中心,只管成本,不管利润,是不是成本越低越好呢?肯定不是,如果为完成预算而降低材料的成本,对市场和客户造成伤害,将对企业的业务造成致命的打击。如果将它定义为利润中心,既对成本负责又对利润负责,假定车间的收入为生产产品的标准成本加上一定比例的利润,以实际成本作为其考核成本,车间的绩效则为其取得的利润,这样车间负责人既会想办法争取生产更多的产品来获得更多的收入,又会通过降低物料和能量的消耗来提高生产效率。可见设计成利润中心比成本中心更能产生价值。同理,将销售部门作为利润中心也有利于销售目标的实现和效益的提升。

当然,设置责任中心的目的是达成企业的预算目标并确保权责明确化和奖惩合理化,需要在组织结构和业务、权责的基础上界定责任中心结构。

(2)各责任中心的成本费用分摊及关联交易。利润中心独立核算并对利润负责。在一个不完全由利润中心构成的集团企业中,还面临着成本中心和费用中心的费用分摊问题,以及利润中心和利润中心的关联交易问题,这两个问题也是制约很多企业全面预算推行效果的常见性问题，对企业的财务核算与规范程度也提出了很高的要求。

案例小帮手：行政中心小车组的费用分摊问题

我们先看第一类问题，为了便于大家理解，再看一个小例子。

行政后勤部门向后装事业部提供后勤服务而向其分摊费用，客服部门向后装事业部的客户提供维修、保修服务而向其分摊成本费用等。站在后装事业部的角度，其不仅关注服务方提供的服务质量对业绩提升是否有帮助，更关注服务方提供服务的成本，因为这些成本会消耗其利润；而对服务提供方而言，其可能更关注客户的满意度是否会产生客户投诉，而服务成本不是其最关注的，因为这些费用集团公司已经给予配置，只要不超过预算额度就好了。

从上面的分析中我们可以看出，利润中心与成本中心和费用中心的关注点是有差异的，如何解决这些差异呢？有以下几个办法：

第一，把成本中心和费用中心也变成利润中心。

美的就是这么做的。美的自从1997年实行事业部改革以来，逐步推行公司化管理，原先的一个职能部门在新的管理体制下变成了一个独立核算的公司，这些公司以其提供的服务向其他事业部报价，其他事业部在同等条件下优先采购集团内兄弟公司的产品和服务，而这些独立出来的公司除了为集团内的公司提供产品和服务外，也可以把业务拓展到集团外部。

安得智联科技股份有限公司就是在这样的一个背景下发展壮大的。它脱胎于美的的物流体系，起初也是一个部门，改革后成为一个独立核算的公司，经过多年的发展，目前已成为年销售额达百亿元级以上的企业集团。变成利润中心是一个很直接的管理方式，它可以最大限度地提高员工的工作积极性，但同时它也存在着一定的局限性。职能部门利润中心化一般比较适合于大的集团公司，另外它也需要企业管理的成熟度。利润中心的本质是授权、放权，在没有好的文化引导和监督机制的前提下，过早放权容易导致管理的失控。

第二，定好分摊规则。

在利润中心管理还不成熟的条件下，我们要考虑如何做好费用分摊，要做好费用分摊，先要定好分摊规则。

行政中心有个小车组，主要是为各部门提供机场接送机、客户接待等服务。这个小车组的费用怎么分摊到用车部门呢？我们看看表4-2。

表 4-2 费用分摊

费用构成	人员工资	车辆折旧	维修费用	油费和路桥费	总费用	行驶路程/km	元／km	费用分摊
部门	100万元	20万元	20万元	100万元	240万元	10万	24	／
A部门	／	／	／	／	／	2.4万	24	57.6万元
B部门	／	／	／	／	／	4万	24	96万元
C部门	／	／	／	／	／	2.6万	24	86.4万元

小车组人员工资支出为 100 万元，车辆折旧费用为 20 万元，维修费用为 20 万元，油费和过路费为 100 万元，总计 240 万元。假设只有 A、B、C 三个部门在使用小车，那怎么把这 240 万元费用合理地分摊给 A、B、C 三个部门呢？

假设行驶的总里程数是 10 万 km，这样就可计算出每千米需分摊的费用。A 部门用车行驶路程为 2.4 万 km，这样需分摊给 A 部门的小车费用为 24 000×24=576 000（元）。同理可算出 B 部门和 C 部门需分摊的费用分别为 960 000 元和 864 000 元。

需要提醒大家的是：

（1）分摊标准需要事先制定。不能等到费用发生后才开始制定标准，因为任何标准都会有其局限性。比如上面这个例子，A 部门用车一次，行驶了 200 km，车上坐了三个人；B 部门用车一次，行驶了 200 km，车上只坐了一个人。根据上面制定的分摊标准，这两次用车，分摊到 A、B 两个部门的费用是相等的，但是 B 部门提出一个问题，为什么不根据坐车人数来分摊费用呢？如果根据坐车人数进行分摊，很显然 A 部门分摊的费用会是 B 部门的三倍。如果事先没有跟各部门商议好分摊标准，后期在进行费用分摊时，就可能存在很大的争议。

H 集团公司在开始推行预算的第一年发生过这样一件事。下半年的某个月，制造事业部的何总对财务部门分摊的电费提出质疑，并拒绝在分摊表单上签字。他的理由是：H 集团公司制定的分摊标准不合理，下半年是生产淡季，按使用面积来分摊电费是不公平的。他希望 H 集团公司修改分摊标准，否则他拒绝签字。

碰到这种棘手的问题如何解决呢？制造事业部何总的诉求合不合理呢？

合理但不合"法"。

"法"是什么？"法"就是 H 集团公司制定的制度和规则。

在年初 H 集团公司就制定了关于电费的分摊规则并征求了各事业部、各部门的意见，最终在充分考虑各事业部、各部门的意见和建议下，企管部门最终制定了电费和其他费用的分摊标准，并报经 H 集团公司总裁批准，形成了文件。

文件即是"法"。各个部门都要严格遵守这个"法"。

制造事业部提出的这个问题存在一定的合理性，但是为什么不在上半年提出呢？因为上半年是生产旺季，制造部门经常加班加点，周末也不休息，用的电多啊！制造事业部上半年对这个分摊标准是支持的，因为赚了便宜。

试想一下，如果不是年初就制定了这些分摊规则，并经集团公司审批形成了文件，这个电费的分摊就很难执行下去。

（2）制定的标准要尽量做到合理。分摊的方法有很多种，每一种都会有其优点和缺点。分摊的标准要尽量合理，以确保对绝大多数部门是公平的。

比如，在 A、B、C 三个部门分摊小车费用时，很明显按行驶里程数来分摊要比按用车人数来分摊更合理。

为什么用尽量而不用绝对呢？因为在管理时还要考虑到公平和效率的平衡问题。

对于制造事业部何总提出的电费分摊问题，财管中心和企管中心在年底进行了复盘和分析，在制定下一年度的分摊标准时提出了如下解决建议：

- 由于制造事业部办公场地相对独立且受淡旺季影响较大，建议为制造事业部专门装配一个电表
- 在制造事业部区域办公的隶属于集团总部管辖的质量管理中心，按使用的办公场地面积同制造事业部分摊电费
- 职能部门共用一个电表，按各部门使用的办公场地面积分摊电费

这个新的分摊标准得到了包括制造事业部在内的各责任主体的支持。但这个标准也只做到了相对公平，绝对公平的做法是：每个责任单位，不论大小，均配备一个专用电表。这样虽可能绝对公平，但是在效率和执行上会存在比较大的问题：一是增加了很多不必要的开支，比如增加电表、调整线路等；二是职能部门如中途变更办公场地，或由于人员增加而需要新增办公场地等，每次变更和调整都要重新修改线路。为了保证所谓的公平而牺牲效率、增加成本的做法就得不偿失了。

第三，合理制定考核指标。

制定合理的分摊规则还不够，还要制定合理的考核标准，特别是对于还没有改制成利润中心的成本中心、费用中心而言。因为没有利润的约束，成本中心和费用中心往往会花大钱办小事，而对于集团而言，肯定是希望各中心花小钱办大

事。怎么解决这种冲突呢？关键在于如何制定考核指标。

第四，集团干预。

如果上述方法还不够奏效的话，那就要用到最后一招：集团干预。集团是"法"的制定者，同样也是法的裁定者，当争议出现且矛盾不可协调时，集团要出面进行干预，并做出最终的裁决。可能有人要问，这个"集团"具体指谁呢？可以是经总裁授权的财务总监，也可以是经总裁授权的企管中心总监，当然也可以是总裁自己。

4.2.2 预算套表编制说明书

1. 预算套表

预算套表按结构分为计算底稿、业务预算表、专项预算表和财务预算表，根据企业的管理需要和管理程度的高低进行设置。它们的区分和使用说明如表4-3、表4-4所示。

表4-3 预算套表的组成

序号	预算报表类型	说明
1	计算底稿	基于业务动因驱动预算（零基预算）的原则，按业务量的发生编制，最终汇总到业务预算各预算表中
2	业务预算表	是生成财务预算表的基础，根据计算底稿和业务计划填列
3	专项预算表	与业务预算表既有区别又有交叉，按项归集汇总，一般由专门部门编制
4	财务预算表	由业务预算表和专项预算表生成，反映经营单位的经营损益情况

表4-4 独立核算子公司的预算报表

报表类别	报表编号	报表名称	编制部门
财务预算表	A-1	预计利润表	财务部门
财务预算表	A-2	资金预算表	财务部门
财务预算表	A-3	预计资产负债表	财务部门
业务预算表	B-1	销售及成本表	营销部门
业务预算表	B-2	销售费用表	营销、客服部门
业务预算表	B-3	管理费用表	管理职能部门
业务预算表	B-4	研发费用表	研发部门
业务预算表	B-5	财务费用表	财务部门

（续）

报表类别	报表编号	报表名称	编制部门
业务预算表	B-6	制造费用表	生产制造部门
业务预算表	B-7	直接人工表	生产制造部门
业务预算表	B-8	直接材料表	生产制造部门
业务预算表	B-9	纳税规划	财务部门
业务预算表	B-10	人力资源表	所有部门
专项预算表	C-1	固定资产支出	相关部门
专项预算表	C-2	无形资产支出	相关部门
专项预算表	C-3	工程项目表	相关部门
专项预算表	C-4	人力资源成本表	人力资源部门
专项预算表	C-5	研发项目表	研发部门
计算底稿	C-1	折旧费——成本中心过渡底稿	所有部门
计算底稿	C-2	摊销费——成本中心过渡底稿	相关部门
计算底稿	C-3	差旅费底稿	所有部门
计算底稿	C-4	招待费底稿	所有部门
计算底稿	C-5	办公费底稿	所有部门
计算底稿	C-6	咨询顾问费底稿	相关部门
计算底稿	C-7	会议费底稿	相关部门
计算底稿	C-8	招聘费底稿	人力资源部门
计算底稿	C-9	车辆费底稿	相关部门
计算底稿	C-10	修理维护费底稿	相关部门
计算底稿	C-11	审计费底稿	财务部门
计算底稿	C-12	租赁费底稿	相关部门
计算底稿	C-13	广告宣传费底稿	相关部门
计算底稿	C-14	专利费底稿	相关部门
计算底稿	C-15	利息支出底稿	财务部门

2. 预算编制说明书

一般地，企业为提高预算报表的编制质量以及满足合并预算报表的需要，会对预算报表编制的数据来源、计算标准和口径制定相关规定。以下对业务预算的编制进行举例说明。

（1）销售预算。范围：各子公司。

企业编制预算时必须遵循"以销定产"的原则，因此，销售预算是编制全面预算的起点，其他业务预算都是以销售预算为基础进行编制的。销售预算是整体预算体系中的重要环节，如果销售预算编制不当，全面预算就会变得毫无价值。

编制销售预算前必须进行科学的市场预测，坚持以市场为导向的原则，根据预计销售量和预计销售单价预算出计划期的销售收入。销售预算的编制须考虑的具体因素包括：行业环境及政策、市场竞争形势及发展趋势、企业战略及营销政策（包括广告、折扣、返利、信用、售后服务及价格政策等）、产品的市场定位及市场需求分析、产品组合及往年市场表现、目标利润及市场占有率等。预计销售收入的计算公式如下：

$$预计销售收入 = 预计销售量 \times 预计销售单价$$

销售预算分别列示全年和各月的预计销售量与销售收入。为了方便资金预算的编制，还应根据产品销售的收款条件，在资金预算表中填制"销售回款及加工收入回款"，其中包括前期应收账款的收回，以及本期销售收入及加工收入的实际收款数。

配套子公司主要依据对外销售的子公司生产计划和自身的产能编制符合实际的销售计划，其他子公司的销售业务则以子公司的经营规划和市场需求为依据，编制销售预算。

（2）生产预算。范围：生产型子公司。生产预算包括直接材料预算、直接人工预算和制造费用预算。

生产预算是根据销售预算编制的。编制生产预算的关键是确定计划期的生产量。只有确定了一定的生产量，才能进一步预算成本和费用。预计生产量根据预计销售量和期初、期末的预计产成品存货确定，其计算公式如下：

$$预计生产量 = 预计销售量 + 预计期末产成品存货 - 预计期初产成品存货$$

直接材料是以生产预算为基础编制的，用以预计企业在计划期间需要采购直接材料的数量和采购成本。预计直接材料采购量的计算公式如下：

$$预计直接材料采购量 = 预计直接材料耗用量 + 预计期末库存材料 - 预计期初库存材料$$

其中：预计直接材料耗用量 = 预计生产量 × 单位产品材料耗用量

生产多元化产品的企业应按产品根据直接材料的构成分别预算。

为了便于资金预算的编制，在直接材料的预算中，还应根据直接材料的付款情况，在资金预算表中编制上期采购的材料将于本期支付的资金和本期采购的材料中应由本期支付的资金。

直接人工预算也是以生产预算为基础编制的，根据工种、生产线人数和薪酬计划计算，按现有岗位、人数和新增岗位人数分别编制。预计直接人工的计算公

式如下:

$$预计直接人工成本=\sum(工种\times 工资\times 生产线成本中心人数)$$

制造费用预算参照以下费用预算的编制。

(3)费用预算。范围:各子公司、中心或部门。费用预算包括制造费用预算和期间费用预算。

费用按形态划分为变动费用和固定费用两部分。有些费用随产量、业务量、人数呈正比例变动,而另一些费用如折旧费、无形资产摊销、水电费等,则在一定时期内基本保持不变。因此,在编制费用预算时,费用需按成本形态划分为变动费用和固定费用两部分。变动费用根据预计产量、业务量、人数和单位变动费用确定;固定费用可在上期的基础上根据当期影响费用变化的因素加以适当修正进行预计。

为便于资金预算的编制,在费用预算中,通常包括费用方面预期的资金支出。因此,可在费用预算总额中扣除非现金支付的费用(如折旧费)。预计费用的计算公式如下:

$$预计需用资金支付的费用=预计费用合计-非现金支付的费用$$

各单位应该根据统一的会计科目编制费用预算。

① 人工专项费用。人工专项费用预算如表 4-5 所示。

表 4-5 人工专项费用预算

费用科目	核算口径	核算内容	预算原则/方法	预算表格	计算底稿	填制部门
职工薪酬——工资(基本工资)	企业支付给职工的各种劳动报酬(主要以货币形式发放)	出勤工资、全勤、工龄、伙食补贴、话费补助、津贴	按编制岗位和薪酬政策,由所在人力资源部门编制	销售费用表 管理费用表 研发费用表 制造费用表	无	所有部门
职工薪酬——工资(加班费)	企业支付给职工的各种加班费	加班工资	按编制岗位和薪酬政策,由所在人力资源部门编制	销售费用表 管理费用表 研发费用表 制造费用表	无	所有部门
职工薪酬——工资(绩效奖)	企业每月或每季度根据效益、销售业绩、个人绩效考评等发放的奖金	制造系统、职能系统的绩效奖金	按编制岗位和薪酬政策,由所在人力资源部门编制	销售费用表 管理费用表 研发费用表 制造费用表	无	所有部门

（续）

费用科目	核算口径	核算内容	预算原则/方法	预算表格	计算底稿	填制部门
职工薪酬——工资（年终奖）	依企业相关制度，年底一次性发放的奖金（每月依合理方式进行预提）	企业所有部门年终发放的奖金	按编制岗位和薪酬政策，由所在人力资源部门编制	销售费用表 管理费用表 研发费用表 制造费用表	无	所有部门
职工薪酬——职工福利费（伙食费）	食堂发生的相关支出	食堂用燃油、食材（米油肉菜）、副食品、餐具	按编制人数和标准编制	管理费用表	无	行政、相关部门
职工薪酬——职工福利费（活动费）	专门用于职工医疗、补助以及其他福利的支出	生育补助、部门聚餐、驻外人员日用品、职工上下班租车费	按公司福利政策标准编制	销售费用表 管理费用表 研发费用表 制造费用表	无	行政、相关部门
职工薪酬——员工保险费	依法为职工交纳且由公司承担的各种保险费用（含商业保险）	医疗、养老、失业、工伤、生育、工伤责任保险，雇主责任保险	按国家或当地政策标准编制	销售费用表 管理费用表 研发费用表 制造费用表	无	所有部门
职工薪酬——职工教育经费	为职工学习先进技术、提高文化水平和业务素质而发生的职业技能培训等相关支出	外地培训的报名费、资料费；部门拓展费(有拓展培训机构)；图书报刊费；内部培训的讲师费、资料费、教具、场地费；内部刊物的印刷费、稿费	按企业福利政策标准编制	销售费用表 管理费用表 研发费用表 制造费用表	无	所有部门
职工薪酬——辞退福利	由于提前辞退员工，根据劳动合同，需要支付被辞退员工的补偿金		人力资源部门按照人力资源安排计划预算	管理费用表	无	人力资源部门

② 销售专项费用。销售专项费用预算如表 4-6 所示。

表 4-6 销售专项费用预算

费用科目	核算口径	核算内容	预算原则/方法	预算表格	计算底稿	填制部门
广告宣传费——广告费	通过媒体对外宣传企业或产品而发生的费用	通过广告公司或专业媒体在电视、网站、电台、报纸、户外广告牌等刊登的广告		销售费用表	广告宣传费计算底稿	销售部门
广告宣传费——促销费	企业进行促销活动发生的费用	促销发放的印有企业标志的礼品、纪念品等及办事处展柜费		销售费用表	广告宣传费计算底稿	销售部门
广告宣传费——宣传费	开展业务宣传活动所支付的费用,主要指未通过媒体传播的广告性支出	墙报、印刷用品费用、领用企业的宣传用品费		销售费用表	广告宣传费计算底稿	销售部门
广告宣传费——展览费	企业参加各种展会产生的相关费用(不含差旅费)	展览场地费、展览用品费(展柜)、展览工程搭建费		销售费用表	广告宣传费计算底稿	销售部门
售后保修费用	对产品售后保修期内耗用的原物料或维修人工费、因质量问题被退货返修耗用的原物料或维修人工费			销售费用表	售后保修费计算底稿	客服部门
样车样机	为销售向客户提供的免费样机			销售费用表	无	销售部门
运输费	海、陆、空运输费、快递费,搬运费、提货费等			销售费用表		销售部门

③ 研发专项费用。研发专项费用预算如表 4-7 所示。

表 4-7 研发专项费用预算

费用科目	核算口径	核算内容	预算原则/方法	预算表格	计算底稿	填制部门
商标专利费	企业为注册商标或专利而产生的相关费用（不含差旅费）	专利或商标办理费、专利年费、域名注册费等	按研发项目预算	研发费用表	研发项目底稿	研发部门
技术使用费	技术许可合同所规定的技术被许可方应向许可方支付的全部费用，对被许可方来说是为引进一项特定技术而支付的成本	因使用外部技术而产生的直接费用，委托外部机构研发技术的费用	按研发项目预算	研发费用表	研发项目底稿	研发部门
技术资料费	因研发产品而购入的专业书籍、图纸、报刊费	技术资料制作复印费、技术资料查询咨询费	按研发项目预算	研发费用表	研发项目底稿	研发部门
模具费	改模、修模相关的费用	不符合固定资产条件的模具、修模改模、模具保养费	按研发项目预算	研发费用表	研发项目底稿	研发部门
物料消耗	正常量产前进行小批量试产、研发、试验所领用的材料费用，生产耗用的辅料，为设备仪器达到可用状态所必需的消耗用品	因开发、改良、试产而购买或领用的原物料、配件，生产辅料、机油、工业酒精等	按研发项目预算	研发费用表	研发项目底稿	研发部门
样车样机	为开发购买的样车，租用外部车辆的费用，购买或领用的样机，为销售向客户提供的免费样机	样机(原车或竞品样机、样件、领用成品样机)，租车费(含购车补助)	按研发项目预算	研发费用表	研发项目底稿	研发部门
试验检测费	委托外部机构或企业的检验费、认证费		按研发项目预算	研发费用表	研发项目底稿	研发部门
固定资产（模具）	开模（形成模具资产）		按研发项目预算	研发费用表	研发项目底稿	研发部门
差旅费	为项目调研、开发发生的出差交通工具费用、食宿费、测试加油费、自驾车加油费、出差补助等	差旅费	按研发项目预算	研发费用表	研发项目底稿	研发部门
业务招待费	为项目调研、开发发生的对外招待客户等餐费、住宿费、交际费和礼品费	业务招待	按研发项目预算	研发费用表	研发项目底稿	研发部门

④ 通用费用。通用费用预算如表 4-8 所示。

表 4-8 通用费用预算

费用科目	核算口径	参考实例	预算原则/方法	预算表格	计算底稿	填制部门
1. 行政资源使用费用						
办公费	与办公管理相关的费用	文具纸张、电脑耗材（墨盒）、电话机、观赏鱼、证件办理、不符合无形资产条件的软件等	按实际业务需求预算	销售费用表 管理费用表 研发费用表 制造费用表	办公费底稿	所有部门
环境卫生费	保洁劳务费、保洁用具、消毒防疫费用以及进行绿化而发生的费用	垃圾处理费、灭四害费、保洁用品费、花草树木购置费、绿化工程费	按实际业务需求预算	管理费用表	无	行政部门
安防费	维护公司安全生产的各项费用	保安服装费、安防器具费、消防费、安全标示费	按实际业务需求预算	管理费用表	无	行政部门
水费	因用水所支付的费用	由各部门使用并承担的水费	水费、电费分配方案	管理费用表 制造费用表	无	制造、行政及相关部门
电费	因用电所支付的费用	由各部门使用并承担的电费	水费、电费分配方案	管理费用表 制造费用表	无	制造、行政及相关部门
燃油费	错峰用电购柴油自行发电所支付的费用（不包括食堂购燃油费）		按实际业务需求预算	管理费用表 制造费用表	无	制造、行政及相关部门
2. 日常运营费用						
差旅费	业务出差的交通车费（含购票手续费、车站空调费、行李寄存费等）、住宿费、出差补助，使用企业车辆所产生的油费、路桥费	住宿费、车票及所附保险费，因出国办理签证或护照而发生的签证费、手续费	按差旅计划	销售费用表 管理费用表 研发费用表 制造费用表 研发项目表	差旅费底稿	所有部门

（续）

费用科目	核算口径	参考实例	预算原则/方法	预算表格	计算底稿	填制部门
2. 日常运营费用						
业务招待费	招待企业外部人员发生的费用	对外招待客户或政府人员的餐费、住宿费、交际费和礼品费	按实际业务需求预算	销售费用表 管理费用表 研发费用表 制造费用表 研发费项目表	招待费底稿	所有部门
电话通信费	与电话、通信相关的费用	企业电话费、电话卡、有线电视费、宽带使用费	电话卡：按照人力资源部门制定的标准；其他按照实际业务需求	销售费用表 管理费用表 研发费用表 制造费用表	无	所有部门
租赁费	因业务需要租用外部房屋、设备等费用	为租房发生的租金、中介、物管水电费、设备租金、租用复印机等	考虑租赁目的、承租人、地区	销售费用表 管理费用表 研发费用表	租赁费底稿	行政、有驻外机构的部门
会议费	因召开经销商年会、商品订货会、洽谈会、客户座谈会、销售工作研讨会等会议按规定支付的各种费用	企业内部宣传——布置会议场所发生的材料费、横幅费、水果花篮费、会议室租赁费	按实际业务需求预算	销售费用表 管理费用表 研发费用表	无	相关部门
车辆费	企业车辆发生的除油费、路桥费以外的相关支出	车辆日常维修费、车审费、保险费	按企业现有车辆数预算	销售费用表 管理费用表 研发费用表 制造费用表	车辆费底稿	相关部门

第4章　预算编制操作实务

（续）

费用科目	核算口径	参考实例	预算原则/方法	预算表格	计算底稿	填制部门
2. 日常运营费用						
修理维护费	维修生产或办公设备等产生的费用（不包括企业车辆）	设备、办公用品维修保养费、小型基建或装修费用	考虑在用资产状态，参考维护合同或修理计划，以及前期费用支出情况	销售费用表 管理费用表 研发费用表 制造费用表	修理维护费底稿	相关部门
低值易耗品	不符合固定资产确认条件的家具、电器、仪器、器具、工夹治具、包装容器等（能重复使用）	办公耗材	按实际业务需求预算，参考往年数据	销售费用表 管理费用表 研发费用表 制造费用表	无	相关部门
广告宣传费——宣传费		墙报、印刷用品费用、领用企业的宣传用品费	按实际业务需求预算	销售费用表 管理费用表 研发费用表 制造费用表	无	相关部门
运输费	海、陆、空运输费，快递费、搬运费、提货费等	快递费	按实际业务需求预算	销售费用表 管理费用表 研发费用表 制造费用表	无	相关部门
劳动保护费	确因工作需要为雇员配备或提供工作服、手套、安全保护用品等所发生的支出	工作服、手套、安全保护用品、防暑降温用品、药品、洗衣粉等	按照人员编制预算	销售费用表 管理费用表 研发费用表 制造费用表	无	所有部门

107

（续）

费用科目	核算口径	参考实例	预算原则/方法	预算表格	计算底稿	填制部门
3. 资本性支出						
固定资产折旧费	各部门所使用的固定资产在使用期限内按规定分摊的费用		按上期实际发生数与新增资产折旧预算	销售费用表 管理费用表 研发费用表 制造费用表	资本性支出底稿、折旧费稿、成本中心过渡底稿	所有部门
无形资产摊销费	专利权、商标权、著作权、土地使用权、房产使用权、非专利技术等无形资产的摊销		按上期实际发生数与新增资产摊销预算	销售费用表 管理费用表 研发费用表 制造费用表	无形资产摊销费底稿	相关部门
4. 专项支出						
咨询顾问费	向有关咨询机构进行科学技术和经营管理咨询所支付的费用	会计税务咨询费、法律顾问费、管理顾问费、协会会费及其他信息咨询费	按业务计划及上年情况	销售费用表 管理费用表 研发费用表 制造费用表	咨询顾问费底稿	相关部门
审计费	委托会计师事务所或其他事务所审计、评估而支付的各项费用	年审费、税审费、审计费、专项审计费、资产评估等	按业务需求及上年情况	咨询顾问费预算明细表	审计费底稿	财务及相关部门
诉讼费	因起诉或应诉发生的各项费用	案件受理费；申请费；包括证人、鉴定人等相关人员在法院指定日期出庭发生的交通费、住宿费、生活费和误工补贴等	按业务需求	管理费用表	无	法务部门

(续)

费用科目	核算口径	参考实例	预算原则方法	预算表格	计算底稿	填制部门
4. 专项支出						
认证费	因质量、产品认证等产生的费用（不含差旅费）	质量管理体系监督审核费，产品认证费，入网认证费	按业务需求	研发费用表 制造费用表	无	相关部门
财产保险费	为企业的固定资产、存货等财产而购买的保险费，海外的出口信用保险费（不包括车辆保险）		按合同	销售费用表 管理费用表	无	相关部门
报关报检费			按实际业务需求	销售费用表	无	销售部门
5. 税费支出						
税费——房产税	以房屋为征税对象，按房屋的计税余值或租金收入为计税依据，向产权所有人征收的财产税		根据规定缴纳的税项	管理费用表	无	财税部门
税费——土地使用税	在城市、县城、建制镇、工矿区范围内使用土地的单位和个人，以实际占用的土地面积为计税依据，依照规定由土地所在地的税务机关征收的税		根据规定缴纳的税项	管理费用表	无	财税部门

(续)

费用科目		核算口径	参考实例	预算原则/方法	预算表格	计算底稿	填制部门
5. 税费支出							
	税费——印花税	以经济活动中签立的各种合同、产权转移书据、营业账簿、权利许可证照等应税凭证文件为对象所课征的税		根据规定缴纳的税项	管理费用表	无	财税部门
	税费——车船税	对行驶于公共道路的车辆、按照其种类（如机动车辆、非机动车辆、载人汽车、载货汽车等）、吨位和规定的税额计算征收的税		按企业所有的车辆，参考上期税费	管理费用表	无	财税部门
	税费——堤围/防洪水利费	为了加强河道堤防整治维护工作，提高城市防洪（潮）能力，改善水生态环境质量，由地方政府依法向社会征收的行政事业性收费		根据规定缴纳的税项	管理费用表	无	财税部门

（4）人力资源预算。范围：各子公司、集团公司总部各中心。

人力资源预算是人力资源成本预算的基础，预算主要根据各成本中心的定岗、定编情况进行编制。

人力资源成本预算在 4.5 节中讲述。

（5）纳税规划预算。范围：独立核算的子公司、集团公司总部财管中心。

纳税规划预算是营业税金及附加预算和管理费用中税费预算的基础，预算主要根据各预算单位的销售额、业务量等计税基础和税率编制。其中，堤围费、房产税、土地使用税和印花税计入管理费用，营业税、城建税和教育费附加计入营业税金及附加，增值税为价外税，增值税和企业所得税不影响损益，但影响资金流量。

预算表会按照上述规则进行归类计算，与税费支付相一致，应在资金预算表中"（5）其他支付（费用、税费等）"编制支付金额。

（6）专项预算。范围：各子公司、集团公司总部。它包括固定资产预算、无形资产预算、工程项目预算、人力资源成本预算和研发项目预算。

固定资产预算根据各成本中心预计购置的资产及资产类型和预计购置的月份填列。

工程项目预算是以工程建设为载体的项目预算，根据已签订的工程建设合同、立项报告和规划报告分项目明细填列。工程项目一般会形成资产或增加资产的原值。工程项目预算由总裁办工程部或行政部门预算。预计金额按不含税金额预计，折旧率会根据资产类型显示，折旧金额会根据当月购置资产，次月进行折旧的原则自动生成。新增固定资产预算由使用部门预算。

无形资产预算根据各成本中心预计新增无形资产、类型和预计完工的月份填列。无形资产类型分为软件、土地使用权和自行开发的无形资产。由于存在分次付款的情况，所以，应填列付款日和完工日，完工日为形成无形资产的日期和摊销开始日，摊销金额会根据当月形成无形资产，当月进行摊销的原则自动生成。无形资产采用直线法摊销。专门软件资产由软件使用部门预算，通用软件资产由信息中心预算，集团公司自行开发的无形资产由财务中心预算，其他独立核算的子公司由财务部门预算。

生产制造部门立项建设生产线亦在此表中预算。

人力资源成本预算是直接人工成本和费用预算中人工费用预算的基础，预算主要根据生产规模、人员需求计划、薪酬计划进行。预算时应分成本中心、费用性质和费用科目，根据预算表格的格式一一填写完整，其属于专项预算范畴，由所属人力资源部门编制，由集团公司人力资源中心汇总平衡。

研发项目预算是通过立项并按照项目进度而形成的项目总投入预算，它分为调研中、拟开发、开发中、已量产、量产维护五种类型。调研中的项目按下达的调研通知单预算，拟开发的项目按同类项目开发成本合理预计（概算），开发中的项目按立项书中的预算减去已经付款的金额填列，已量产的项目按已经发生但尚未付款的金额填列，量产维护费用根据经验合理预计。

与专项预算支付相一致，应在资金预算表中编制按照合同或预计完工进度估算的项目费用支出、薪酬支付的资金。

（7）资金预算。范围：各子公司。

资金预算是指关于预算期内企业现金流转状况的预算。资金主要包括企业库存现金、银行存款、银行票据等。进行资金预算主要检验企业经营资金流转情况、结存情况以及通过合理地调度资金，以提高使用效率。

资金预算一般由现金收入、现金支出、现金的多余或不足以及资金的筹集和运用等四个部分组成。资金预算可以通过业务预算和专项预算分析填列。

现金收入：包括期初的现金余额和预算期的现金收入。现金收入的主要来源包括产品销售收入、其他业务收入和投资收益等。

现金支出：包括预算期预计发生的各项现金支出。除上述材料、工资及各项费用等方面预计的支出外，还包括上缴的税金、支付的采购中的现金付款、费用预算中的现金支出、投资预算中的进度付款等。

现金多余或不足：现金的收支相抵后的余额，如为正数，说明收大于支，现金多余，除可用于偿还债务之后，还可用于购买短期投资；如为负数，说明支大于收，现金不足，须设法筹集资金。

4.2.3 预算培训

预算培训主要针对负责预算编制的财务人员和各责任中心的预算员，既宣传和贯彻企业的预算理念，也传授预算编制方法。

预算培训前应当确定培训的主题，可以选择适当的预算理论知识和实际操作相结合，也可以引入案例的方式进行座谈，了解预算编制人员的困惑和需求，然后进行讨论和解答。

预算培训前三天应当向相关人员发出预算培训通知，预算培训通知一般包括培训的目的、内容、时间和注意事项。预算培训的内容和时间如表 4-9 所示。

表 4-9 预算培训的内容和时间

序号	时间	内容	讲师
1	8:30—10:20	全面预算管理理论	
2	10:30—12:00	费用科目的设置和应用	
3	14:30—16:00	预算表的填制方法	
4	16:10—17:30	项目预算表的填制方法	

为了保证培训的效果，一般会安排提问环节，对于学员的提问可以当场解答，也可以会后解答。现场也可以建立 QQ 群或微信群，以便于问题的探讨和解决。

4.3 预算推行规划阶段操作指南

预算推行规划阶段是指企业为完成预算工作而进行的必要的前置性规划工作，其中包括经营预测和经营计划、经营目标和管理目标的制定并经董事会批准以及企业架构和人员任命等事项。这些工作是前后对应、彼此关联的。

预算管理部刘部长根据 2016 年预算推行工作的要点和工作的难易程度，拟定了 2016 年预算推行规划阶段的甘特图，如图 4-5 所示。

预算推行规划阶段大部分工作在本书第 3 章中已有详细讲解，本节主要对预算启动会议进行介绍。

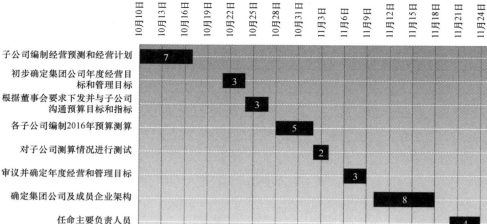

图 4-5 预算推行规划阶段的甘特图

预算启动会议

预算启动简单地说就是为预算年度的正式开始做的准备。目的是为预算能够顺利地实施做好铺垫，为预算工作的全面展开提供保障。

预算启动会议是由企业董事长、董事会董事、总裁、事业部总经理、副总经理以及各部门总监参加的会议，以确定下一预算年度的总体经营目标值，并将年度经营目标值分解到各预算责任单位或责任中心。

预算启动会议流程标准化的程序包括战略发展规划的下达、年度经营指标的分解和下达、各预算编制部门预算责任的落实、全面预算全套文件的下发和全面预算编制的培训内容等。预算启动的目的在于说明预算的基本流程，使部门或分支机构的领导、员工能够更清楚地理解整个预算启动的过程，便于预算管理工作的开展。预算启动会的沟通机制如表 4-10 所示。

表 4-10 预算启动会的沟通机制

沟通渠道	沟通内容	沟通对象	沟通负责人	沟通频率
预算启动会议	（1）企业战略目标； （2）业务预测目标值和预测依据； （3）各部门初步工作计划；	部门经理	财务部门	每年一次

（续）

沟通渠道	沟通内容	沟通对象	沟通负责人	沟通频率
预算启动会议	（4）确定企业的年度经营计划； （5）确定企业的年度经营目标值； （6）确定部门经营目标	部门经理	财务部门	每年一次

4.4 预算编制实施阶段操作指南

4.4.1 预算初稿的编制

预算编制是预算实施阶段的第一步。预算委员会根据集团的预算目标，下达年度预算编制任务，由各预算责任单位编制预算草案，即预算初稿。

1. 预算编制的原则

（1）一致性原则。各子公司的预算管理工作要与集团公司保持高度一致，其预算应服从于集团公司下达的预算目标。

（2）分级预算原则。各级预算单位分别编制本级预算，然后由上级预算单位审核确定。按一级管理二级、二级管理三级原则分级管理。

（3）全面预算原则。预算要全面和完整，具体包括业务预算（经营预算）、资本预算、资金预算和财务预算四个部分。相关预算指标之间要相互衔接，勾稽关系要明确，以保证整个预算的综合平衡。

（4）实事求是原则。预算编制要根据企业实际情况，从实际出发，充分估计各项目标在实现过程中可能发生的变动因素，保证预算能切实可行，充分发挥其指导和控制作用。

2. 预算编制的方法

一般而言，预算编制的方法可分为固定预算与弹性预算、增量预算与零基预算、滚动预算、作业基础预算，各个方法的定义、优缺点、适用范围、应用说明、准确程度及编制时间，如表4-11所示。

表 4-11 预算编制的方法

预算方法	定义	优点	缺点	适用范围	应用说明	准确程度	编制时间
固定预算	又称静态预算，是编制预算最基本的方法。它是指以预算期内某一固定业务活动水平为基础，来确定相应预算指标的预算编制方法。其特点是预算业务量并不随实际业务量的变化而发生变化	简便易行，应用范围广	(1) 过于机械呆板。一旦实际业务量与预算设定的范围存在大的偏差，预算编制就失去了原有的意义。(2) 可比性差	(1) 经营活动比较稳定的企业。(2) 企业经营管理活动中某些相对固定的成本费用支出。(3) 社会非营利性组织	固定成本费用的划分	相对比较准确	相对较短
弹性预算	又称变动预算，是在固定预算方法的基础上发展起来的一种预算编制方法。它可以反映企业在不同业务量水平下所应发生的收入或费用的预算指标与实际发生数额尽可能保持一致，使两者在可比的基础上，从而能够发挥预算规划、控制和客观评价企业经营活动的作用	由于它按多种业务量水平编制预算，为实际结果与预算的比较提供了一个动态的基础，所以任何实际业务量都可以找到相同或相近的控制依据和评价标准，可直接作为事中控制的依据和事后评价的标准使用，从而使预算能够更好地履行其在控制编制依据和评价标准两方面的职能	相对于固定预算方法而言，此方法的预算编制工作量较大	(1) 经营活动变动比较大的企业。(2) 企业经营管理活动中某些变动成本费用的支出。(3) 企业利润预算的编制	变动成本费用的划分；对于某些选择性固定成本分费用预算，也可考虑用这种方法编制	相对比较准确	相对较短

（续）

预算方法	定义	优点	缺点	适用范围	应用说明	准确程度	编制时间
增量预算	又称调整成本预算，是指在基期成本费用水平的基础上，充分考虑预算期内各种因素的变动，结合预算期业务量水平及有关降低成本的措施，通过调整有关成本费用项目而编制预算的方法。此法的显著特点是：从基期实际水平出发，对预算期的业务活动预测一个变动比例，然后按比例测算收入和支出指标	（1）编制方法简便，容易操作，便于理解。（2）由于考虑了上年度预算实际执行情况，充分考虑因素的变动，所编制出的收支预算容易得到企业各层级的理解和认同	（1）易使预算中某些不合理因素得以长期沿袭；（2）使预算部门养成"等、靠、要"的惰性思维，滋长预算分配中的平均主义和简单化，不利于调动各部门增收节支的积极性，不利于企业的长远发展	（1）经营活动变动比较大的企业；（2）企业经营管理活动中与收入成正比的变动的支出成本费用的支出	合理使用增量法，可以减少预算编制的工作量，但应详细说明增减变动原因	相对较准确	相对较短
零基预算	又称"以零为基础编制预算的方法"，是指在编制预算时，不受以往编制预算时的支出水平和已发生费用项目的约束，不以现有预算为基础，一切以实际需要与可能出发，即所有收支均以"零"为出发点，在综合平衡的基础上编制当期预算	能够合理配置企业资源，确保重点，兼顾一般。由于零基预算法采用了典型的先"自下而上"，后"自上而下"，再"上下结合"的预算编制程序，充分体现了群策群力和从严从细的精神，有着坚实的员工基础，便于预算的贯彻实施。而且，这种方法打破了条条框框的束缚，使预算指标不受各部门实际情况的制约，既有利于发挥各部门人员的主动性和积极性，又能促进全部门精打细算，合理使用资金，将有限的资源运用到最需要的地方，并通过成本效益分析，切实提高投入产出水平，提高全部资源的使用效率	由于这种预算方法要求一切支出均以零为起点，需要进行历史资料、现有情况和投入产出的分析，编制预算的时间也较长。因此，工作量相当繁重，需要花费大量的人力、物力和时间，预算成本较高，编制预算项目的时间也较长。同时，在安排预算项目的先后顺序上也难免存在相当程度的主观性	（1）管理基础比较好的企业；（2）政府机关、行政事业单位以及企业职能管理部门编制费用预算	使用周期不宜过短，可以减少预算编制的工作量	更准确	相对较长

（续）

预算方法	定义	优点	缺点	适用范围	应用说明	准确程度	编制时间
滚动预算	是指随着时间的推移和预算的执行，其预算时间不断延伸，预算内容不断补充，整个预算处于永续滚动状态的一种预算方法	（1）能够从动态、发展的角度把握企业经营目标和远期战略布局，使预算具有较高的透明度，有利于企业管理决策人员以长远的眼光去统筹企业的各项经营活动，将企业的长期预算与短期预算很好地联系和衔接起来。（2）遵循了企业生产经营活动的变动规律，根据前期预算的执行情况及时调整和修订定期预算。（3）能使企业各级管理人员对未来永远保持着12个月的工作时间概念，有利于稳定而有序地开展经营活动。（4）采取长计划、短安排的具体做法，可以根据预算执行结果和企业经营环境的变化状况，对以后执行期的预算不断加以调整和修正，使预算更接近和适应变化了的实际情况	由于预算的自动延伸工作比较耗时，会加大预算管理的工作量，企业一般需要配备数量较多的专职预算人员负责预算的编制，调控与考核，这就会导致预算管理直接成本的增加。	（1）管理基础比较好的企业。（2）生产经营活动与市场紧密接轨的企业。（3）产品销售预算及生产预算的编制。（4）规模较大、时间较长的工程类项目预算	通常按季度滚动，每季度第三个月中旬着手滚动预算工作	更准确	相对较长
作业基础预算	是指以作业成本计算为基础的一种新型预算管理方法。在传统预算方法的基础上，结合经实践证明行之有效的全面质量管理、作业成本法（ABC）、作业管理（ABM）的理念设计的一种新的预算管理方法	（1）加强了预算与战略规划的联系。（2）以作业、流程、价值链为预算组织基础，强调整体业绩，增强了预算系统处理跨部门事项的能力。（3）优化企业资源配置。（4）可增强基层管理者和员工的参与度	成本高，建立过程很复杂，在我国企业中实际运用较少	以企业实行作业成本法和作业管理为基础	划分作业成本管理涉及的四大要素：资源、作业、成本对象、成本动因	更准确	相对较长

4.4.2 预算汇总与平衡测试

预算初稿编制完成后,集团公司预算委员会和财务部门将预算责任单位或责任中心初步编制的预算进行汇总。由于预算目标的确定是一个博弈的过程,初步编制的预算和集团公司总体目标会存在或多或少的差异,有些预算责任单位或责任中心能够达到甚至超过集团公司的要求,有些可能达不到,而集团公司更多地关注全局,即预算目标在集团公司层面的完成情况,因此需要通过将各个预算责任单位或责任中心的预算初稿进行汇总,从整个集团的层面对各个预算责任单位或责任中心的预算进行差异调整与平衡,使集团公司的预算目标更加合理,更有利于整个集团公司的发展。

4.4.3 预算汇报

在预算汇总与平衡的过程中,大多是通过直接沟通进行的,但在直接沟通无法很好地解决问题时,需要通过举行会议由预算委员会进行协调。预算汇报就是由各预算责任单位或责任中心向预算委员会或董事会做会议报告的过程。预算责任单位或责任中心将下一年的预算编制情况在会议上进行汇报,预算委员会或董事会成员听取汇报后进行评审,基于每个预算责任单位或责任中心的具体情况,做出预算目标的平衡与决策,确定最终的预算目标。这是预算编制"集中—民主—集中"原则中"民主"的体现,但民主最终要落实到集中这个环节,预算委员会或董事会在充分听取各预算责任单位或责任中心的报告后,最终要进行决策,这个最终的决策就是集中。预算汇总的沟通机制如表 4-12 所示。

表 4-12 预算汇总的沟通机制

沟通渠道	沟通内容	沟通对象	沟通负责人	沟通频率
预算平衡会议	(1)企业战略目标; (2)业务预测目标值和预测依据; (3)各部门初步工作计划; (4)全套预算表格初稿; (5)对经营计划或预算数额进行调整的原因及调整建议	部门经理 业务骨干	财务部门	每年一次

4.4.4 预算批准

集团公司预算最高组织机构——董事会或预算委员会对各预算责任单位或责任中心的年度预算方案进行评审，通过或修正后，集团公司对各预算责任单位或部门下发年度预算批复。较为普遍的形式为下达预算审批表或预算责任状给每个预算责任单位或部门的负责人，并进行签字确认，预算审批表或预算责任状也是作为对预算责任单位或部门进行考核的一个依据。

4.5 H 集团公司前装事业部 2016 年预算的编制

H 集团公司前装事业部在收到预算安排表和预算责任书之后，组建了预算工作委员会，总经理任主任，各中心、部门负责人为副主任，财务经理为执行委员。前装事业部的人员编制如表 4-13 所示。

表 4-13 前装事业部的人员编制

序号	人员	事业部职位	预算工委职务
1	李×	总经理	主任
2	张×	销售中心总监	副主任
3	张×	制造中心总监	副主任
4	钟×	研发中心总监	副主任
5	张××	财务经理	执行委员
6	曾×	人力资源经理	委员
7	汪××	行政经理	委员

预算工作委员会经过市场调研、车厂计划、产品规划和经营分析等程序制定了经营预测、经营目标、组织架构、人员任命和经营计划。

4.5.1 经营预测

2015 年 11 月，财务经理张××向预算工作委员会报告了前装事业部前 3

年的经营情况，其中 2015 年 11～12 月的数据按照预算填列。如表 4-14 所示。

表 4-14　前装事业部前 3 年的经营情况　　　　　　　　　单位：万元

项目	2013 年 合计	比率	2014 年 合计	比率	2015 年 E 合计	比率
销售收入	53 000		68 000		86 000	
销售成本	38 690		51 000		65 360	
销售毛利	14 310	27%	17 000	25%	20 640	24%
营业税金及附加	250	0.47%	319.6	0.47%	404.2	0.47%
期间费用：	11 160	21.06%	11 850	17.43%	12 760	15.75%
资产折旧费	680	1.28%	650	0.96%	600	0.74%
无形资产摊销	220	0.42%	200	0.29%	180	0.22%
税费	180	0.34%	220	0.32%	230	0.28%
财务费用	380	0.72%	480	0.71%	550	0.68%
职工薪酬	4 500	8.49%	4 800	7.06%	5 100	6.3%
其他经营费用	5 200	9.81%	5 500	8.09%	6 100	7.53%
营业利润	2 900	5.47%	4 830.4	7.10%	7 475	7.78%
营业外收入	850	1.60%	900	1.32%	900	1.11%
营业外支出	30	0.06%	45	0.07%	45	0.06%
营业总额	3 720	7.02%	5 685.4	8.36%	8 330.8	8.83%
所得税费用	558	1.05%	852.81	1.25%	1 249.62	1.32%
净利润	3 162	5.97%	4 832.59	7.11%	7 081.18	7.51%

张经理分析认为，前装事业部的销售收入、净利润稳步增长，但由于车厂要求的降成压力较大，销售毛利率逐年下降，固定费用下降，变动费用上升，对产品和市场的投入较大，基础较好。

基于各中心、部门的预测和上述分析预判，张经理对 2016 年的经营预测如表 4-15 所示。

表 4-15　前装事业部 2016 年的经营预测　　　　　　　　单位：万元

项目	2015 年实际 合计	比率	2016 年预测 ①（下限）	增长\比率	②（上限）	增长\比率
销售收入	81 000		93 150	15%	101 250	25%
销售成本	61 560		70 794		77 962.5	
销售毛利	19 440	24%	22 356	24%	23 287.5	23%

（续）

项目	2015年实际		2016年预测			
	合计	比率	①（下限）	增长\比率	②（上限）	增长\比率
营业税金及附加	380.7	0.47%	437.81	0.47%	475.88	0.47%
期间费用	12 760	15.75%	13 715	14.72%	14 040	13.87%
资产折旧费	600	0.74%	590	0.63%	590	0.58%
无形资产摊销	180	0.22%	170	0.18%	170	0.17%
税费	230	0.28%	255	0.27%	280	0.28%
财务费用	550	0.68%	700	0.75%	700	0.69%
职工薪酬	5 100	6.3%	5 500	5.9%	5 500	5.43%
其他经营费用	6 100	7.53%	6 500	6.98%	6 800	6.72%
营业利润	6 299.3	7.78%	8 203.2	8.81%	8 771.63	8.66%
营业外收入	900	1.11%	900	0.97%	900	0.89%
营业外支出	45	0.06%	45	0.05%	45	0.04%
营业总额	7 154.3	8.83%	9 058.2	9.72%	9 626.63	9.51%
所得税费用	1 073.15	1.32%	1 358.73	1.46%	1 443.99	1.43%
净利润	6 081.16	7.51%	7 699.47	8.27%	8 182.63	8.08%

根据经营预测，2016年的销售收入预计增长15%～25%，净利润预计7 699～8 182万元，由于客户结构和产品结构的原因，毛利预计为23%～24%。

销售中心总监张×根据市场调研、各客户订单以及市场开拓的情况，向预算工作委员会会议报告了前装事业部2016年销售预测的情况，如表4-16所示。

表4-16　前装事业部2016年的销售预测

车厂	车系	车型	预计产量	配置数量	单价/元	总价/万元
长安	CS	CS35	170 000	170 000	850	14 450
	CS	CS75	210 000	210 000	950	19 950
长城	哈弗	H2	190 000	190 000	850	16 150
吉利	帝豪	EC7	242 000	242 000	800	19 360
	博越		190 000	190 000	950	18 050
通用五菱	宝骏	310	50 000	50 000	650	3 250
比亚迪	F3		130 000	130 000	700	9 100
合计				1 182 000		100 310

张总监认为，2016 年汽车市场在国家政策退出、交通拥堵和电动汽车的兴起等因素的综合作用下，可以预见销售增长会放缓，销售收入预计在 10 亿元左右。

4.5.2 组织架构与人员任命

为促进效率的提升，完成集团公司下达的预算目标，前装事业部优化了组织架构。人力资源部经理曾×公布了前装事业部 2016 年的组织架构，如图 4-6 所示，并公布了人员任命。

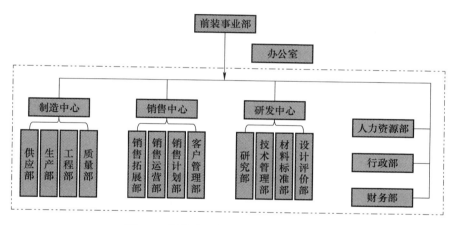

图 4-6　前装事业部 2016 年的组织架构

关于前装事业部人员任命的通知

通知主题：前装事业部人员的任命通知。

通知对象：全体员工。

通知事项：根据集团公司战略规划，结合前装事业部 2016 年年度工作规划，经研究决定，现对前装事业部做如下人员任命调整。

一、人事任命

（1）任命张×为 H 集团公司前装事业部制造中心总监；

（2）任命张×为 H 集团公司前装事业部销售中心总监；

（3）任命钟×为 H 集团公司前装事业部研发中心总监；

（4）任命曾×为 H 集团公司前装事业部人力资源部经理；

（5）任命汪××为 H 集团公司前装事业部行政部经理；

（6）任命张××为 H 集团公司前装事业部财务部经理；

（7）任命李×为 H 集团公司前装事业部质量系统质量保证部经理。

二、相关事宜说明

（1）上述人员任命，凡属新入职、晋升干部，统一设置 3 个月考察期，考察期间要求各人员的直接上级需加强对该人员的关注及辅导，相关考察、关注动作由人力资源部协助及跟进。

（2）请以上涉及工作调整需进行工作交接的干部，于任命生效后 10 天内完成工作交接。

特此通知！

2015 年 10 月 7 日

4.5.3 经营计划（简表）

前装事业部在经过市场调研、经营分析的基础上，根据外部环境的变化，结合内部能力等要素，制订了 2016 年经营计划。

1. 总目标

总目标是夯实管理，强化创新，扩大营业额，控制成本，创造利润。前装事业部 2016 年经营目标如表 4-17 所示。

表 4-17 前装事业部 2016 年的经营目标

序号	项目	单位	目标	序号	项目	单位	目标
1	销售额	万元	100 000	5	人数	人	800
2	净利润	万元	9300	6	人均销售额	万元/(人·年)	125
3	毛利率		24%	7	存货周转天数	天	35
4	期间费用	万元	12 500	8	应收账款周转天数	天	45

2. 各责任中心目标

（1）销售中心。前装事业部2016年销售中心目标如表4-18所示。

表4-18 前装事业部2016年销售中心的目标

序号	部门	业务板块	销售经理	业务员	销售目标/万元
1	销售运营部	长安CS35	丁×	张×	14450
2	销售运营部	长安CS75	丁×	李×	19950
3	销售运营部	长城H2	高×	王×	16150
4	销售运营部	通用五菱	高×	宋×	3250
5	销售运营部	比亚迪	高×	唐×	9100
6	销售运营部	吉利	胡×	朱×	37410
		合计			100310

① 销售费用的比例控制在2%（包括人工费用、运输费用、业务费用和保险费用等）。

② 应收账款回收天数：车厂为45天，销售公司为30天。

③ 客户满意度为95%以上，售后费用控制在2%。

④ 销售计划准确率为98%以上。

（2）制造中心的目标如下：

① 建立机物料ABC分类，实施重点控制。

② 建立各主要原材料安全库存量、经济采购量。选择优良供应厂商，商订长期采购合同；加强比价功能，降低采购价格，材料采购降成为5%。

③ 降低平均库存量，存货周转天数控制在35天以内。

④ 严格管理生产进度，全力完成生产计划目标，生产计划达成率为100%。

⑤ 灵活进行机器、人员的调度，避免设备和人工资源的闲置，机器开机率为90%以上。

（3）研发中心的目标如下：

① 根据研发路线图和各车厂、市场的动态，研究开发新平台、新技术和新产品，研发费用投入不低于5%。

② 平台技术研发投入2%以上，产品应用类研发投入3%以内。

③ 研发方案降成3%以上。

④ 研发人员培训合格率为95%以上。

（4）人力资源部的目标如下：

① 建立员工录用升迁、薪资考核奖惩的人事制度。

② 精简人事，控制管理费用。

③ 优化绩效考核方案，促进经营目标的达成。

（5）行政部的目标如下：

① 建立人、物出入厂的管理规则。

② 加强警卫勤务训练。

③ 优化食堂、文化体育设施的管理，促进文体活动的开展。

（6）财务部的目标如下：

① 修订现行会计制度，精简作业流程，加强管理会计功能。

② 及时提供各项管理报表。

③ 强化资金预测功能，灵活进行资金调度。

④ 严格审核费用开支，控制预算。

⑤ 进行经营分析，提供经营管理建议。

4.5.4 预算编制

财务部张经理根据集团公司预算委员会的要求，组织各中心部门负责人、预算专员参加了预算会议，将集团公司的预算编制的时间节点和预算编制的要求跟与会人员做了说明并组建了工作人员微信群，以便在预算过程中发现问题和解决问题。

各中心、各部门在编制预算初稿后，财务部进行了汇总、平衡和差异分析，并与预算差异较大的中心、部门的负责人和预算专员进行磋商，并达成了预算结果的平衡和可执行。

财务部根据预算报表编制了预计利润表、预计资产负债表和预计资金流量表。由于篇幅及整体考虑，预算套表在此处略去。前装事业部2016年预计报表如表4-19所示。

表 4-19 前装事业部 2016 年预计报表

单位：万元

表 1 预计利润表

项目	合计	比率	1月	2月	3月	4月	5月	6月	7月	8月	9月	10月	11月	12月
销售收入	100 000		7 500	7 000	7 500	8 000	8 400	8 500	8 500	8 500	8 800	8 900	8 900	9 500
销售成本	76 220		5 775	5 390	5 775	6 080	6 384	6 460	6 460	6 460	6 688	6 764	6 764	7 220
销售毛利	23 780	23.78%	1 725	1 610	1 725	1 920	2 016	2 040	2 040	2 040	2 112	2 136	2 136	2 280
税金及附加	470	0.47%	35	33	35	38	39	40	40	40	41	42	42	45
期间费用	12 707	12.71%	970	920	955	1 009	1 056	1 078	1 078	1 078	1 114	1 126	1 126	1 197
资产折旧费	610	0.61%	45	45	45	45	45	55	55	55	55	55	55	55
无形资产摊销	162	0.16%	14	14	14	14	14	14	14	14	14	14	14	14
税费	230	0.23%	17	16	17	18	19	20	20	20	20	20	20	22
财务费用	550	0.55%	41	39	41	44	46	47	47	47	48	49	49	52
职工薪酬	5 100	5.1%	383	357	383	408	428	434	434	434	449	454	454	485
其他经营费用	6 055	6%	470	450	455	480	504	510	510	510	528	534	534	570
营业利润	10 603	10.6%	720	657	735	874	920	922	922	922	957	968	968	1 038
营业外收入	501	0.5%	60	30	35	42	42	42	42	42	42	42	42	42
营业外支出	45	0.05%	4	4	4	4	4	4	4	4	4	4	4	4
营业总额	11 059	11.06%	777	683	766	912	958	960	960	960	995	1 006	1 006	1 076
所得税费用	1 659	1.66%	116	103	115	137	144	144	144	144	149	151	151	161
净利润	9 400	9.4%	660	581	651	775	814	816	816	816	845	855	855	915

表 2 预计现金流量表

单位：万元

序号	项目	全年合计	1月	2月	3月	4月	5月	6月	7月	8月	9月	10月	11月	12月
1.1	月初存款和现金余额	4 500	4 500	4 802	5 002	4 827	4 985	4 765	4 705	5 003	5 271	5 303	5 599	5 818
2.1	一、经营活动现金流量	1. 现款流入[=（1）+（2）+（3）]	98 257	8 060	7 050	6 787	7 362	7 830	8 304	8 695	8 495	8 495	8 993	9 093	9 093
2.1.1		其中：(1) 销售回款及加工收入;	95 756	8 000	7 020	6 552	7 020	7 488	7 862	8 453	8 453	8 453	8 752	8 851	8 851
2.1.2		(2) 银行承兑汇票到期及托收到账;	2 000			200	300	300	400	200			200	200	200
2.1.3		(3) 其他流入	501	60	30	35	42	42	42	42	42	42	42	42	42
2.2		2. 现款支出[=（1）+（2）+（3）+（4）+（5）]	96 794	7 758	6 850	6 961	7 204	7 949	8 365	8 397	8 227	8 462	8 698	8 873	9 048
2.2.1		其中：(1) 货款及税金	83 503	6 851	5 993	5 769	6 258	6 655	7 059	7 391	7 221	7 221	7 644	7 820	7 623
2.2.2		(2) 银行承兑汇票到期付款;	1 400						300		300	200			300
2.2.3		(3) 商业承兑汇票到期付款;													
2.2.4		(4) 信用证到期付款;													
2.2.5		(5) 其他支付(费用，税费等)	11 890	907	858	893	947	994	1 006	1 006	1 006	1 042	1 054	1 054	1 125
2.3		3. 经营活动现金流量净额（=1-2）	5 963	302	200	−174	158	−120	−60	298	268	33	295	219	45
3.1	二、投资活动现金流量	1. 现金流入[=（1）+（2）+（3）]	100					100							
3.1.1		(1) 收回投资款													
3.1.2		(2) 股利收入													
3.1.3		(3) 其他收入													
3.2		2. 现金支出[=（1）+（2）+（3）]	100					100							

第 4 章 预算编制操作实务

（续）

序号	项目	全年合计	1月	2月	3月	4月	5月	6月	7月	8月	9月	10月	11月	12月
	二、投资活动现金流量													
3.2.1	其中：（1）投资款；													
3.2.2	（2）购建固定资产、无形资产支出；	100					100							
3.2.3	（3）其他支出													
3.3	3. 投资活动现金流量净额（=1-2）	-100					-100							
	三、筹资活动现金流量													
4.1	1. 现金流入[=（1）+（2）+（3）]	1 000						1 000						
4.1.1	（1）银行借款；	1 000						1 000						
4.1.2	（2）向结算中心借款；													
4.1.3	（3）其他增资													
4.2	2. 现金支出[=（1）+（2）+（3）]	2 000						1 000						1 000
4.2.1	（1）偿还银行贷款；	2 000						1 000						1 000
4.2.2	（2）归还结算中心贷款；													
4.2.3	（3）其他													
4.3	3. 筹资活动现金流量净额（=1-2）	-1 000												-1 000
5	月末存款和现金余额	4 863	4 802	5 002	4 827	4 985	4 765	4 705	5 003	5 271	5 303	5 599	5 818	4 863

表3 预计资产负债表

单位：万元

资产	行次	2015年期末	2016年期末	负债和所有者权益	行次	2015年期末	2016年期末
流动资产：				流动负债：			
货币资金	1	4 500	4 863	短期借款	32	5 000	4 000
交易性金融资产	2	0	0	交易性金融负债	33	0	0
应收票据	3	1 000	1 955	应付票据	34	860	900
应收账款	4	12 180	15 652	应付账款	35	3 500	5 287
预付款项	5	8 000	10 400	预收款项	36	800	1 350
应收利息	6	0	0	应付职工薪酬	37	450	485
应收股利	7	0	0	应交税费	38	300	572
其他应收款	8	150	250	应付利息	39	0	0
存货	9	9 000	12 350	应付股利	40	0	0
一年内到期的非流动资产	10	0	0	其他应付款	41	120	180
其他流动资产	11	0	0	一年内到期的非流动负债	42	0	0
流动资产合计	12	34 830	45 470	其他流动负债	43	0	0
	13			流动负债合计	44	11 030	12 774
非流动资产：	14			非流动负债：	45		
可供出售金融资产	15	0	0	长期借款	46	0	0
持有至到期投资	16	0	0	应付债券	47	0	0
长期应收款	17	0	0	长期应付款	48	0	0
长期股权投资	18	0	0	专项应付款	49	0	0
投资性房地产	19	0	0	预计负债	50	400	568

（续）

资产	行次	2015年期末	2016年期末	负债和所有者权益	行次	2015年期末	2016年期末
固定资产	20	9 760	10 432	递延所得税负债	51	0	0
在建工程	21	0	0	其他非流动负债	52	0	0
工程物资	22	0	0	非流动负债合计	53	400	568
固定资产清理	23	0	0	负债合计	54	11 430	13 342
无形资产	24	5 000	5 000	所有者权益（或股东权益）：	55		
开发支出	25	0	0	实收资本（或股本）	56	10 000	10 000
商誉	26	0	0	资本公积	57	2 360	2 360
长期待摊费用	27	0	0	减：库存股	58		
递延所得税资产	28	0	0	盈余公积	59	6 800	7 740
其他非流动资产	29	0	0	未分配利润	60	19 000	27 460
非流动资产合计	30	14 760	15 432	所有者权益合计	61	38 160	47 560
资产总计	31	49 590	60 902	负债和所有者权益总计	62	49 590	60 902

第 5 章
预算控制操作实务

第 5 章的思维导图如图 5-1 所示。

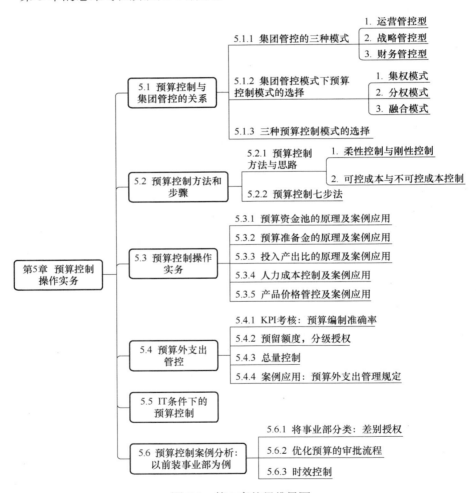

图 5-1　第 5 章的思维导图

预算控制是指以经董事会和股东（大）会批准的预算方案为基础，实施对经营活动的必要检查和监督，合理保障责任中心实现预算目标的过程。预算控制可以从其依据来源、方法和应用等方面去理解和探讨。

在实务工作中，一个企业的预算控制思路可以从企业的战略规划和管控模式两方面去思考，战略规划与预算的关系已在第 3 章中做了讲述。本节将讲述预算控制与集团管控模式的关系。对于一个集团型企业而言，要做好预算控制，必须选择好与集团管控模式相对应的预算控制模式。

5.1 预算控制与集团管控的关系

进行预算控制是为了保证预算目标与实际执行不会有太大的偏差。

5.1.1 集团管控的三种模式

战略管理大师迈克尔·古尔德把集团管控分为以下三种模式。

1. 运营管控型

运营管控型管控模式主要通过总部业务管理部门对下属企业的日常运营进行管理，其关注重点包括成员企业经营行为的统一与优化，企业整体协调成长、对行业成功因素的集中控制与管理。运营管控型管控模式是集权化程度最高的集团管控模式，在这种管控模式下，几乎所有事务的最终决策权都在集团总部，成员企业仅是集团总部决策的被动执行者。

2. 战略管控型

在战略管控型管控模式下，集团总部主要以战略规划为主，关注集团业务的战略协调效应，总部可以视情况设置具体业务部门。在这种管控模式下，集团主要关注业务组合的协调发展、投资业务的战略优化和协调，以及战略协同效应的培育，通过对成员企业的战略施加影响而达到管控目的，主要控制手段为财务控制、战略规划与控制、人力资源控制以及部分重点业务的管理，是介于集权与分权之间的一种管控模式。

3. 财务管控型

财务管控型管控模式主要以财务指标对成员企业进行管理和考核，总部一般无业务管理部门，关注投资回报。在这种管控模式下，集团主要通过投资业务组合的结构优化来追求企业价值最大化，管控的主要手段体现为财务控制、法人治理和企业并购行为，是一种分权管控模式。集团管控模式的选择如表 5-1 所示。

表 5-1 集团管控模式的选择

集团管控模式	业务关联度	成员企业特征	优点	缺点	主要案例
运营管控型	关联度强独立性弱	（1）下属各子公司间业务关联度强；（2）协同效益好；（3）单一产业经营	（1）对战略进行更好的实施、控制与协调；（2）子公司能获得低成本的资金；（3）减少投资盲目性，经营风险降低；（4）便于衡量子公司的经营状况；（5）财务控制统一	（1）子公司较少参与集团战略与财务计划的制订；（2）子公司之间有冲突，总部的协调难度大；（3）总部管理费用高	IBM、联想
战略管控型	介于两者之间	（1）下属各子公司间业务关联度较低；（2）协同效益差；（3）跨行业经营集团企业统一进行战略管理	（1）对不同子公司的管理更灵活、更有针对性；（2）集团对不同类型子公司的目标可区别体现	（1）总部针对不同类型子公司的同一种职能在实务中容易混淆，从而产生新的不协调与低效率；（2）对各子公司的分类与责权划分困难	飞利浦、中粮
财务管控型	关联度弱独立性强	（1）下属各子公司间业务关联度较低；（2）母子公司间关系松散；（3）总部为投资型主体	（1）子公司灵活性强，便于及时把握投资机会；（2）子公司管理人员积极性高；（3）子公司管理费用低	（1）资金在集团范围内难以统筹和低成本地利用；（2）难以很好地控制子公司对外投资，风险大；（3）易形成小而全的局面，资源利用效率低；（4）各子公司缺乏协同	和记黄埔、美的

5.1.2 集团管控模式下预算控制模式的选择

集团管控模式也决定了预算控制模式的选择。接下来看看集团管控模式下预算控制模式的选择。

1. 集权模式

运营管控型企业集团中，集团与子公司的业务管理度较强，子公司的独立性较弱。集团公司与子公司之间、各子公司之间的业务协同性较强，使得总部协调功能发挥所得的收益大于协调成本，因此，一般采取集权模式进行预算管理。通过集权化预算控制方式，来强化总部财务规划功能，理顺母公司与子公司之间、各子公司之间的财务关系。

2. 分权模式

财务管控型企业集团中，各子公司关联程度较弱，每个子公司都拥有较强的独立性，拥有自己的投资主体和投资中心。集团总部通过控制资本的运营对各个子公司进行控制，继而获得维持整个集团发展的资金。在这样的背景下，财务管控型企业集团的总部一般采用分权的预算管理模式。

总之，在预算执行过程中针对集团公司开展的不同业务类型建立不同的全面预算模式，有利于企业战略意图的落实及企业业务的正确开展，从而推动集团公司战略目标的实现，完善集团企业的管理机制，降低集团企业的经营风险和财务风险。

3. 融合模式

战略管控型企业集团中，各子公司存在关联，但其关联程度介于运营管控型和财务管控型企业集团两者之间。在这种管控模式下，集团总部制定整个集团的未来发展目标，各个子公司按照集团总部编制的预算以及财政政策调整自己的经营方向。集团总部对子公司拥有决策权，但又不是绝对的集权，子公司依据自己的具体情况进行调整。因此，这种与战略管控模式相对应的预算控制模式称为"融合模式"。

5.1.3 三种预算控制模式的选择

集团管控模式下预算控制模式的选择如表 5-2 所示。

表 5-2 集团管控模式下预算控制模式的选择

集团管控模式	全面预算的特点	预算管理模式	预算管理目标	预算需求	预算方案	重点解决问题
运营管控型	"一竿子捅到底"，集团总部是预算的下达者，子公司是预算执行主体，集团总部对子公司的预算责任进行考核与监督	集权模式	（1）战略目标导向；（2）全程规划、控制；（3）集团内部资源配置	一切经营活动资源全部纳入预算总部对下属预算的控制	（1）自上而下；（2）下发统一样表；（3）预算汇总、预算上报批复；（4）预算控制、预警；（5）资金计划控制	预算样表的下发，编制过程中的汇总、平衡，统一的控制及预算考核；按总部需求控制
财务管控型	预算由子公司自行编制，集团总部审批下达。总部在预算管理中的任务主要是指导预算工作的开展	分权模式	基于业绩上的财务控制，或几乎没有控制	（1）子公司编制自身的预算；（2）预算起点：资本报酬率，审定资本预算	不需要	信息不对称，子公司是否实现预算目标、是否存在人为的利润操控
战略管控型	集团总部提出战略目标，并将各项指标分解、下达给各子公司，子公司根据总部下达的各项指标和自己的具体情况编制年度预算，上报集团总部审批	融合模式	（1）上述两种模式的优势整合；（2）关注战略目标导向和过程控制，也关注预算结果	（1）子公司按总部预算大纲编制；（2）自上而下的编制上级审批才能生效；（3）预算的分析考核	（1）自上而下；（2）自下而上；（3）统一预算体系；（4）预算汇总；（5）预算分析考核	预算体系的建立、预算的编制汇总和审批、预算绩效评估

5.2 预算控制方法和步骤

5.2.1 预算控制方法与思路

经过集中、民主、再集中的方式确定了预算目标并完成预算的编制后,就到了预算执行与控制环节。

预算的执行即预算的具体实施,是预算目标能否实现的关键,预算执行包含预算控制、预算分析和预算调整。

1. 预算执行前的准备工作

在进入具体的预算执行环节前,还有一些前期工作要做,在这里再简单地给大家归纳一下。

(1)预算责任状的签署。预算责任状的签署对于整个全面预算工作的开展来讲,不仅是一个仪式,更是对责任和义务的明确,也是人力资源部门将来进行绩效考核的依据。预算责任状的签署分为以下几个层次:

- 董事长与总裁签署集团层面的预算责任状
- 总裁与各事业部、子公司、部门负责人签署一级部门的预算责任状
- 事业部或子公司与内部预算责任单位签署二级部门的预算责任状

(2)预算使用说明书的编制和下发。各预算责任单位根据集团公司下达的经营管理目标并结合部门岗位职责制订部门年度工作计划,再根据年度工作计划来制订本部门年度预算,这些年度预算最终体现为一张张带有数字的表格。为了便于预算责任单位更好地阅读并理解这些表格的内涵,财管中心要编制一份详细的预算使用说明书,就像我们把药品生产出来,需要通过说明书告诉患者如何用药一样。预算报表和预算使用说明书就好比药品和药品使用说明书一样,是不可分割的整体。

(3)预算培训。预算培训也是全面预算推行过程中比较重要的一个环节。根据预算的使用者在企业的层级不同,要针对三种不同的人群开发出不同的培训课程。

第一类人群是各事业部、各子公司、各部门的负责人。他们是本部门的预算责任人，对他们的培训侧重在预算管控的思路和方法上。

第二类人群是预算专员。在规模比较大的企业，为了把管理者从日常琐碎的工作中解放出来，一般会配置一名预算专员。预算专员既可以是专职，也可以是兼职，由各责任中心依据实际情况而定。预算专员负责协助部门负责人来编制预算、执行预算和考核预算，因此，在对预算专员的培训更多地体现在一些细节知识的传授上。

第三类人群是预算资源使用者。对他们进行培训时更多地侧重在如何按照企业的要求合理、有效地使用这些资源，使用完这些资源后如何正确地提供合法的单据。

（4）预算数据导入系统。最后一项准备工作是把预算数据导入系统中。预算目标和预算资源分配好后，要想有效地进行控制，除了要有一套好的管理方法外，配套的系统也很重要。

随着管理会计越来越受到企业的重视，一些专门针对全面预算系统开发软件的公司也应运而生，而企业找到一套适合自己企业的预算管理系统也很重要。

另外，Excel本身也有很强大的功能，企业可根据自身的情况来选择是上系统还是对Excel进行二次开发，总之，能保证全面预算的顺利执行与控制就可以。

2. 预算控制的原则

预算控制是全面预算管理的核心和手段，通过对各事业部、各子公司、各部门的各种资源进行控制，保证预算目标的达成。

预算控制的作用是在资源、路径结构和目标之间建立动态连接与干预。预算控制原则体现在以下三个方面。

（1）全面控制原则。一切投入必须有预算；无预算则不能花钱，除非调整预算。坚决制止一切预算外费用的发生。预算外费用的设置是对预算刚性原则的一个补充，由于市场变化和环境的不确定性，为了防止预算过于僵化，我们设置了预算外这样一个科目，但这个科目的设置也带来了很多负面的后果，有很多企业的预算很难执行下去，就是因为有太多的预算外支出。这些预算外支出会严重挫伤那些认真做预算的部门的积极性："既然不做预算也有钱花，那为什么我们要那么认真呢？"因此，从预算控制的角度来讲，最极致的境界就是消除预算外支出。

（2）事前控制原则。所有进入运作的资源和行为必须事先接受不同程度的预算审核。资源是企业的，不是部门的。资源只有在预算范围内，经企业批准才可使用。由于编制预算阶段与实施预算阶段的环境信息存在差异，编制的预算不能成为资源投入的唯一理由和依据。

（3）重要性控制原则。即分类控制、抓大放小（80/20 规则）。

对这一原则就不做过多讲述了。我们在进行预算控制时，一定要把更多的精力放在更能产生效益的事情上，并且循序渐进地予以改进。

3. 柔性控制与刚性控制

预算控制有刚性控制和柔性控制两种方式，但它们不是截然分开的，而是相互配合、共同作用的。为了使全面预算最大限度地发挥作用，企业既要有严格的刚性控制，又要有快速适应市场环境变化的柔性控制，做到刚柔并济，相辅相成。

（1）刚性控制思路。全面预算的刚性控制思路主要源于其涉及管理层面、具有广泛性和契约精神等方面。

① 管理层面：企业的经营管理目标是由战略委员会拟定、董事会和股东（大）会批准、预算委员会承接的，是企业经营管理的方向和最高目标。因此全面预算具有最高的权威性。

② 广泛性：企业的全面预算管理具有"三性"，即全过程、全方位和全员参与的特性，是企业从上到下全方面的管理，涉及集团企业的各个业务模块、责任单位和职能部门，直至每一名员工。因此，必须强化预算的约束机制，明确责任中心的预算目标是什么、应该怎么做和不能怎么做。

③ 契约精神：全面预算起源的关键之一是企业所有权和经营权的分离，即职业经理人的兴起。全面预算管理不仅是企业经营控制的手段，也是企业的所有者和其经营管理者之间的契约，是对经营管理团队及员工进行激励和约束的方式，也是全体员工对企业的承诺。因此，全面预算具有很强的严肃性和约束性。

（2）柔性控制思路。全面预算的柔性控制思路主要源于企业所处的环境是不断变化的，预算管理的目的是规避市场环境变化对预算执行效果的影响。预算的柔性控制是预算管理的科学性与艺术性的统一。全面预算的柔性控制主要有滚动预算的应用、资源的总额控制应用等。

① 滚动预算是对现有预算编制方法的一种修正。预算有两个突出的作用，即控制和考核。作为考核之用时，沿用正式的预算是正常的，但作为预算的控制和资源配置的重要工具，预算是前一年制定的，到实际执行时，市场环境和经营情况可能有所变化，原来的预算假设可能有些调整，所以要有最新的预测来指导经营决策，滚动预算起的就是这个作用。但滚动预算一般不会作为更新或改变考核

指标的依据和理由,以确保在目标设置上预算的权威性。因此,滚动预算不是不断地修改目标,而是不断地修改预测的结果,以指导最新的决策,即不改变目标,只改变手段。季度滚动预算示意如图5-2所示。

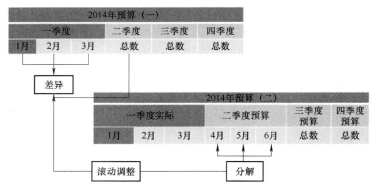

图5-2 季度滚动预算示意图

② 总额控制是指在资源配置时对某些项目不进行专项控制,而进行总体控制,同期的不同费用和投入可以进行调整。如企业预算中的研发费用是一个综合的预算项,可以细分为人工费、研发材料和低值易耗品等。总额控制就是只要"研发费用"这个预算总项的额度不超出预算,此业务就可以进行,而不必对每个预算项(如人工费等)分别加以控制。

(3)刚性控制与柔性控制的优缺点。预算的刚性控制与柔性控制是预算控制的两种截然不同的管控方式,选择哪一种与企业所处的发展阶段、行业属性和管理者风格等有关。在实际的应用中,绝对的刚性控制与绝对的柔性控制是比较少见的,一般都会介于这两者之间,所以它们不是绝对分开的,而是相互融合、共同作用,只有这样,才能体现其效果。预算的刚性控制与柔性控制的优缺点如表5-3所示。

表5-3 预算的刚性控制与柔性控制的优缺点

类型	优点	缺点
刚性控制	(1)简洁直观,易操作,可执行性强。 (2)执行标准统一,调控功能强,横向可比。 (3)强管控,强目标感	(1)对发展型的企业来说,影响了其未来的发展和成长性。 (2)由于固定费用的存在及其比例增长使得费用的配置和业绩状况并非成比例变化,按业绩达成配置费用资源在某些极端条件下难以操作。 (3)费用管控的"囚徒困境"

（续）

类型	优点	缺点
柔性控制	（1）体现子公司权责一致性，增强了其主观能动性。 （2）适应外部环境的变化，提升了子公司快速应对内外部环境的反应速度。 （3）给予子公司总经理更大的授权，充分发挥其管理的主观能动性	（1）即使在费用资源完全投入的情况下，业绩也有可能未达成。 （2）子公司总经理的管理习惯和能力在一定程度上决定了费用投入的合理性。 （3）考核体系的匹配度及滞后性

在预算控制的实际操作过程中，过于刚性或过于柔性都不一定是最好的解决办法，过于刚性容易导致预算僵化；过于柔性又让预算控制失去意义，导致做好做坏一个样，做与不做一个样。

最好的办法是刚柔并济，该刚的时候要刚，该柔的时候要柔。说来说去还是一个度的问题，如何把握好这个度呢？我觉得还是管理方法的问题。经过多年的实践与探索，我们总结出了一些比较好的经验跟大家来分享。

4. 企业如何进行预算的控制

预算控制是基于企业治理结构、管理特性、考核方式和企业文化等方面的综合考量，切不能照搬套用。再先进的控制方式如果不与企业现状相符也会适得其反，不仅不能起到很好的控制作用，还有可能导致预算推进受阻。

H 集团公司管理模式的变革对预算控制的方式提出了挑战。为了寻求与管理模式相适应的预算控制方式，集团副总兼财务总监张×与财务中心预算管理部长刘×进行了研讨，提出了基于分权模式下预算资金池的管控方式。

基于分权模式下预算资金池的管控方式的提出背景是 H 集团公司的战略转变。H 集团公司从集团管控下事业部制的集权模式转变为"小集团、大事业部"的分权模式，因此需要提高预算的弹性，以适应经营单位（子公司）快速应对商业环境的变化，提升子公司对预算控制的自主性。

H 集团公司所设置的风险控制线是子公司销售完成率的基准值（80%），按季度进行滚动预算。即当子公司上个季度的销售完成率大于或者等于基准值（80%）时，下季度的资源投入最高可按年度预算配置；当子公司上个季度的销售完成率小于基准值（80%）时，下季度的资源投入最高只能按年度预算的 80% 进行配置。

举例一，A 子公司第一季度累计销售完成率≥基准值（判定为良性），如表 5-4 所示。

表 5-4　A 子公司销售基准值（一）

子公司	第一季度销售完成率	基准值（假设80%）	第一季度利润缺口	第二季度原预算费用	第二季度费用额度（最大值）
A 子公司	85%	80%	300 万元	1000 万元	1000 万元

步骤一：第一季度销售完成率为 85%，大于基准值（80%），则第二季度费用最高额度为第二季度年度预算，A 子公司根据经营情况有资源配置的选择权：

（1）按原费用预算，仍为 1 000 万元。

（2）调减费用预算，可降至 900 万元（假设）。

步骤二：如 A 子公司选择方式（1），则第一季度的利润缺口 300 万元以及第二季度原任务，需要 A 子公司在经营管理分析报告中列示达成目标的详细举措（包括收入的增加、毛利率的增加等）。

如 A 子公司选择方式（2），则第一季度的利润缺口 300 万元及第二季度原任务，通过费用调减 100 万元后的差额应由子公司在经营管理分析报告中列示达成目标的详细举措（包括收入的增加、毛利率的增加）。

举例二，A 子公司第一季度累计销售完成率<基准值（判定为存在风险），如表 5-5 所示。

表 5-5　A 子公司销售基准值（二）

子公司	第一季度销售完成率	基准值（假设80%）	第一季度利润缺口	第二季度原预算费用	第二季度费用额度（最大值）
A 子公司	70%	80%	300 万元	1000 万元	800 万元

步骤一：第一季度销售完成率为 70%，小于基准值（80%），则第二季度费用最高额度为第二季度年度预算×基准值（假设 80%），则 A 子公司第二季度费用额度为 800 万元（强制调整）。

步骤二：第一季度的利润缺口 300 万元，通过费用调减 200 万元后的差额 100 万元以及第二季度原任务，需要 A 子公司在经营管理分析报告中列示达成目标的详细举措（包括收入的增加、毛利率的增加等）。

基于分权模式下预算资金池的管控方式是在刚性控制与柔性控制的基础上发展而来的，它既体现了预算的"柔"，对于上一季度未完成的利润贡献目标，不是强制性地从下一季度的费用预算中进行扣减;又反映了预算的"刚",当上一季度销售达成率低于80%的时候,下一季度费用预算配置额度最多只能给到原预算的80%,不足部分需要通过其他方法来弥补。

5. 可控成本与不可控成本控制

由于分权模式的发展,经营单位分为投资中心、利润中心、成本中心、费用中心等责任中心,而各责任中心的职责和权限是不同的,从而在管理会计上将其所发生的成本费用划分成可控成本和不可控成本。

可控成本和不可控成本的区分与成本责任中心所处的管理层次的高低、管理权限的大小及控制范围的大小有关。例如,从整个企业的角度来看,所有成本都是可控成本,但对于企业内部的分厂、车间、班组来说,则各有其专属的可控成本;劳动用工统一集中管理的企业,人工费用对于企业所属的内部单位来讲,是不可控成本;而有劳动用工权的分厂、车间来讲,人工费用是可控成本;较低层次的成本责任中心的可控成本一定是较高层次的成本责任中心的可控成本,而较高层次的成本责任中心的可控成本却不一定是较低层次的成本责任中心的可控成本。

可控成本与不可控成本的区分与成本发生的空间有关。有些成本,即使是处于同一层次的成本责任中心,对有些中心是可控的,对有些中心则是不可控的。例如,材料采购成本的高低对于负责采购工作的供应部门来说是可控的,而耗用材料的生产车间却无法控制材料价格的高低,其只对材料单耗负责。

区分成本是否可控的目的是区分成本责任。成本责任中心只对自己可以控制的成本负责,不可控成本不应成为业绩考核的内容。

(1)成本类别及标准划分。对可控成本与不可控成本的划分在预算编制、预算控制和业绩考核上均有着重要的意义。那么,如何对一家企业的成本进行有效划分呢?每个企业的成本构成不一样,并且在财务上对成本的归属、科目设置也是不同的,因此,不能一味地套用。但可以参照以下划分思路。

责任中心对可控成本存在控制的意愿、能力和方法,可以通过量、价改变来控制成本总额或改变成本结构,而对不可控成本缺乏控制的意愿、能力或方法,不能通过改变其价、量和结构来控制其发生的时间和额度。可控成本与不可控成本的区别如表5-6所示。

表 5-6　可控成本与不可控成本的区别

类型	责任中心表现	方式
可控成本	意愿：有控制的意愿； 能力：有控制的能力； 方法：有控制的方法	量：可以控制数量、频次； 价：可以控制价格； 时间：可以控制发生时间
不可控成本	意愿：无控制的意愿或较弱； 能力：没有控制的能力或较弱； 方法：没有控制的方法	量：不能控制数量、频次； 价：价格固定，不可更改； 时间：发生时间确定，不可更改

（2）成本类别与业务量的关系。成本类别与业务的相关程度是指成本发生的驱动因素，可分为与业务不相关、弱相关和强相关。

判断成本与业务量的关系时，可以采用相关表和相关图来反映两个变量之间的相互关系及其相关方向，也可以采用统计学中的相关系数来表示两个变量之间相关的程度，相关系数是研究变量之间线性相关程度的量。相关系数的值介于-1与$+1$之间，即$-1 \leqslant r \leqslant +1$。其性质如下：

当$r>0$时，表示两变量正相关；当$r<0$时，表示两变量为负相关。

当$|r|=1$时，表示两变量为完全线性相关，即为函数关系。

当$r=0$时，表示两变量间无线性相关关系。

当$0<|r|<1$时，表示两变量存在一定程度的线性相关。$|r|$越接近1，表示两变量间线性关系越密切；$|r|$越接近0，表示两变量的线性关系越弱。

在实务中，产品的成本与销售量是强相关的，即每售出 1 台产品均对应 1 台产品的成本。因此，企业的毛利率可采用比率控制法来衡量；企业的广告费与销售量也存在一定的关系，但它们之间不是线性关系，属于弱相关，此类成本一般采取酌量法来控制；企业的一些固定成本，如折旧费用、摊销费用与业务量的多少没有关系，因此对其采用总量控制法。成本与业务量的关系如表 5-7 所示。

表 5-7　成本与业务量的关系

相关程度	与业务量关系	风险程度	控制方法
强相关	与业务量呈正比例关系，成本发生额依业务量的存在、变化而依存、变化	风险小、策略控制	比率控制法
弱相关	与业务量存在一定的关系，因此多为酌量性成本	风险较大、控制重点	酌量控制法
不相关	与业务量不存在关系，多为固定性费用	"固定地"消耗利润，风险大、控制难点	总量控制法

（3）成本类别与收益时间的关系。凡与业务量存在相关性的成本，其产生的效益都可能与时间有关系。根据效益产生的时间，可分为当期产生效益和递延产生效益两类。成本与收益时间的关系如表 5-8 所示。

表 5-8　成本与收益时间的关系

时间坐标	与收益时间的关系	控制方法	控制思路
当期	指成本的发生与效益产生的时间基本一致，能形成投入产出关系	投入产出比例控制	平衡长期目标和短期目标；平衡长期投入和短期投入；平衡长期收益和短期收益
递延	指费用的发生与效益产生的时间不一致，一般在后期产生效益	战略规划控制	

在实务中，企业对成本的控制方法一般都会优先安排能当期产生效益的与业务强相关的投入，平衡控制递延产生效益的与业务相关的投入，限制与业务不相关的投入。

5.2.2　预算控制七步法

预算控制的起点是预算编制完成并下达给各预算责任单位后，一般是按会计起始年度的第一天，即下一年度的 1 月 1 日。

预算控制分七个步骤，具体如下：

（1）第一步：跟踪目标完成及资源使用情况。董事会或预算委员会下达给经营管理层的年度目标，会被分解到每个季度和月度，财管中心会据此跟进目标完成和资源使用情况，确保资源控制在可用额度内。

（2）第二步：预算差异分析。每个月终了，预算责任单位要根据财务部门提供的实时数据，对比预算做差异分析。关于预算分析，将会在第 6 章具体阐述。

（3）第三步：寻找差异原因。通过差异分析，找到差异形成原因。差异形成的原因是多方面的，有可能是目标制定得过高，有可能是预算执行者的能力未达到预期，也有可能是制定的政策不合理，还有可能是企业的管理制度存在缺陷等。不管是什么原因引起的，一定要本着实事求是的精神，还原问题的本质。

（4）第四步：落实责任归属。找到差异原因后，接下来要落实到相关责任人。

如果是目标制定得过高，就要申请调整预算目标，涉及年度预算目标的，还要走重大预算调整申请流程。如果是预算执行者的能力未达到预期，就要考虑对人员进行调整或给予相应的指导和培训。

（5）第五步：制定改进措施。落实到具体的责任人后，要责成相关责任人制定相应的改进措施，改进措施必须要结合企业实际，并且要有明确的时间节点和执行计划。

（6）第六步：调整经营计划。子公司、事业部汇总下属各责任中心提交的改进措施，并对改进措施进行充分的研讨，根据研讨的结果调整年度经营计划。

（7）第七步：预算调整。最后再根据调整的经营计划来做最后的预算调整。预算调整要遵循"只修改手段，不修改目标"的预算文化和精神，确保预算目标的严谨性。

5.3 预算控制操作实务

5.3.1 预算资金池的原理及案例应用

预算资金池是一种预算控制方法，是指为了使经营单位（利润中心）提升适应内外部环境和条件的变化能力，提高预算的弹性，灵活安排预算资源的投入的一种预算控制方法。预算资金池能够让集团有效地管控预算资源的投入，同时又能鼓励经营单位（利润中心）在市场向好的情况下抓住机会超额完成经营目标，实现所有者和经营者的双赢。

其计算公式：

$$预算资金池=实际利润贡献-目标利润贡献$$

当实际利润贡献大于目标利润贡献时，盈余部分自动进入预算资金池；当实际利润贡献小于目标利润贡献时，差额部分从预算资金池中进行扣减。在预算资金池有盈余的情况下，经预算责任单位申请，可将盈余用于生产、经营的投入，但不得用于发放员工工资、奖金及福利；当预算资金池没有盈余且为负数时，负数部分要在以后的季度预算中进行弥补。预算资金池示意简表如表5-9所示。

表5-9 预算资金池示意简表　　单位：万元

序号	项目	情形1	情形2
1	营业收入	1 000	1 000
2	营业成本	700	800
3	期间费用	100	200
4	⋮	0	0
5	实际利润贡献	200	0
6	目标利润贡献	100	100
7	预算资金池	100	−100

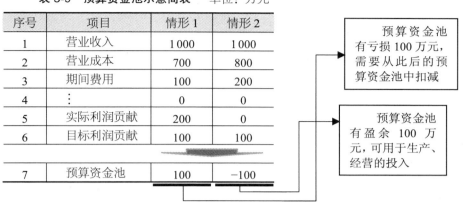

如何弥补呢？我们再把这个例子展开一下。预算资金池案例分析如表5-10所示。

表5-10　预算资金池案例分析（一）　　单元：万元

序号	项目	第一季度	第二季度	第三季度	第四季度原	第四季度新
1	营业收入	1 000	1 000	1 000	1 000	?
2	营业成本	700	800	800	800	?
3	期间费用	100	200	150	100	?
4	⋮	0	0	…	0	0
5	实际利润贡献	200	0	50	/	/
6	目标利润贡献	100	100	100	100	?
7	盈余	100	−100	−50	/	/
8	预算资金池	100	0	−50	/	/

　　假设前三季度完成的数据见表5-10。前三季度目标利润贡献合计为300万元，而实际只完成250万元，差额为50万元，这50万元需要在第四季度进行弥补。

　　很多企业在做下一季度预算调整时，习惯性地把这个差额从费用预算中扣减，这就衍生出来一个问题："本来我的经营业绩完成得就差，要弥补这个差额，就要加大费用的投入，你却还来缩减我的费用，那这个季度的经营业绩只会完成得更差。"这是经营单位普遍的想法，可是负责预算控制的财务部门会说："你上两个季度的业绩未完成，我不缩减你的费用，你这季度的业绩如果又完不成，岂不是差得越来越多了？"

　　好像大家说得都有道理。这是很多企业在进行预算管控时碰到的窘境，这也是导致很多企业业务部门和财务部门水火不容的原因之一。业务部门抱怨财务部门不懂市场，是坐井观天的账房先生；财务部门抱怨业务部门没有经营意识，只会胡乱花钱。大家相互抱怨，各不相让，"官司"打到财务总监那里，如果你是这个集团的财务总监，碰到这种情况该如何解决？

说到这里，为了帮助大家理解这个问题，我给大家讲个小故事。

有个出家人在树下打坐，这棵树位于一个十字路口。一会儿，一个身上流着鲜血的年轻人匆匆忙忙地从出家人面前跑过，受伤的年轻人是向西跑的。

大约十分钟后，另一个手里拿着砍刀的彪形大汉追过来了，来到十字路口，看到出家人，他不知道那个受伤的年轻人往哪个方向跑了，于是问出家人："出家人，你看到有个人从这里跑了吗？他往哪个方向跑了？"

如果你是出家人，你将如何选择？

这是历史上著名的一个两难选择的案例。如果出家人告诉那个年轻人的真实去向，那个年轻人很可能被砍死，那么出家人就在无形中助长了暴力，充当了帮凶，与出家人慈怀为怀的理念不符；如果出家人告诉一个相反的方向，那个年轻人的生命是保住了，但出家人撒了谎，违背了出家人不打诳语的原则。所以这是一个很难回答的问题。

其实这样活生生的案例每天都在财务部上演。回到刚才那个问题，如果你是那位财务总监，碰到这种问题，你该如何解决？

解决这个问题的办法就是预算资金池。

要弥补这50万元的差额，我们就要把这50万元加到第四季度的目标利润上，原先的目标利润贡献为100万元，加上这50万元后，就变成了150万元。而要增加利润的方法有如下几种：

（1）增加收入；

（2）降低成本；

（3）减少费用。

可见，减少费用不是弥补差额的唯一办法。对于一个独立核算的利润中心而言，你给它利润中心的定位，本身就是一种授权的体现，名义上给了授权，实际上却处处监管，一个被捆绑住手脚的将军，能力再强也无法施展。

比较好的做法是把这种弥补差额的权力还给利润中心，让其重新修订经营计划，制定新的方案和措施，但也不能放任不管，方案和措施修订完毕，预算方案重新调整后，要再次报给集团公司财管中心审核，必要时还要提交给预算委员会或董事会进行审批，审批完后再进行定稿。财务部门按照新的预算目标执行预算，人力资源部门按新的预算目标调整季度考核。预算池案例分析如表5-11所示。

表 5-11 预算资金池案例分析（二）　　　　　　　　　　　　单位：万元

序号	项目	第一季度	第二季度	第三季度	第四季度原	第四季度新
1	营业收入	1 000	1 000	1 000	1 000	1 100
2	营业成本	700	800	800	800	860
3	期间费用	100	200	150	100	90
4	⋮	0	0	…	0	0
5	实际利润贡献	200	0	50	／	／
6	目标利润贡献	100	100	100	100	150
7	盈余	100	−100	−50	／	／
8	预算资金池	100	0	−50	／	／

第四季度如何完成 150 万元的目标利润贡献？在第四季度原预算的基础上，进行了如下调整：

（1）增加营业收入 100 万元。

（2）受销售额增长影响，营业成本增加 60 万元，总体毛利率比之前的 20% 有所提升。

（3）减少费用 10 万元。

通过三种方法的综合作用，弥补了前三季度的利润贡献差额。

5.3.2 预算准备金的原理及案例应用

预算准备金是指在预算控制过程中由于企业所处阶段不同、经营环境复杂多变、出现重大战略机遇等原因，在规划经营目标时预留一定的空间用于某些不确定费用、储备项目、新增项目的投入，以使这些费用和项目的投入能正常进行，且不影响原来设定的经营目标的达成。

预算准备金的管控视企业预算推行的成熟程度分为以下三个阶段。

阶段一：初级阶段用类别管控。

这个阶段处在企业刚开始推行预算的时候。这个阶段公司的财务基础比较薄弱，基础薄弱表现在两个方面：一是算不准；二是算不细。算不准好理解，算不细是指核算的单元太过粗放，比如我们想知道某个事业部、某个大区、某个城市的差旅费，要财务人员去统计，统计不出来，原因是没有把差旅费核算到城市，只核算到大区了。如果硬要去统计，只有一张凭证一张凭证地找，工作量非常大，也容易出差错。由于缺乏有效的历史数据作支撑，在编制预算时，往往会遗漏一些未来可能的开支。另外，预算编制来源于经营计划，在预算推行的早期，业务部门在制订经营计划时与预算没有做很好的连接与转换，也是预算编制时对可能的预算支出考虑不周全的原因之一。

因此，为了解决这些问题，处在初级阶段的企业在预算控制时采用类别管控的方式。

什么是类别管控？我们都知道，在设置会计科目时，一般会设置一个二级科目，××——其他，是帮助财务人员在核算中用来归集其他零星、无法预判的一些费用和支出的。财务人员在分配预算资源时，可以按科目预算总金额的一定比例来配置一些无法预估的费用支出，在这个配置额度内，预算责任单位的负责人可以自行决定费用的开支，不需要走预算外程序；超过这个配置额度，则跟其他费用一样，需要走预算外程序。

这样的操作简化了审批流程，给了预算责任单位的负责人一定的权限，一定程度上体现了预算的柔性；同时，又采取了总量控制，超过这个总量，要纳入预算外管理，反映的则是预算的刚性。

阶段二：中级阶段用部门管控。

通过第一阶段的梳理和磨合，预算观念渐入人心，预算编制的准确率得到了极大的提升，基础数据的完整性也得到一定程度的改善。这时，对预算的管控可进一步收紧，从类别管控上升到部门管控。简单地说，就是把这部分不确定预算的权限从二级部门收紧到一级部门，把这个审批权交给一级部门的负责人。

阶段三：成熟阶段用企业管控。

对于一个有一定规模的集团企业而言，全面预算体系真正能够发挥其价值一般需要3～5年的时间。瓜熟蒂落，到了这个阶段，预算基础已经非常夯实，预算文化已经深入人心，这时可以考虑进一步收紧，从部门管控上升到企业管控。

企业管控是由谁来管控呢？总裁或者是总裁授权的对经营负责的副总裁。前面说过，总裁是企业整体预算目标的第一责任人，他代表企业经营管理层接受董事会下达的经营管理目标。总裁接到目标后，要一层一层地往下分解。对于一个分权管控的企业，或者对于一个设置了利润中心的企业，要发挥职业经理人的最大能动性，最好的办法就是授权。任务都分解下去了，权都授下去了，资源都匹配下去了，而市场是瞬息万变的，万一遇到一个重大的机遇，这钱该不该花呢？如果该花，这钱从哪儿来？需要提到董事会层面吗？

因为总裁是预算目标的第一责任人，因此面对机遇的决策权可以授予给他。我在 H 集团公司工作的时候，就专门设置了一个总裁预备基金，这个总裁预备基金专门处理这些突发的、会对企业产生重大正面影响的项目开支。

比如，H 集团公司 2015 年的总裁预备基金为 1 000 万元，H 集团公司 2015 年的利润目标为 1.2 亿元，那么在分解利润指标时，要加上这 1 000 万元的预留，分解下去的利润指标实为 1.3 亿元，因此，即使这 1 000 万元的支出不产生 1 分钱的收入，也不会影响总体目标的达成。如果总裁预备基金花完了，再有类似的支出，也必须按企业的规定走预算外流程。

5.3.3　投入产出比的原理及案例应用

宏碁电脑创始人施正荣先生在 20 世纪 90 年代提出过一个微笑曲线。微笑曲线认为，研发和销售是创造利润的两个最大的部门。我们今天不去探讨这两个部门谁更重要，在企业的实际经营过程中，这两个部门却是经常"打架"的。我们是不是经常会碰到这样的场景？

"技术部研发出来的产品太烂了，他们只会闭门造车，这样烂的产品消费者怎么会买单？"

"技术部张工告诉我，A 产品最迟 5 月中旬就能量产上市，现在已经 6 月份了，样品还没做出来，第三季度我们还指望这款产品去冲量呢！如果第三季度的业绩完不成，技术部是不是要负全责？"

在 H 集团公司某次内部会议上，后装事业部的两个销售经理对总经理大倒苦水。

技术部这边也不甘示弱，以张工为代表的工程师同样表达了对销售部的严重不满。

"上上个月要我们开发一个产品，说是急急急！我们不得已把 A 项目的同事抽调到这个项目，加班加点赶出来了，他们一个月才卖了两台，成本都收不回来。他们根本没有用心去推。"

除了投诉销售部，技术部还顺带把财管中心和人资中心也捎带上了。

"年初告诉我们开发 50 个产品，现在 6 月份不到，已经下了 40 多个任务单了。我们要招人，人资部不让招，说是没预算；找财务部，财务部说招人的事归人资部管。他们推来推去。销售部今年要 100 个产品，公司只给了我们 50 个产品的人员编制和预算，既想马儿跑得快，又不给马儿吃草，这活儿神仙也干不了！"

张工越说越气，看这架势，会议再开下去，他就要撂挑子了。

这样的场景在很多企业中上演，并且演着演着就进入一个死循环。你不给技术部招人，不给它预算，它就完不成销售部下达的产品开发任务；产品开发任务不能准时交付，销售部就会把业绩完不成的责任推给技术部。人资部应该考核谁呢？销售部为了完成企业下达的任务，肯定希望产品越多越好，产品越多，达成销售目标的可能性就越大，所以销售部才不断地向技术部加任务；任务加得越多，技术部工作量会越大，准时交付的可能性就越小。为了能够向销售部准时交付产品，技术部就会向企业要求加人。

于是，死循环就形成了。

怎么去解开这个死循环呢？

投入产出配比法。投入产出配比法的核心是在投入和产出之间建立起一个连接。这个连接可以用一个指标来表示：投入产出比。

什么是投入产出比？以下是它的公式及定义。

$$投入产出比 = \frac{产出}{成本} = \frac{销售额或利润}{成本}$$

投入产出比是指项目全部投资与运行寿命期内产出的工业增加值总和之比。它适用于科技项目、技术改造项目和设备更新项目的经济效果评价。其值越高，表明经济效果越好。

从投入产出比的公式及定义中可以看出，投入产出比很好地把投入（研发）与产出（销售）关联起来，在这两者建立起了连接。

回到前面那个场景，我们看看如何通过投入产出配比来解决销售部与技术部之间的争论。

两个部门的争论焦点主要有以下几个：

- 技术部没有按时完成产品研发，影响了销售部的业绩达成
- 销售部增加了产品开发任务，技术部任务增多，在人员编制没增加的前提下，项目开发进度有所延迟

通过分析，我们找到了问题的根源，就是销售部增加了产品开发任务，从50个增加到100个。销售部为什么要增加任务呢？因为产品品种越多，销售部完成销售任务的可能性就越大。销售部为什么能增加产品开发任务呢？因为在做预算

时只是把销售目标分解给了销售部，而没有告诉它完成这个目标只能给它多少资源。这个资源不仅包括销售人员的工资、提成、差旅费和广告促销费等，还包括投入这个产品的开发费用等。

假设开发一个产品的研发投入是 20 万元，带来的产出是 200 万元。投入产出比=200／20=10∶1，意味着 1 元的研发投入要带来 10 元的销售收入。50 个项目，每个项目投入 20 万元，总共是 1 000 万元的研发投入，按 10∶1 的比例，销售部的年度销售目标是 1 亿元。技术部按 50 个项目开发所需要的人力和物力来配备人员和物资，这是一个合理的预算循环。

如果销售部提出要增加开发项目，只有以下两种办法：

- 增一项就必须减一项，保持开发总量不变
- 增加一个项目开发任务，相应地要调增销售目标

比如从 50 个项目调增到 80 个项目，新增了 30 个项目，1 个项目对应 200 万元的销售目标，增加 30 个项目，就要增加 6 000 万元的销售目标。

这个规则制定后，问题就得到了有效的解决。销售部门之所以无所顾忌地给技术部门增加产品开发任务，关键在于投入和产出之间没有建立配比关系。这种机制的缺失也是很多企业研发费用投入巨大，但是销售业绩却不理想的原因之一。当前，中国经济面临前所未有的转型压力，中国制造要升级为中国创造，企业必须加大研发的投入，提高产品在市场上的竞争力。而建立一套完整的投入产出配比机制，有助于企业提高研发效率，减少研发环节的浪费，合理安排预算支出，做好研发环节的预算控制。研发费用预算控制实例如图 5-3 所示。

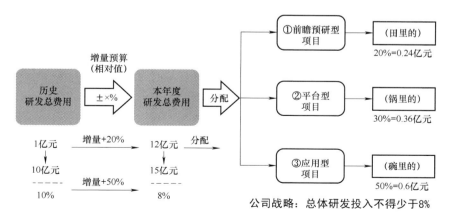

图 5-3　研发费用预算控制实例

Y公司去年销售10亿元,研发费用投入1亿元,研发费用销售占比为10%,投入产出比为10∶1。Y公司今年下达了各项经营管理预算指标,具体如下:

(1)销售预算指标:15亿元,较去年增长50%。

(2)研发效率指标:投入产出比为12∶1,较去年提升20%。

(3)研发费用率降成指标:研发费用销售占比率下降20%,从10%下降到8%。

针对以上指标,如何进行研发费用的分配与预算控制?

(1)先计算研发费用的总预算额度:15×8%=1.2(亿元)。

(2)将1.2亿元的研发费用往三个不同类型的项目进行分配。这三类项目分别是:前瞻预研型项目(田里的)、平台型项目(锅里的)、应用型项目(碗里的)。Y公司要求前瞻预研型项目(田里的)研发投入占总研发费用的比例不得低于20%。假设:前瞻预研型项目(田里的)的投入产出比为1∶50,研发周期在2年以上,当年的转化率为0;平台型项目(锅里的)的投入产出比为1∶30,研发周期在6个月~2年,当年的转化率为50%;应用型项目(碗里的)的投入产出比为1∶17.5,研发周期在0~6个月,当年的转化率为100%。

根据以上数据可以建立一个公式:$1.2 \times 20\% \times 50 \times 0 + 1.2 \times X\% \times 30 \times 50\% + 1.2 \times (100-20-X)\% \times 17.5 \times 100\% = 15$。计算过程如表5-12所示。

表5-12 计算过程

项目类型	项目投入	转化率	本年度投入产出比	本年销售额/万元	系数
田里的	A	0	X	0	1.2
锅里的	B	50%	Y	$B \times 50\% \times Y$	1.2
碗里的	C	100%	Z	$C \times 100\% \times Z$	1.2
研发费用预算总包				$(0 + B \times 50\% \times Y + C \times 100\% \times Z) \times 1.2$	

从而可以算出:$X=60$。

5.3.4 人力成本控制及案例应用

我国曾经是一个低人力成本国家,正是因为低廉的人工成本,中国制造才变成世界制造。但随着中国经济的转型升级,特别是自2008年1月1日新的《劳动法》实施以来,中国大陆正面临越来越高企的人力成本,对于人力成本的管控也成为各个企业预算实施中重之又重的工作。

如何控制人力成本呢？这又是一个见仁见智的问题，由于很多企业人力成本支出在整个资金支出中占据比较大的比重，因此，每个企业对于人力成本的控制都有一套自己的心法。我将结合在工作中的一些实践经验，跟大家分享一下我们在人力成本控制中的一些心得和经验。

人力成本的控制分三步走。

第一步：打基础。

要做好人力成本的管控，首先要建立一套完整的薪酬体系。建立薪酬体系时可参照布朗德战略导向的薪酬体系的模型，如图 5-4 所示。

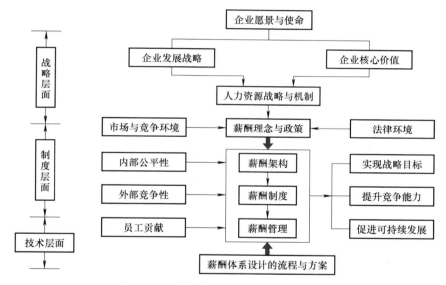

图 5-4　布朗德战略导向的薪酬体系模型

薪酬体系的设计是一个庞大的工程，总的来说，要通过内部测评和外部分析建立起一套适合企业自身的人力成本管理体系。这个体系应包含如下几个方面：薪资构成分配、薪资等级设计、岗位胜任力评估。

薪资构成分配：所谓薪资，是指员工从企业获取的报酬总和。它具体包括基本工资、绩效工资、销售提成（项目提成）、年终奖、超额奖、股权期权分红和其他临时性奖励等。薪资构成分配就是根据不同的部门性质、不同的级别来设计不同的薪资占比。

比如对于生产制造部门的基层员工来讲，基本工资收入占比就可能达到 80%～90%；而对于销售部门的业务人员来讲，基本工资可能只占其报酬总和的很小的比重，其更多收入来源于销售提成。

薪资等级设计：新招聘的员工放在哪个岗位？这个岗位对应的工资是多少？员工晋升一级，对应调整的工资是多少？这些都需要在薪资等级设计里体现。

岗位胜任力评估：薪资等级设计好了以后，我们要对外招聘人才，人才面试通过后要把他放到相应的岗位上去，不同的岗位对应不同的薪资等级。那么如何确保我们把那些真正有能力的人放到相对应的岗位，并给予他们相对应的薪资等级，而不是像南郭先生那样滥竽充数呢？这个时候就要对招聘的人才进行岗位胜任力评估。

第二步：建体系。

完成以上三项基础工作后，在对人力成本进行管控时，要搭建好相应的体系，找到好的方法。很多企业在人力成本管控方面非常粗暴，缺乏系统有效的方法，要么是一刀切，要么是会哭的孩子有奶吃，这些方法都是不可取的。

怎样对人力成本进行管控？搭建一套什么样的体系？以下简单介绍人力成本管控五步法。

步骤一：定大数。

首先要确定人力成本的大数。人力成本跟研发费用一样，是企业重要并且占比很大的一项支出。企业在制定下一年度的人力成本规划时，先要把整个集团的人力成本总数定下来，这个总数要参考上一年度人力成本发生额，同时要结合当年的业绩目标，并参照市场的行情。

步骤二：确幅度。

定完大数接下来是确幅度，即确定下一个预算年度的调薪幅度。

步骤三：下分解。

确定好大数及调薪幅度后，接下来要把这个任务往下分解。分解不是搞平均主义，而是要根据部门的重要性及部门前一年的绩效得分来进行分配，这项分配工作由集团人力资源部门来负责完成。部门拿到集团分配的指标后，再一层层往下分解。

步骤四：上汇总。

往下分解指标的过程，就是一个从集中到民主的过程，各个部门分配完毕后，再一层层往上进行汇总。

步骤五：做调整。

人力成本的管控遵循双重管控的原则：部门负责人对分配给本部门的人力成

本负责；集团的人力资源的第一负责人对集团总人力成本负责。

集团分管人力资源的副总裁最终要对集团的总人力成本负责，这是一个很重要的管控点。我在这里着重强调下，因为这是一个容易被大家忽略的地方，人力成本关乎每一个员工、每一个部门，也关乎企业业绩目标的达成，没有一个好的成本控制体系，要完成企业的经营管理目标是不太现实的。

各个部门把人力成本上报到集团人力资源中心后，人力资源中心再对照集团整体的人力成本目标进行调整。

第三步：重落实。

最后的一步是抓落实。

5.3.5 产品价格管控及案例应用

除了研发费用与人力成本外，还有一项容易被忽略的事项，那就是对于产品价格的管控。产品的价格与成本无关，也与费用无关，好像不应该纳入预算控制之中。但是产品价格关系到产品的毛利润，也直接影响利润，因此，在预算控制时要把产品价格管理纳入进来。

由于集团型企业存在内部交易，所以在设定产品价格时还要考虑内部结算价。因此，在一个集团型企业里，一般会存在三个价格：产品成本价、内部结算价以及出厂价。

产品成本价是内部结算价和出厂价的基础。内部结算价和出厂价是在产品成本价的基础上加上一定的利润形成的。为了更好地说明这三者之间的关系，我再给大家举一个曾经在 H 集团公司发生过的例子。

案例小帮手：

H 集团公司在 2009 年实行事业部改制时，原先的后装营销中心改制为后装事业部，生产制造部门也独立出来，变为大制造事业部。后装事业部定义为利润中心，大制造事业部定义为成本中心，从两个关联的部门演变为两个独立核算的事业部。大制造事业部负责产品的生产制造，后装事业部负责产品的销售。由于后装事业部成了一个利润中心，它向大制造事业部购进的产品需要按一定的价格进行结算，而大制造事业部为成本中心，并不考核它的利润，因此在设计内部结算价时，我们并没有在成本价的基础上加上一定的利润，而是直接把成本价当成内部结算价。

在年底考核利润时,后装事业部提出质疑:制造事业部的财务人员计算的成本价不准确,后装事业部的利润被少算了。于是两个事业部开始围绕着成本价展开了无休止的争论。

这种场景在很多企业中经常上演,而且很多企业的成本也未必算得那么准。也正是基于这一点,后装事业部才提出质疑。如果成本给算回一块钱,就得到一块钱的利润;如果算不回来,也没关系,反正是对方算。

碰到这种情况怎么办呢?在吸取上一次教训的基础上,我们在年底对下一年度的预算准备工作中内部结算价的规则进行了如下调整:

- 内部结算价从原来的成本价调整为:成本价+制造事业部费用分摊
- 内部结算价由集团公司财管中心统一制定,双方进行确认。对内部结算价有疑义的,可向集团公司财管中心申请复核;申请复核的有效期为价格颁布后一个月内,超过一个月的复核申请无效
- 对于老产品,按上一年平均成本作为成本价计算基准;而对于新上市的产品,按上一月度的最新成本作为成本价计算基准

在这里说明一下为什么要加进去制造事业部的费用分摊。因为成本价只含材料、人工和制造费用,而制造事业部要维持部门的运转,还需要支付一定的管理费用,另外,集团部门的一些费用支出也会按照一定比例分摊给制造事业部,而这些费用并没有在成本中进行核算。

内部结算价确定了,而后装事业部要完成集团下达的利润目标,必须要以更高的价格卖给下家——经销商,这个价格就是出厂价。所以说出厂价是在内部结算价的基础上加上一定的利润,这个利润包含后装事业部的费用分摊+集团下达给后装事业部的利润目标分摊。

说清楚了这三个价格之间的关系,再来看看如何进行价格管控。价格管控有以下几个管控节点:销售经理、营销总经理、财务总监、总裁和董事长。每个节点都会给予相应的授权。销售经理权限最小,董事长权限最大。设置分级授权的目的就是既能对价格进行管控,同时又保持适当的灵活性,避免审批程序太多,丢失市场机会,特别是对于出口市场以及需要招投标的市场。

H集团公司从2011年开始加强了对子公司的价格管控。相关制度性文件如下。

价格管理制度

1. 目的

规范集团成员企业内部交易行为，准确核算各责任主体的经济效益，同时明确产品销售报价的审批权限和流程。

2. 内部结算价

（1）分、子公司相互出售货物或提供加工业务。

前装事业部和后装事业部（及销售系统）、海外事业部相互出售成品机，计算公式为：内部结算价格=材料定额成本+固定费用。

1）材料定额成本的确定。

材料定额成本=$\sum$（BOM 材料用量×上月平均采购价格），若上月没有采购的，取上上月的平均采购价格，依次类推，若产品中使用新材料则取当月的报价。

2）固定费用。

DVD 主机：105 元/台（包含通用机、专用机）；CD 机：30 元/台；收音机：20 元/台；轨迹倒车：6 元/台；数字电视：4 元/台；其他配件：按照实际成本作为内部结算价，不包含人工及制造费用。前装事业部和后装事业部相互提供加工业务的，固定费用按照前述基础加收 10%的费用核算。

3）产品交付的运输费用。

成品机交付后的发货运费由需方承担。

4）内部结算价更新周期。

鉴于现有的 ERP 系统未能直观体现 BOM 成本，内部结算价暂时按照季度为单位更新，新系统上线以后按照月度更新。

（2）委托加工方接收产品前进行成品检测，检测出不合格成品：由于原材料不合格造成的返工，由提供材料一方承担返工费用；由于制造过程不合格需要返工的，返工费用的核算按照实际返工工时，45 元/人·小时。

（3）售后材料按照实际成本作为内部结算价。

（4）前装事业部和后装事业部相互出售材料：前装事业部和后装事业部、海外事业部相互提供加工业务所用材料按采购流程操作，材料按同类市场价结算，如所用材料由需方提供，则由需方承担材料相应的运费。

1）前装事业部和后装事业部相互出售国内采购的材料，按最近一次的采购价格结算，运费由需方承担。

2）后装事业部国外采购的材料出售给前装事业部，按最近一次的采购价格和关税结算，运费由需方承担。

（5）分、子公司之间相互加工半成品，按以下方式结算：

半成品（加工费）结算价格=半成品贴片点数×市场价格（现有外发贴片价格）÷每点数+其他工序标准总工时×费用率

费用率=各工序发生总费用÷各工序总工时

（6）车厂、销售公司和渠道代理商开票问题。

1）前装事业部未纳入前装车厂供应商体系及与销售公司和渠道代理商的合同未完成转换之前，且产品由前装事业部发至以上客户的，按以下方式处理：

① 前装事业部系统发货单客户为后装事业部，并开销售发票给后装事业部，后装事业部审核后同时做入库和发货处理，发货单为实际客户，后装事业部按前装事业部发货数开票给客户。

② 前装事业部对后装事业部的开票价格与后装事业部对实际客户的开票价格一致。

2）产品由后装事业部发至上述客户，后装事业部开票并收款。

前装事业部纳入前装车厂供应商体系及完成销售公司和渠道代理商的合同转换之后，前装事业部发货并直接开票给上述客户，不再执行上述方式。

3. 销售出厂价（对集团外销售）的制定原则和方法

（1）出厂价制定原则：以市场为导向，以内部结算价为基础。

1）集团公司对子公司产品设置最低毛利率，出厂价在最低毛利要求之上的，各子公司负责人自主确定销售价格。

2）低于集团公司最低毛利要求，高于内部结算价的，销售价格须经集团公司总裁审批。

3）低于内部结算价的，出厂价须经集团公司董事长审批。

（2）各子公司对外销售最低毛利率的要求如表 5-13 所示。

表 5-13　各子公司对外销售最低毛利率的要求

公司	品　种	最低毛利率
后装事业部	C 专用机	37%
	C 通用机	10%
	K 专用机	18%

（续）

公司	品　种	最低毛利率
后装事业部	K 通用机	10%
	H 专用机	22%
	H 通用机	12%
	材料及配件	10%
海外事业部	专用机	25%
	通用机	8%
	配件及材料	10%
前装事业部	车厂 DVD	20%
	准前装专用机	15%
	准前装通用机	10%
	CD 机、收音机、MP5 等	10%
YK 车联网	根据业务推进情况由董事会确定价格	

注：以上最低毛利为扣除返利之后的毛利。

（3）内部结算价及出厂价审批流程。

内部结算价及出厂价审批流程如图 5-5 所示。

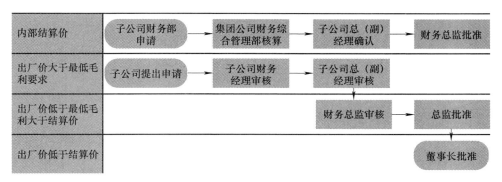

※内部结算价必须在 5 个工作日内确认，凡不按时确认的视同默认。

图 5-5　内部结算价及出厂价审批流程

4. 附则

本制度由财务管理中心制定，并根据集团公司发展的需要进行修订。本制度自 2011 年 3 月 1 日正式开始实施，以前相关报价制度同时废止。

5.4 预算外支出管控

预算外支出的管控其实就是预算外费用的管控。预算外支出科目设置的初衷是好的，但很多企业没有对预算外费用进行严格的管控，导致预算形同虚设，预算外支出这个科目反而变成了一个隐形的"坑"。

如何加强对预算外支出的管控，对很多企业管理者而言，的确是一个非常头疼的问题。特别是在企业推行预算的早期阶段，或者是一个业务非常不稳定的行业，预算外支出似乎不可避免，但过于柔性的预算控制会使预算这个工具失去应有的效力。

结合管理实践，对于预算外支出的管控，我们总结了如下处理方法：
（1）设置预算准确率 KPI 指标，加强对预算编制准确率的考核。
（2）预留一定的费用额度，分级授权。
（3）总量控制原则。

5.4.1 KPI 考核：预算编制准确率

对预算编制准确率进行考核，比较适合于在预算推行的早期阶段。由于缺乏对预算效力和预算严肃性的认知，有些部门的预算负责人在编制预算时重视程度不够，把它们当成集团摊派下来的任务，这样也会导致预算编制的准确率偏低。为了减少类似现象的发生，强调预算的纪律性，刚推出预算制度不久的企业，可设置预算编制准确率这样一个指标，加强考核。

5.4.2 预留额度，分级授权

要减少预算外费用的发生，除了在编制环节严格把关外，在预算的执行环节也要采取一些相应的措施，预留出一定的额度，分级授权。

案例小帮手：天才少年李一男的故事

李一男，1970 年出生，湖南人，15 岁考入华中理工大学少年班，研究生毕业后加入华为公司。在华为公司工作期间，他创造了奇迹般的晋升速度。入职两天时间他升任华为公司工程师，半个月内升任主任工程师，半年内升任中央研究部副总经理，两年后被提拔为华为公司总工程师兼中央研究部总裁，27岁坐上了华为公司副总裁宝座。

李一男火箭般的晋升速度，如果在一个预算体系比较健全的公司中该如何操作呢？每次升职对应的是职位的提升，职位的提升对应的是薪资等级的提升。在一般情况下，企业一年调薪一次，并且调薪的跨度是有严格限定的。但对于李一男这种天才型的人物，传统的调薪幅度是很难匹配他的能力的。如果按照企业传统的调薪速度，这个人才可能会被别人挖走，怎么办呢？

假如说年初给定这个部门的加薪额度是100万元的话，那么部门的负责人可以预留一定的额度。比如说预留的额度是加薪总额的20%，就有20万元的额度可以由这个部门的负责人来支配，他可以在这个额度内对一些特殊人才匹配特殊的政策，而不用经过一层一层的审批程序。这样既保证了预算的原则性，没超出企业给的预算总额度，又保证了实际操作中的灵活性，不需要走烦琐的预算外流程。

同时这个授权的额度又是有所限制的，不同的级别对应不同的授权。如果李一男的直接上司把所有的额度都给了李一男，可能还留不住这个人才，又不想让这个人才流失，唯一的办法是往更上一级报批，动用再上一级的权限和额度。

5.4.3 总量控制

企业制定了目标，预算按企业制定的目标配置资源。但资源是稀缺的，一个萝卜一个坑，你如果向企业申请预算外费用，势必会分走其他人的资源。管理的最大忌讳是会哭的孩子有奶吃，所谓人不患寡患不均。怎么办呢？进行总量控制。财管中心按照预算委员会制定的规则把资源分给了各个预算责任中心，分配给你的金额就是你部门的预算总额度，只要在不超过总额度的前提下，你就可以在科目和月份间进行调整，但为了维护预算的严肃性，所有的调整必须要走预算外流程。

5.4.4 案例应用：预算外支出管理规定

H集团公司对预算外支出管理做出了如下规定。

各中心、各部门，为了完善公司预算管理流程，增强预算管控的广度和深度，严格控制预算外支出，现做如下规定：

一、预算外支出范围

凡未列入年度预算范围的各项支出均属预算外支出。包括投资、费用、对外捐赠等支出。

二、管理原则

（1）下达的年度预算，一经批准，一般不予调整。

（2）当内外部环境发生变化且影响预算的执行时，应首先采取措施进行弥补，只有在无法弥补的情况下，才能提出增加预算外支出的申请。

（3）确需发生的预算外支出，经审批同意后要列为专项预算，从严控制开支范围和开支标准。

三、预算外支出发生条件

当有下列情况之一发生，且有明确证据表明预算目标和现实情形有重大差异，严重影响预算执行时，可按规定的程序申请预算外支出：

（1）公司追加生产任务；

（2）生产条件发生重大变化；

（3）市场形势发生重大变化，需要增加相应预算；

（4）发生不可抗力的事件。

四、审批权限

（1）不影响年度主要经营指标且预算金额在50万元以内的预算外支出，报总经理审批。

（2）不影响年度经营指标，但预算金额超过50万元的预算外支出项目，经总经理批准后，报事业部备案。

5.5　IT条件下的预算控制

预算控制是预算管理的核心环节之一，由于传统的预算控制中的信息孤岛、人为因素等原因，预算的控制不能做到事前控制和业务财务的统一，从而导致重编制、轻控制的结果，使得全面预算的作用大打折扣。

随着 IT 技术的发展和系统化的应用，IT 技术为预算的控制提供了工具，并加速了业、财的融合，减少了人为的因素对预算控制的干扰。

H 集团公司的预算数据、预算的审批流程主要是在 OA 系统中进行的，同时，OA 系统与 SAP 系统对接，将 OA 中的单据导入 SAP 中生成凭证和各成本中心的预算与实际数据的对比报表。预算控制的流程如图 5-6 所示。

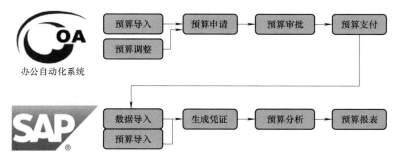

图 5-6　预算控制的流程

预算控制的流程与预算的类型、金额和发生的频次相关，设置的原则为既能有效控制，又避免环节过多，效率低下。

5.6　预算控制案例分析：以前装事业部为例

H 集团公司的成员企业的类型、规模和发展阶段均有所不同，前期采用集中的预算控制，即不论事业部、子公司的类型、规模和发展阶段，都采用以金额为标准的控制方法，从而使预算使用的审批环节比较冗长，效率低下。

比如，日常费用报销的审批流程如图 5-7 所示。

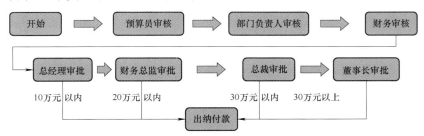

图 5-7　日常费用报销的审批流程

近三年以来，H集团公司前装事业部的业务量增长迅速，市场变化较大，一些业务终端时常反馈费用报销得不及时，给业务造成了一定影响，集团财务总监张×也时常接到投诉电话。为此，集团财务总监张×决定优化预算的审批流程，主要表现以下方面。

5.6.1 将事业部分类：差别授权

将集团事业部（子公司）分成三个类型，实行有差别的授权，如表5-14所示。

表5-14 不同类别企业审批流程

类别	判定依据	总经理权限额度	
		预算内	预算外
一类企业	占集团销售额的30%以上	50万元	30万元
二类企业	占集团销售额的15%~30%	40万元	20万元
三类企业	占集团销售额的15%以下	30万元	10万元

5.6.2 优化预算的审批流程

优化前的预算审批流程如表5-15所示。

表5-15 优化前的预算审批流程

类别	项目	金额/范围	事业部				集团		
			经办人	部门负责人	财务经理	总经理	财务总监	总裁	董事长
预算	年度预算		经办	审核	审核	审核	审核	审核	批准
	预算调整	审批类	经办	审核	审核	审核	审核	批准	
	预算外申请	（0,50]万元	经办	审核	审核	审核	审核	批准	
		50万元以上	经办	审核	审核	审核	审核	审核	批准
	月度资金预算		经办	审核	审核	审核	批准		
日常费用报销	一类企业	（0,50]万元	经办	审核	审核	批准			
		（50,100]万元	经办	审核	审核	审核	审核	批准	
		100万元以上	经办	审核	审核	审核	审核	审核	批准

5.6.3 时效控制

系统替代预算员对预算使用的控制，撤销预算员的控制节点，并将各环节设定了审批的时间。优化后的预算审批流程如表 5-16 所示。

表 5-16 优化后的预算审批流程

类型	项目	金额/范围	事业部				集团		
			经办人	部门负责人	财务经理	总经理	财务总监	总裁	董事长
日常费用	流程	（0,50]万元	经办	审核	审核	批准			
		（50,100]万元	经办	审核	审核	审核	审核	批准	
		100 万元以上	经办	审核	审核	审核	审核	审核	批准
	时效			2H	2H	3H	3H	3H	3H

事实证明，对预算控制环节的优化不仅改变了冗长的审批流程，而且加快了对日益变化市场的反应速度，提升了运作效率，同时也节省了各审批环节的成本，解放了领导的时间。

第 6 章
预算分析操作实务

第 6 章的思维导图如图 6-1 所示。

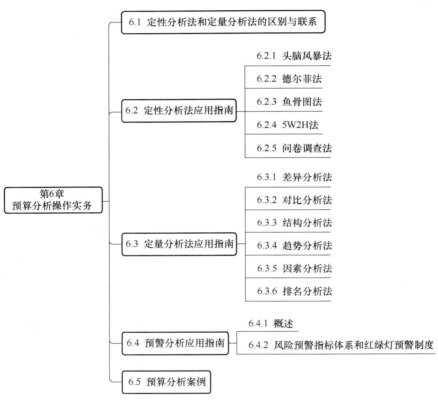

图 6-1　第 6 章的思维导图

6.1 定性分析法和定量分析法的区别与联系

预算分析是对企业的经营成果、财务状况以及经营指标的实际完成情况与预算情况进行对比分析,分析差异形成的原因,并提出改善的建议和方法。预算分析包括定性分析和定量分析。

定性分析法主要凭借分析者对现象的直觉和经验,通过对分析对象过去、现在的延续状况和变化情况,对分析对象的性质、特点、发展变化规律做出判断的一种方法。

定量分析法是依据统计数据,建立数学模型,并用数学模型计算出分析对象的各项指标及其数值的一种方法。

不同的分析方法有不同的特点与功能,但是都有一个共同之处,即它们一般都是通过比较对照来分析问题和说明问题的。正是通过对各种指标的比较或不同时期同一指标的对照才反映出数量的多少、质量的优劣、效率的高低、消耗的大小、发展速度的快慢等,才能为进行鉴别和判断提供有理有据的信息。定性分析法和定量分析法的区别与联系如表 6-1 所示。

表 6-1 定性分析法和定量分析法的区别与联系

类型	方法	联系	区别
定性分析法	用文字语言进行描述	(1)定性分析与定量分析是统一、相互补充和相辅相成的,定性是定量的依据,定量是定性的具体化。	主要对现象凭借直觉、经验以及过去和现在的延续状况、变化情况分析其性质、特点和发展变化规律
定量分析法	用数学语言进行描述	(2)定性分析是定量分析的基本前提;定量分析使定性分析更加科学、准确,它可以促使定性分析得出广泛而深入的结论	主要依据统计数据,建立数学模型,并用数学模型计算出分析对象的各项指标及其数值

6.2 定性分析法应用指南

定性分析的方法有很多种,以下介绍常用的几种,供大家在实际操作中参考。

6.2.1 头脑风暴法

头脑风暴法是由美国 BBDO 广告公司的奥斯本首创的。该方法主要由价值工程工作小组人员在正常、融洽和不受任何限制的气氛中以会议形式进行讨论、座谈，打破常规，积极思考，畅所欲言，充分发表看法。

头脑风暴法是一种常见的定性分析方法，在第 3 章中我们讲到制定管理目标的时候，也介绍过这种方法。这种方法的原理很简单，操作也很简便，但能否起到好的作用则在于组织者的准备和企业的文化氛围，尤其是后者。在自由化程度比较高、授权更加充分的企业中，这种方法的效果会好一些，更能发挥群体的智慧；反之，在集权化程度更高、一言堂的企业中，这种方法的效果就会大打折扣。头脑风暴法适合于解决那些比较简单、严格确定的问题，比如产品名称的确定、广告口号、销售方法、产品的多样化研究等，以及需要大量的构思、创意的行业，如广告业。

6.2.2 德尔菲法

德尔菲法也称专家调查法，是指一种采用通信方式分别将所需解决的问题单独发送到各个专家手中，征询意见，然后回收汇总全部专家的意见，并整理出综合意见，再将综合意见分别反馈给各专家，再次征询意见，各专家依据综合意见修改自己原有的意见，然后再汇总，这样多次反复，逐步取得比较一致的分析结果的方法。

例如，在医学上，对一些疑难杂症或一些不常见的手术，常常采取专家会诊的方式。这种专家会诊的方式跟管理学上的德尔菲法有异曲同工之妙。

案例小帮手：碧桂园的"至暗时刻"

2018 年，碧桂园集团猝不及防地迎来了"至暗时刻"。自 6 月 24 日爆出碧桂园上海奉贤区在建项目红墅林发生事故，致 1 死 9 伤后，碧桂园集团连续出现多起严重的质量事故，以 7 月 26 日安徽六安碧桂园城市之光工地围墙和板房倒塌最为严重，本次事故造成 6 人死亡，多人受伤。7 月 27 日晚，碧桂园宣布全国停工整改，所有项目整改完成并通过验收后，方可复工。受此影响，碧桂园集团 7 月、

8月两个月的销售业绩与预算存在较大的差异。在做差异分析时，很多人把未达成的原因归咎于集团的高周转策略，认为高周转策略导致工期被缩短，工期缩短导致了质量隐患，并最终酿成重大质量事故，从而导致销售预算未达成。但也有人认为，这些并不是由高周转策略引起的，最主要的原因还是管理的问题，对生产的各个环节缺乏严格的质量把控。那么到底是谁的观点更正确呢？要不要调整集团高周转政策？或是调低相应的指标？为了得到一个准确的答案，碧桂园集团决定就此问题征询专家的意见。从管理学上来讲，碧桂园集团采取的就是一个定性分析法——德尔菲法。

德尔菲法的好处就在于能够借助外部专家的力量，让决策更科学。比如，碧桂园集团高周转政策的指标是：一、二线城市奉行678，6个月开盘，7个月资金回正，8个月资金再周转；三、四、五线城市奉行456，4个月开盘，5个月资金回正，6个月资金再周转。678、456的指标制定得科不科学呢？他们是造成质量隐患的最大元凶吗？

如果仅从管理的角度来判断，经营者肯定希望资金周转率越高越好，特别是在银行业对房地产收紧贷款的时候，但是高周转又会带来质量的隐患。如何在高周转与质量之间找到一个平衡？什么样的指标是高周转的极限？一旦突破这个指标，质量就得不到有效保障？要回答这些问题，就不能仅仅从管理学的角度来考虑问题，还要从科学的角度、从专业的角度进行论证，而不能一味地拍脑袋做决策。专业问题应该交由专家们来做分析，帮助进行决策。

6.2.3 鱼骨图法

鱼骨图又名因果图、石川图，是指一种发现问题根本原因的分析方法。鱼骨图由日本管理大师石川馨先生所发明，故又名石川图。其特点是简洁实用，深入直观。它看上去有些像鱼骨，问题或缺陷标在鱼头外，在鱼骨上长出鱼刺，上面按出现机会的多寡列出产生问题的可能原因，有助于说明各个原因之间是如何相互影响的。

鱼骨图的制作分为两个步骤：分析问题原因、绘制鱼骨图。

1. 分析问题原因

（1）针对问题点，选择层别方法（如人、机、料、法和环等）；

（2）按头脑风暴法分别对各层别、类别找出所有可能原因；

（3）将找出的各要素进行归类、整理，明确其从属关系；

（4）分析选取重要因素；

（5）检查各要素的描述方法，确保语法简明，意思明确。

2. 鱼骨图的绘图过程

（1）填写鱼头，画出主骨；

（2）画出大骨，填写大要因；

（3）画出中骨、小骨，填写中小要因；

（4）用特殊符号标识重要因素。

要点说明：绘图时，应保证大骨与主骨呈60°夹角，中骨与主骨平行。

为了让大家更好地掌握鱼骨图分析法，以下列举一个实际工作中的例子。

案例小帮手：D102平台光头烧机芯质量事故

H集团公司在研发D102平台时，遇到这样一个问题——机芯烧光头，并且这种烧机芯现象多发生在产品安装半年后。由于H集团公司所有售出的产品质保期是一年，因此这种机芯烧光头的问题给H集团公司带来了上千万元的损失，这种损失集中反映在D102平台批量出货的六个月后的财报上。

在当月的预算经营分析会上，财管中心总监张×指出，导致本月度后装事业部经营指标未达成的主要原因是D102平台批量质量事故。由于批量质量事故的突然爆发，引起经销商对H集团公司产品质量的担心，大部分经销商处于观望状态，减少了从H集团公司的订货，从而影响到了本月后装事业部业绩的达成。

为了查清楚批量质量事故的原因，H集团公司采用了鱼骨图法进行定性分析。

1. 分析问题原因

- 针对问题点，选择层别方法。根据本质量事故的实际情况，选择从设计与研发、供应链采购、生产制造、售后安装和客户使用五个方面展开分析
- 经过头脑风暴，总结出可能引起质量事故的原因（含C、D、E）：软件有bug；硬件的尺寸设计不当；采购的材料质量不合格，包括没按要求的型号和标准采购、采购的材料存在质量缺陷；生产制造环节出现质量问题，包括A2工序出现质量问题、B2工序出现质量问题、C2工序出现质量问题；安装操作不当；客户使用不当

2. 绘制鱼骨图

H 集团公司质量问题鱼骨图如图 6-2 所示。

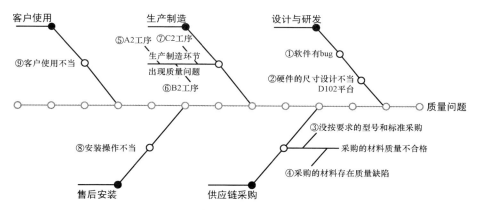

图 6-2　H 集团公司质量问题鱼骨图

用鱼骨图法找出了可能造成质量事故的 9 个方面的原因，然后再从这 9 个方面一一排查。

（1）软件有 bug 。软件工程师对平台软件进行排查后，未发现可以造成批量质量事故的瑕疵，另该款平台软件除了用在 D102 平台上以外，也应用在了 D103 平台上，D103 平台的产品未发现有机芯烧光头现象，也未出现批量质量事故。除了华中、华南、华北三个大区装载 D102 平台软件的 23 款机型以外，其他区域装载 D102 平台软件的其他机型未出现大面积质量事故。

经过以上核查，基本排除因软件 bug 导致批量质量事故。

（2）硬件尺寸设计不当。硬件工程师对硬件设计尺寸进行了排查，未发现大的瑕疵。

（3）没按照要求的型号和标准采购。采购部对重点材料包括机芯、排线等进行了核查，没有发现与要求的型号和标准不相符的采购材料。

（4）采购的材料存在质量缺陷。未发现采购的材料存在引起批量质量事故的重大缺陷。

（5）生产制造环节 A 工序出现质量问题。经排查，A 工序不存在引发批量质量事故的隐患。

（6）生产制造环节 B 工序出现质量问题。经排查，B 工序不存在引发批量质量事故的隐患。

（7）生产制造环节 C 工序出现质量问题。经排查，C 工序不存在引发批量质量事故的隐患。

（8）安装操作不当。客户服务中心对涉及 D102 平台 23 款机型的售后安装工程师进行了问询和调查，未发现安装操作不当。

但在销售这 23 款机型的区域市场中，唯有湖南常德市场未发生机芯烧光头现象。

工作组对湖南常德市场进行了重点走访，在跟湖南常德办事处客服主管白××沟通的过程中，发现一个重大的线索：他反映机芯支架跟 DVD 光头排线间隔太近，在使用过程中如果产生摩擦，容易造成光头排线破损，从而造成电线短路，这可能是出现机芯烧光头现象的主要原因。他在指导其他售后工程师安装机器时，在机芯支架跟 DVD 光头排线间放置了一个小皮垫，这个小皮垫会减缓两者之间摩擦的磨损度，所以在常德市场安装的机器还未出现批量质量事故，但随着时间的推移，这种质量的隐患可能会批量地爆发出来。

针对湖南常德办事处客服主管白××反映的问题，工作组迅速组织了专家进行分析论证，最后终于找到了本次批量质量事故的真正元凶：硬件尺寸设计不当。工业设计部工程师经过计算发现，机芯支架跟 DVD 光头排线间隔少了 1mm，正是这 1mm 的差异导致了本次批量质量事故的出现。

（9）客户使用不当。经与发生质量事故的客户沟通，未发现有客户使用不当的情况。

6.2.4 5W2H 法

5W2H 法是第二次世界大战中由美国陆军首创的，又称七何分析法。"5W2H"是指"Why——为什么？""What——是什么？""Where——何处？""When——何时？""Who——谁？""How——怎么做？""How much——做多少？"。

5W2H 法简单直观，在做预算分析时，比较容易找到症结所在，并且对症下药。承上例。

案例小帮手：

上文案例中的损失集中反映在 D102 平台批量出货的六个月后的财报上。

这次的预算分析，H 集团公司采取的是 5W2H 法。

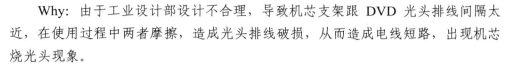

Why：由于工业设计部设计不合理，导致机芯支架跟 DVD 光头排线间隔太近，在使用过程中两者摩擦，造成光头排线破损，从而造成电线短路，出现机芯烧光头现象。

What：D102 平台机芯烧光头，出现批量质量事故。

Where：D102 平台产品覆盖的华中、华南、华北三个大区，涉及搭载 D102 平台的 23 款专车专用产品。

When：产品批量上市六个月后，2011 年 8 月 10 日在武汉市场发现第一单。

Who：工业设计部吴经理主导 D102 平台产品设计，是本次批量质量事故的主要责任人。客户服务中心湖南常德办事处客服主管白××是本次质量事故隐患的发现者，他向 H 集团公司提出了宝贵的建议，并通过自己出色的工作为 H 集团公司挽回了巨额的损失。

How：针对本次批量质量事故，H 集团公司迅速成立了工作小组，由李总裁任工作小组组长。在查明了质量事故的原因后，李总裁做出了如下指示：

- 在华中、华南、华北三个大区召回所有 D102 平台的产品
- 对于所有召回的产品由客户服务中心组织排查，存在质量隐患的集中予以销毁，不得再次流入市场
- 集团公司人力资源中心组织各部门认真学习本次批量质量事故引发的惨痛的教训，建立全员安全与风险防患意识，把好质量关
- 责成工业设计部重新修改设计方案，并对此次质量事故做深刻检讨与反思，防止此类事件的再次发生
- 给予工业设计部吴经理记大过处分一次，罚款 10 万元
- 给予客户服务中心湖南常德办事处客服主管白××集团表彰一次，奖励现金 2 万元，晋升为客户服务经理，分管湖南省区客户服务工作，加三级工资

How much：对上一步工作的具体指标进行量化。

6.2.5 问卷调查法

问卷调查法是目前国内外社会调查中广泛采用的一种方法。问卷是指为统计和调查所用的、以设问的方式表述问题的表格。问卷调查法就是研究者用这种控

制式的测量对所研究的问题进行度量,从而搜集到可靠资料的一种方法。大多采用邮寄、个别送达或集体分发等多种方式发送问卷,调查者按照表格所问来填写答案。问卷调查法的主要优点在于标准化和成本低。

关于 E 导航的市场调查问卷

为了更好地了解消费市场的需求,现邀请您参加我们该次调查,大概占用您 1~2 分钟时间来完成,请将您回答的答案打√,感谢您的合作,谢谢!!

联系方式:　　　　　　　　(手机/QQ)

1. 您的性别是

   A. 男　　　B. 女

2. 您的年龄是

   A. 20~30 岁　B. 30~40 岁　C. 40~50 岁　　D. 50~60 岁　E. 60 岁以上

3. 您的职业是

   A. 学生　　　B. 公司职员　C. 教育文化人员　D. 商业　　　E. 政府机关

   F. 待业

4. 您的收入为

   A. 1 000~2 000 元　　　B. 2 000~3 000 元　　　C. 3 000~4 000 元

   D. 4 000~5 000 元　　　E. 5 000 元以上

5. 请问您有私家车吗?

   A. 有　　　　　　　　B. 没有　　　　　　　C. 打算买

6. 在做此次调查之前您是否知道 GPS 汽车导航产品?

   A. 知道　　　　　　　B. 不知道

7. 您是否使用过汽车导航 GPS 相关产品?

   A. 有　　　　　　　　B. 没有

8. 下列汽车导航 GPS 的品牌中,您知道的有哪几个?

   A. 任我游　　B. 新科　　C. E 导航　　D. 神行者　　E. 万和　F. 其他

9. 您听说过"E 导航"汽车导航的系列产品吗?

   A. 听说过,正在使用　　B. 听说过,但不是很了解　C. 没听说过

10. 您是否考虑过为自己的爱车配置一台汽车导航?

    A. 有,已经买了　　　　B. 有,考虑中　　　　　C. 没有

11. 您是从哪些方式得知 GPS 汽车导航产品信息的？
    A. 网络　　　　B. 电视广告　C. 报纸　　　　D. 杂志　　　　E. 户外宣传
    F. 广播广告　　G. 亲朋好友　H. 其他

12. 如果您购买汽车导航 GPS 产品，首先考虑哪些因素？（最多可选三项）
    A. 品牌口碑　B. 易用性　　C. 价格　　　　D. 功能　　　　E. 地图
    F. 售后服务（地图升级）　G. 外观　　　H. 操作界面　I. 其他(请填写　　　)

13. 您所接受该类导航产品的价格范围是
    A. 1000 元以下　　B. 1000～1500 元　C. 1500～2000 元　D. 2000～3000 元
    E. 3000 元以上

14. 您会在哪里购买该类产品？
    A. 百货商店　　　B. 苏宁、国美　　C. 电脑城　　　　D. 网上商店
    E. 超市　　　　　F. 汽车专卖店　　G. 其他

15. 如果请您想象一下汽车导航系统 GPS 会带给您的感觉，您认为最合适的一个词是什么？
    A. 方便　　　　　B. 身份/品位　　C. 省心　　　　　D. 乐趣
    E. 科技　　　　　F. 开阔视野　　　G. 时尚　　　　　H. 其他

16. 您希望汽车导航 GPS 产品除了导航功能外还拥有哪些功能？
    A. 影音播放　　　B. 游戏　　　　　C. CMMB（移动数字多媒体广播）
    D. 电子狗　　　　F. 蓝牙　　　　　G. 旅游信息　　　H. 实时路况
    I. 倒车雷达　　　J. 其他（请填写　　　　　）

17. 当您购买汽车导航时，以下哪种方式会引起您的购买兴趣？
    A. 折扣　　　　　B. 附送小礼品　　C. 抽奖

感谢您的配合!!

案例小帮手：H 集团公司的"客户之声"

H 集团公司从 2010 年开始推行"客户之声"，"客户之声"由集团客户服务中心发起。H 集团公司生产的导航产品需要专门的技师人员进行安装，在安装后还要提供售后服务，因此，客户服务中心比较容易收集到消费者对产品的投诉和反馈。

在 H 集团公司发生的机芯烧光头批量质量事故的处理中，问卷调查法就起到了一定的作用。为了弄清楚问题的症结所在，H 集团公司组织客户服务中心和技

术部门的同事深入市场一线，倾听客户的声音，通过调查问卷、实地走访、视频拍摄等形式积累了大量的一手材料，这些材料中反映出来的问题经过分类汇总，交由各相关责任部门予以分析、回复、改善和落实。除此之外，在 H 集团公司的"质量安全月"活动中，这些材料被做成视频并组织全员进行观看。通过这次"客户之声"及围绕着"客户之声"开展的一系列活动，有效地排除了 H 集团公司各部门存在的质量和安全隐患、教育了全体员工，并找到了机芯烧光头事故的根本原因，为 H 集团公司挽回了声誉和巨额损失。

本次质量事故的原因之所以被发现，是通过问卷调查和实地走访，客户服务中心吕总监从一份调查问卷里发现"异常"，这份问卷是设在湖南省常德办事处的一位客服人员填写的，他负责的片区没有发生一例机芯烧光头事故。在问卷中他提到这款产品在设计上存在一定问题，机芯支架跟 DVD 光头排线离得太近，支架和排线产生摩擦，久而久之，容易导致排线破损，从而造成短路。因此他在安装的时候，在支架和排线之间加入了一个小皮垫，他负责安装的机器比没有加皮垫的机器更耐磨，但这也只是延缓了事故出现的时间。

了解到这一信息后，客户服务中心吕总监立即把这一情况反馈给了 H 集团公司技术中心，技术中心组织了工程师进行分析论证，最终找出了本次机芯烧光头事故的根本原因：工业设计部在做设计的时候，由于工作疏忽和缺乏严谨性，机芯支架跟 DVD 光头排线的间隔少算了 1mm，这 1mm 的差异是导致出现批量烧光头质量事故的罪魁祸首。

6.3 定量分析法应用指南

6.3.1 差异分析法

差异分析法是指计算各预算报表的数据与实际绩效之间的差异，分析引起差异的内外部原因，及时发现和解决预算执行过程中出现的问题和存在的风险，为预算控制提供目标、方向和重点的方法。

差异的原因可能是预算目标过高，也可能是经营环境发生了改变而致使原有的经营计划实施受阻和经营效率的降低等。

如果实际成果与预算标准的差异重大,企业经营层应当审慎调查,并判定其发生原因,以便采取适当的矫正措施。

在实务中,一般从利润出发,层层分解为销售收入差异、成本费用差异和期间费用差异及其他更明细的差异来进行分析。差异分析分解分别如表 6-2、图 6-3 所示。

表 6-2　差异分析分解　　　　　　　　　　　　　　　　单位:万元

序号	经营利润——预算	销售收入↑	销售毛利↑	营业税金↑	期间费用↓	经营利润——实际
1	500					
2		800				
3			200			
4				50		
5					−50	
6						700

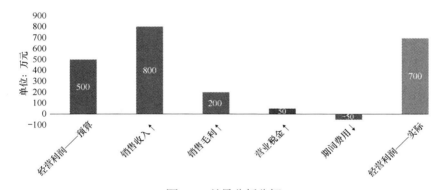

图 6-3　差异分析分解

6.3.2　对比分析法

对比分析法是指将某项指标与性质相同的指标项进行对比来揭示差异,分析报表中的项目与总体项目之间的关系及其变动情况,探讨产生差异的原因,判断企业预算的执行情况的方法。

差异主要是指与上期对比、与预算对比和与标杆对比。与上期对比可以评价分析项目的改善情况和变化趋势,与预算对比可以评价实际与目标的差距,与标杆对比可以评价运营效率和经营能力的差异。

在实务中,常常进行实际数与预算数的对比分析,本期实际数与上年同期实际数同比分析和本期实际数与上期实际数环比分析等。实际数与预算数差异对比如图 6-4 所示。

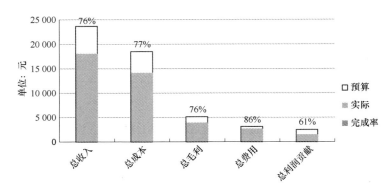

图 6-4　实际数与预算数差异对比

6.3.3　结构分析法

结构分析法是指通过某一子项占其总项的百分比的分析来揭示子项对总项的重要程度的方法。如期间费用中管理费用、财务费用、销售费用所占的比例，或办公费用、研发费用等占管理费用的比例。结构分析就是分析实际数结构与预算数结构之间的差异，分析结构变化对预算完成情况的不同影响。

结构分析法也常应用于对销售收入的分析，即通过对销售结构的分析来判断销售业务构成的各品类的结构及各品类的预算完成情况，从而找到各品类对销售收入的贡献程度和寻找未达成的原因。品类销售结构实际数与预算数对比如图 6-5 所示。

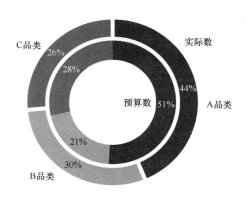

图 6-5　品类销售结构实际数与预算数对比

6.3.4 趋势分析法

趋势分析法是指根据企业连续几个时期的分析资料，确定分析期各有关项目的变动情况和趋势的方法。通过趋势分析可以显示企业关键预算指标的发展变化情况，为预测未来发展方向提供帮助。1 月-12 月销售变化趋势如图 6-6 所示。

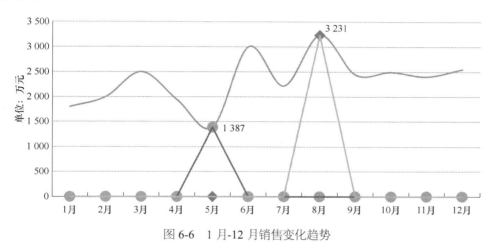

图 6-6　1 月-12 月销售变化趋势

6.3.5 因素分析法

因素分析法是指依据分析指标与其影响因素的关系，从数量上确定各因素对分析指标影响方向和影响程度的一种方法。因素分析法包括连环替代法、差额分析法和指标分解法等。

在此重点介绍连环替代法。

在连环替代法对比分析中，为细分差异，需要将指标构成分解为几项因素，并对几项因素进行逐一替换分析。连环替代法应用方法如下：

设 $R=A\times B\times C$

在测定各因素变动对指标 R 的影响程度时可按顺序进行：

基期：基期指标值 $R_0=A_0\times B_0\times C_0$　　　　　（1）

第一次替代：　　$A_1\times B_0\times C_0$　　　　　（2）

第二次替代： $A_1 \times B_1 \times C_0$ （3）

第三次替代：本期指标值 $R_1 = A_1 \times B_1 \times C_1$ （4）

（2）-（1）→A 变动对 R 的影响；

（3）-（2）→B 变动对 R 的影响；

（4）-（3）→C 变动对 R 的影响。

把各因素变动综合起来，总影响：$\triangle R = R_1 - R_0$。

销售毛利率影响因素连环替代法举例如下：通过表6-3、6-4、6-5，图6-7可以看出影响销售毛利率的各因素构成。

表6-3　2015年、2016年上半年销售成本

项目	2015年1月-6月	2016年1月-6月	变化	变化率
销量/台	480 000	520 000	40 000	8%
单位收入/元	1 850	1 728	-122	-7%
单位成本/元	1 450	1 400	-50	-3%
销售毛利/万元	19 200	17 056	-2 144	-11%

表6-4　连环替代步骤及影响结果

序号	步骤	影响结果
1	毛利①=480 000（1 850-1 450）=19 200（元）	
2	毛利②=520 000（1 850-1 450）=20 800（元）	销量因素影响金额=20 800-19 200=1 600（元）
3	毛利③=520 000（1 728-1 450）=14 456（元）	价格因素影响金额=14 456-2 0800=-6 344（元）
4	毛利④=520 000（1 728-1 400）=17 056（元）	成本因素影响金额=17 056-1 4456=2 600（元）

表6-5　影响因素所影响的金额及比重

序号	影响因素	影响额	比重
1	销售数量	1 600	75%
2	销售价格	-6 344	-296%
3	销售成本	2 600	121%
	合计	-2 144	100%

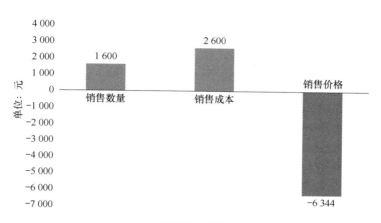

图 6-7 影响因素及所影响的金额

6.3.6 排名分析法

排名分析法是指针对企业内部功能相同或相似的责任单位,选择一些能够反映责任单位运营情况的核心指标(如人均销售收入、人均管理费用等)进行排名,再进一步分析差距的原因,促进排名落后的责任单位加强管理、改善业绩的方法。

排名分析法有时所起的示范和警示作用也很明显。例如,一个企业的业务招待费居高不下,并且所有的花费都有预算。该企业的预算负责人启用业务招待费事先审批流程,但收效甚微,因为对业务的把握不及业务执行部门且都有无可辩驳的理由。后来,该企业的预算负责人改为事后通报,将每一个部门的业务招待费进行排名并通报,一些领导看到这样的排名以后就主动将业务招待费用降下来了。排名分析如表 6-6 所示。

表 6-6 排名分析

部门	本月预算	本月实际	预算执行率	排名
总裁办	55	54	98%	1
销售中心	60	58	97%	2
技术中心	45	40	89%	4
财管中心	22	18	82%	5
人资中心	18	14	78%	6
企管中心	16	15	94%	3
合计	216	199	92%	

6.4 预警分析应用指南

6.4.1 概述

预警分析是指为衡量各预算责任单位运营的质量和风险情况，通过观测相关指标出现的异常变化来预测发生风险的可能性，从而使企业及时发现、预防和排除风险因素。预警分析是预警机制中的一个重要环节。

预警机制是分权模式下的必然选择。在分权模式下，子公司或事业部被给予更大的授权，这种授权一方面给予子公司或事业部更大的经营自主权，另一方面不加监管的授权又容易造成管理失控，因此集团在授予子公司或事业部充分的经营自主权的情况下，为保证其良性发展和做好风险控制，需要通过一个机制来约束经营者的经营管理行为。这个机制我们称之为预警机制。预警机制的建立一般包括以下四方面的内容：

（1）确定预警监测指标；

（2）确定风险预警模型；

（3）进行经营预警分析；

（4）实施经营风险控制。

预警分析是通过选定预警指标来实现的，它是由一系列预警指标构成的。

6.4.2 风险预警指标体系和红黄绿灯预警制度

1. 风险预警指标体系

风险预警指标体系是衡量企业经营风险的主要依据，在选定时要考虑这些指标的系统性、条理性和可用性，对不同的经营过程和管理形态的子公司应当采用有差别的指标体系。一般而言，风险预警指标体系应当包括经营指标、管理指标和专项指标，如图 6-8 所示。

图 6-8 风险预警指标体系

2. 红黄绿灯预警制度

企业通过建立全年指标预算预测模型，根据各单位经营指标、管理指标和专项指标的预算完成情况，确定各单位的月度和年度预警等级：预警等级分三级：一级标为红灯，表示该指标完成与预算目标有较大差距，形势非常严峻；二级标为黄灯，表示该指标完成与预算目标有一定差距，但在可控范围内；三级标为绿灯，表示该指标已完成或超额完成预算目标。以此来督促各单位特别是被红灯预警的单位，要对照"预警表"进行横向和纵向对比，查找分析原因，认真制定出改进措施，落实预算责任；对于被点名的单位要进行重点分析，编制预警反馈报告，并限期落实整改。

红黄绿灯标准的设定、管理措施和管理特点如表 6-7 所示。

表 6-7 风险预警指标体系指标设定

红黄绿灯标准的设定	$\lvert a \rvert < X\%$ —— 绿灯 $X\% < \lvert a \rvert < Y\%$ —— 黄灯 $Y\% < \lvert a \rvert$ —— 红灯 $a =$ 监控指标实际值高于（或低于）目标的幅度
管理措施	绿灯：指标正常。子公司呈报数据，集团知悉。 黄灯：指标在可控范围波动，但目标未达成。对子公司在经营管理上提出预警，子公司需重点关注经营管理指标中未达成项，并在子公司月度经营管理分析报告中呈现具体对策和措施。 红灯：指标异常。子公司经营管理存在较大风险，需集团公司进行管理上的干预和纠偏。若子公司存在多项指标亮红灯的，根据其在集团公司的业务定位确定其核心考评指标，该指标若亮红灯的，需上高管会做报告陈述。连续三次需上高管会的经营单位，要重新评价指标设置的合理性或重新评价团队的胜任力
管理特点	根据指标达成情况，决定集团管控力度，实现收放结合

3. 经营指标预警体系

经营指标预警体系是由预警指标、参数、预警标识和管理举措构成的。在理论上，经营风险预警模型主要有单变量模型、多变量模型和联合模型。在实际操作上，应当根据企业所处的发展阶段、管理特点来构建预警模型，主要从风险点的把控、易理解和可操作等需求来考量。经营预警体系如表 6-8 所示。

表 6-8　经营预警体系

指标类型	指标	预算	实际	完成率	参数	预警级别
经营指标	收入完成率	10 000	12 000	120%	100%	
	利润贡献完成率	850	720	85%	100%	
	费用控制率	2 000	3 000	150%	100%	
管理指标	客户转化率	5%	3%	60%	80%	
	活跃客户数	1 000	900	90%	90%	
	人均销售额	30	35	117%	100%	
专项指标	存货周转天数	50	55	110%	90%	
	应收账款周转天数	30	38	127%	90%	
	项目成果转化率	80%	60%	75%	80%	

6.5　预算分析案例

2016 年 7 月，H 集团公司召开了年中会议，总结了集团上半年经营情况和预算完成情况并对 2016 年下半年的经营策略进行了探讨，集团管理层经营班子都参加了会议。副总裁兼财务中心总监张×做了《上半年经营分析和下半年经营策略的探讨》的报告。

该报告分为三部分：

第一部分：上半年经营分析报告。

第二部分：下半年核心策略研讨。

第三部分：会议总结。

上半年经营分析报告包括了宏观经济分析、行业分析、上半年经营情况分析和小结。

在宏观经济方面，该报告分析了世界和主要客户所在国家的经济形势与我国的主要经济指标，如表 6-9、表 6-10 所示。

表 6-9 世界经济形势

序号	经济体	主要表现
1	美国	美国经济复苏进程受阻，GDP 增长 1.6%，比 2015 年下降 1.0 个百分点
2	欧元区	欧元区 GDP 增长 1.7%，比 2015 年下降 0.3 个百分点
3	日本	日本 GDP 增长率与 2014 年相同，保持在 0.5%的水平
4	新兴经济体	新兴市场和发展中经济体 GDP 增长率实现连续五年下跌以后的首次回升。新兴和发展中亚洲经济体依然保持了强劲的增长，其 GDP 在 2016 年增长 6.5%，与 2015 年相比只有 0.1 个百分点的轻微回落

表 6-10 我国主要经济指标

经济指标%	Q1	Q2	Q3E	Q4E
GDP	6.7	6.7	6.6	6.8
CPI	2.1	2.0	1.7	2.2
PPI	−3.2	−2.9	−0.8	2.5

在行业发展方面，该报告分析了 2012—2016 年中国汽车产量规模和变化趋势，如图 6-9 所示。

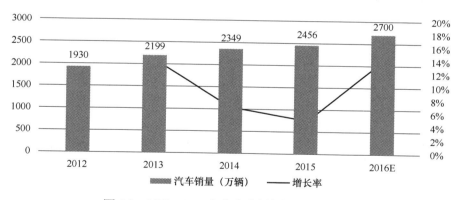

图 6-9 2012—2016 年汽车产量规模和变化趋势

一项调查显示，车主在导航设备的选择使用方面，排行前三位的是，手机导航（包括手机地图及手机导航软件）、车载导航以及便携式导航仪，分别占比 42.4%、30.6%与 11.2%。高德汽车事业部总裁韦东表示："传统车载导航惨遭抛弃的主要原因，是在于其联网能力的缺失，以及由此带来数据陈旧、更新不便捷等弊端。与此同时，近年来用户对联网、智能的需求日益增长，手机导航在此方面的表现远超传统离线的车载导航。"

H 集团各事业部经营方面,有喜有忧,各事业部的上半年预算完成情况和同比增长情况如表 6-11 所示。

表 6-11 各事业部上半年预算完成情况和同比增加情况

业务板块	预算指标	预算完成率	同比增长率
前装事业部	销售额	120%	140%
	利润贡献	110%	120%
后装事业部	销售额	60%	−30%
	利润贡献	50%	−40%
海外事业部	销售额	100%	115%
	利润贡献	105%	110%
YK 车联网事业部	销售额	120%	150%
	利润贡献	90%	110%

H 集团公司最大的后装事业部业绩下滑严重,无论销售额还是利润贡献完成率均在一半左右,由于其在整个集团中的业务比重占比突出,也影响到了 H 集团公司的整体经营业绩达成。

因此,在会议上,张华副总裁对其经营情况进行了详细的分析:

1. 后装事业部主要经营指标及完成情况

后装事业部主要经营指标及完成情况如表 6-12 所示。

表 6-12 后装事业部主要经营指标及完成情况

序号	项目	指标	预算	实际	比较差异
1	营运能力	应收账款周转天数	45	60	15
2		存货周转天数	35	60	25
3	盈利能力	销售毛利率	28%	25%	−3%
4		销售净利率	8%	2%	−6%
5	发展能力	销售收入增长率	8%	−35%	−43%
6	控制能力	销售收入完成率	100%	60%	−40%
7		利润贡献完成率	100%	50%	−50%

后装业务上半年经营管理指标预算完成情况如图 6-10、图 6-11 所示。

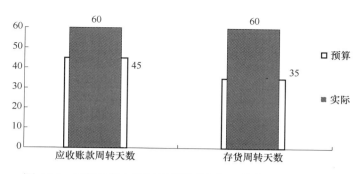

图 6-10 后装业务上半年经营管理指标预算完成情况（一）

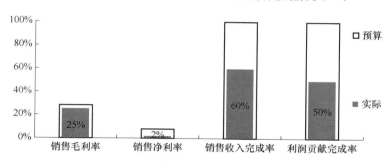

图 6-11 后装业务上半年经营管理指标预算完成情况（二）

上述指标中，对经营情况起决定作用的是销售指标，主要体现在销售收入增长率和销售收入完成率上。

2. 后装事业部销售构成总体分析

后装业务销售结构如表 6-13 所示。

表 6-13 后装业务销售结构

项目	销售量		销售额/万元		均价/元	
	预算数	实际数	预算数	实际数	预算数	实际数
A 品类	60 000	39 000	14 000	8 400	2 333	2 154
B 品类	170 000	110 500	25 500	15 300	1 500	1 385
C 品类	120 000	78 000	24 000	14 400	2 000	1 846
D 品类	92 000	59 800	19 000	11 400	2 065	1 906
合计	442 000	287 300	82 500	49 500	1 867	1 723

上述销售指标中，各品类的销售量、销售额和均价均未完成目标。

后装业务销售结构如图 6-12 所示。

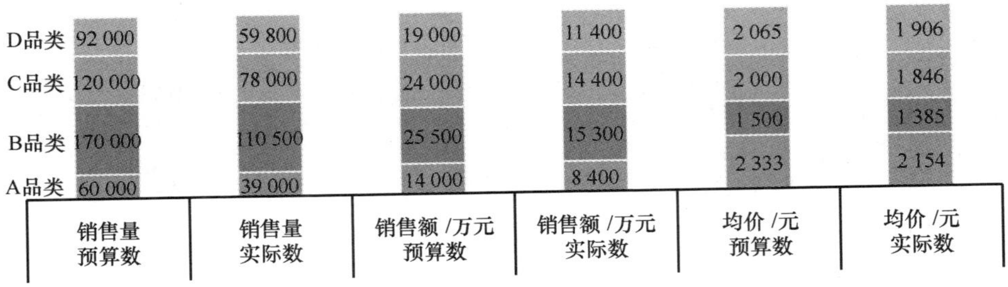

	销售量预算数	销售量实际数	销售额/万元预算数	销售额/万元实际数	均价/元预算数	均价/元实际数
D品类	92 000	59 800	19 000	11 400	2 065	1 906
C品类	120 000	78 000	24 000	14 400	2 000	1 846
B品类	170 000	110 500	25 500	15 300	1 500	1 385
A品类	60 000	39 000	14 000	8 400	2 333	2 154

图 6-12　后装业务销售结构

3. 后装事业部销售同比情况分析

后装事业部销售同比情况分析如表 6-14 所示。

表 6-14　后装事业部销售同比情况分析

项目	计量单位	2016 年上半年	2015 年上半年	增加	增幅
销售量	套	287 300	367 744	−80 444	−22%
单位收入	元	1 723	1 980	−257	−13%
单位成本	元	1 290	1 250	40	3%
销售毛利	万元	12 438	26 845	−14 407	−54%

4. 后装事业部影响销售毛利各要素分析

后装事业部影响销售毛利各要素分析如表 6-15 所示。

表 6-15　后装事业部影响销售毛利各要素分析

序号	分析指标	数据/万元	数据来源
1	销售毛利（1）	26 845	上年销量×（上年单位销售收入净额−上年单位销售成本）
2	销售毛利（2）	20 973	本年销量×（上年单位销售收入净额−上年单位销售成本）
3	销售量因素影响	−5 872	销售毛利（2）−销售毛利（1）
4	销售毛利（3）	13 587.5	本年销量×（本年单位销售收入净额−去年单位销售成本）
5	销售价格因素影响	−7 385	销售毛利（3）−销售毛利（2）
6	销售毛利（4）	12 438	本年销量×（本年单位销售收入净额−本年单位销售成本）
7	销售成本因素影响	−1 149	销售毛利（4）−销售毛利（3）

5. 后装事业部影响毛利的要素及比重

后装事业部影响毛利的要素及比重如表 6-16 和图 6-13 所示。

表 6-16 后装事业部影响毛利的要素及比重

序号	影响要素	影响额/万元	占总变动额的比重
1	销售量	−5 872	41%
2	销售价格	−7 385	51%
3	销售成本	−1 149	8%
4	合计	−14 407	100%

6. 其他分析

下半年核心策略研讨包括对经营目标、经营策略的复盘和下半年经营目标和经营策略的建议，下半年预算方案和预算调整的建议。

在经营目标方面，该报告认为，除后装事业部外，其他事业部的外部环境没有发生较大变化，经营目标按照预算分解完成，因此，前装事业部、海外事业部和车联网事业部按照原有战略规划和经营目标执行。

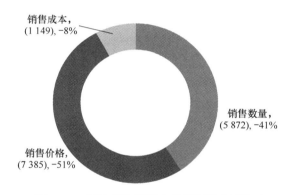

图 6-13 后装事业部影响毛利的要素及比重

后装事业部所处的行业环境的急剧变化对经营目标和经营策略产生了较大影响，后装事业部急需进行业务调整，从市场方面分析未来的需求方向，重新规划技术路线和产品路线。在运营方面，在市场信号不明确的情况下，减少研发项目的投入，不增加新的机构和人员，不增加固定资产的投入；在战略上，从战略进攻转为战略防守，重新进行战略规划，梳理内外部环境，调整组织架构，重新配置资源。

基于上述情况，该报告建议对后装事业部的下半年预算进行调整，并将预算调整方案提交给预算委员会审议。

第 7 章
预算调整操作实务

第 7 章的思维导图如图 7-1 所示。

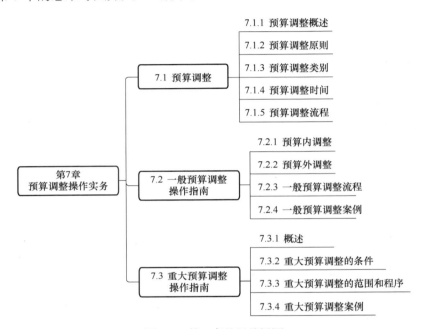

图 7-1　第 7 章的思维导图

7.1 预算调整

7.1.1 预算调整概述

经常听见有人说,"公司目前的经营管理水平还很低,预算肯定做不准""公司的预算根本不准,公司推行预算是瞎折腾"。这些言论反映了很大一部分人对预算的认知,认为预算是编不准的,因此编制预算没有多大意义。显然这种认知是错误的。但不可否认的是,由于外部环境时时刻刻发生变化,内部也受到人员离职、人员能力差、研发进度滞后等因素的影响,总有一些问题是在之前预算编制的过程中没有预见到的,这些问题和变化也严重影响预算的执行效果。

因此,在特定的情况下,我们需要对预算进行调整。对预算的调整要遵循"刚性不僵化,灵活不失控"的预算文化和精神。

7.1.2 预算调整原则

预算的调整分为两种:一般预算调整和重大预算调整。不管是一般预算调整还是重大预算调整,都应当遵循一定的原则。它主要体现在以下三个方面:

1. 不随意调整的原则

年度预算一经董事会批准,就应当保持刚性约束力,没达到预算调整的必要条件时一律不能调整。这是首要的原则,也是建立预算文化氛围的条件。

2. 内部挖潜的原则

当不利于预算执行的重大因素出现时,应首先通过内部挖潜或采取其他补救措施进行弥补,只有达到进行预算调整的必要条件时,才能进行预算调整。

3. 积极调整的原则

在预算执行过程中，如果预算发生重大偏差或当内部、外部条件发生重大变化，触发重大预算调整条件时，应当主动地进行预算调整，以保证预算方案符合客观实际的经营情况，并确保企业利益最大化。

7.1.3 预算调整类别

预算调整是指由于市场环境、经营条件、财务状况和政策法规等发生变化，致使预算的编制基础不成立，或者将导致预算执行的结果产生偏差，从而对预算进行调整。

按调整的程度不同，预算调整分为一般预算调整（又称小调整）和重大预算调整（又称大调整）。一般地，一般预算调整包括预算执行过程中的预算内调整和小幅度的预算外调整，通常通过滚动预算的方式进行，属于企业内部资源配置的调整。重大预算调整指影响到预算目标的调整，由于预算目标的调整会影响到企业的经营目标和战略规划的达成，因此对于这种调整应规定严格的限制条件。

7.1.4 预算调整时间

1. 定期调整

大调整一般一年一次，通常安排在年中或下半年。在半年度的经营分析会议上，预算委员会向董事会做出进行预算调整的分析报告，董事会做出是否进行调整的决定。小调整通常指一个季度进行一次滚动调整，小调整不改变预算目标，可授权各预算单位根据自身的情况进行调整，由集团公司预算管理部门审核和备案。

2. 不定期调整

不定期调整可能是小调整，也可能是大调整。小调整指由于在预算不完全的情况下，新业务、新项目需要新增预算或者由于项目发生时间提前或滞后而进行的跨期预算调整。大调整指内部、外部条件发生不可预期的变化对企业的经营状况产生重大的影响而需要马上做出的预算调整，而且在预算目标上要做出调整，在调整时间上也不能等到半年度中期调整的时间安排。

7.1.5 预算调整流程

根据预算调整的触发模式不同，预算调整的流程可分为自上而下的预算调整和自下而上的预算调整。

1. 自上而下的预算调整

（1）集团预算管理委员会提出预算调整意见，并且获得董事会批准。
（2）各分、子公司，各责任中心对本单位的预算执行情况进行分析，并说明调整的业务内容、幅度和期间。
（3）集团预算管理委员会审核各责任中心的预算调整申请，董事会批准预算调整申请。
（4）集团预算管理委员会下达预算调整方案。
（5）各责任中心重新编制预算。

2. 自下而上的预算调整模式

（1）各分、子公司，各责任中心对本单位的预算执行情况进行分析，并说明调整的业务内容、幅度和期间。
（2）各分、子公司，各责任中心负责人审批。
（3）集团预算管理委员会审核各责任中心的预算调整申请，董事会批准预算调整申请。
（4）集团预算管理委员会下达预算调整方案。
（5）各责任中心重新编制预算。

7.2 一般预算调整操作指南

7.2.1 预算内调整

预算内调整属于企业内部资源配置的调整，一般涉及预算期间和预算科目的调整。预算期间的调整是将预算项目从后续的预算期间调整到当前的预算期间。预算科目的调整是将其他科目的预算调整至当前科目。

预算内调整不会改变预算目标，只是预算控制手段的调整。

7.2.2 预算外调整

预算外调整是在遇到一些在编制预算时没有考虑到或考虑不充分的业务或事项而带来支出或收益时，企业有必要对预算进行调整或修改，也可以认为是预算外收支。

企业在营运过程中，出现以下情形视为预算外：
（1）年度预算中没有列入的业务或事项。
（2）年度预算中虽已列入，但列入的预算额度不足的业务或事项。
（3）经两个或两个以上的预算项目的调剂尚不足以达到额度的业务或事项。

在预算编制过程中，企业一般会在确定预算目标时提留出一定的额度和空间来应对因上述情形而需要的支出，被称作预算准备金。

实行预算准备金制度，是对预算外情形的有效应对，保持了年度预算的刚性约束，同时又规避了预算的频繁调整带来工作量和审批程序上的增加，体现了预算的柔性。

7.2.3 一般预算调整流程

预算局部调整不改变预算目标，因此，其调整流程以简单可控为宜。预算内调整应当获得预算管理部门审批，而预算外调整由总裁审批即可。一般预算调整审批流程如图 7-2 所示。

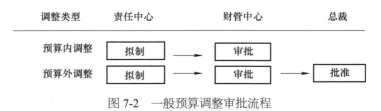

图 7-2　一般预算调整审批流程

7.2.4　一般预算调整案例

[背景]2015 年 5 月，前装事业部营销中心拟参加武汉点金展会活动。根据与展会组织方的协议，展会租赁费为 10 万元。按照策划部的活动方案，本次展会费用的专项预算如表 7-1 所示。

表 7-1　专项预算

序号	费用项目	预计金额	支付期间
1	展会租赁费	100 000	2015 年 5 月 10 日
2	广告制作费	50 000	2015 年 5 月 20 日
3	差旅费	30 000	2015 年 5 月 30 日
4	招待费	20 000	2015 年 5 月 30 日
5	临时工作人员费用	20 000	2015 年 5 月 30 日
6	合计	220 000	

在营销中心的年度预算中，本次展会的预算列入 6 月份，预算金额为 20 万元。营销中心在制定预算时没有预计到展会租赁费及广告制作费用要提前至 5 月份支付，同时，总支付金额超出预算 2 万元。

策划部将活动申请和预算提交给营销中心总监，营销中心总监认为本次展会对公司形象、品牌和产品有较好的展示与示范效果，建议公司参加；事业部总经理建议超出预算部分由预算准备金支出；集团总裁同意了事业部总经理的意见。

营销中心预算专员在 OA 系统填写预算调整申请单，将 6 月份的预算项目中展会租赁费及广告制作费调至 5 月份，经财务部预算主管、事业部总经理审批后生效。

营销中心预算专员在 OA 系统填写预算外调整单，从集团预算准备金中调整 2 万元到 5 月份预算中，经财务部预算主管、事业部总经理、集团预算管理部和集团总裁审批后生效。预算调整申请和预算外调申请如表 7-2、表 7-3 所示。

表 7-2 预算调整申请

基本信息	事业部	前装事业部	申请人	刘×	日期	2015年5月8日		
调整项目	部门	预算费用科目	预算所属期间	调整金额	预算调至期间	调整金额	调整原因	
	营销中心	广告宣传费	6月	−200 000元	5月	200 000元	武汉点金展会活动费从6月份调整至5月份	
审批流程	部门负责人、系统财务部审核：							
	事业部/中心负责人、子公司总经理审批：							
备注：调整金额栏负数为调减金额，正数为调增金额								

表 7-3 预算外调整申请

基本信息	事业部	前装事业部	申请人	刘×	日期	2015年5月8日
调整项目	部门	预算费用科目	新增预算所属期间	增加金额	预算外调整原因	
	营销中心	广告宣传费	5月	20 000元	增加武汉点金展会专项预算	
审批流程	部门负责人、系统财务部审核：					
	事业部、子公司总经理审批：					
	集团财务总监审批：					
	总裁批准：					

7.3 重大预算调整操作指南

7.3.1 概述

重大预算调整不是预算管理中的必须流程，只有当企业内部、外部条件发生显著变化，且影响到预算目标的实现时，才能对预算进行全面调整。因此，重大预算调整实质是对预算目标的调整。

7.3.2 重大预算调整的条件

由于重大预算调整涉及年度预算目标的调整，因此每个企业在制定年度预算目标时就应当非常明确地规定重大预算调整的触发条件，以保证预算的刚性。

H集团公司在制定2016年的预算目标时规定，当且仅当以下情况出现时，才可申请重大预算调整：

（1）外部经营环境（产业形势、竞争环境和市场状况）发生了重大变化，对经营目标发生了实质性影响而需要调整的。

（2）国家相关政策（投资政策、行业政策和税收政策）发生了重大变化，集团公司经营策略发生了变化，从而影响经营目标而需要调整的。

（3）集团公司出于整体战略发展的需要，对子公司之间的业务范围进行整合后需要调整的。

（4）集团公司预算委员会认为需要调整的。

除以上四点外，其他任何事项及其变化只能申请进行一般预算调整。

7.3.3 重大预算调整的范围和程序

按预算调整的影响范围和程度，一般地，当外部环境和内部条件或能力等客观因素导致集团公司全局性重大变化时（对集团公司整体业务产生重大影响），适合自上而下的预算调整流程，如图 7-3 所示。当外部环境和内部条件或能力等客

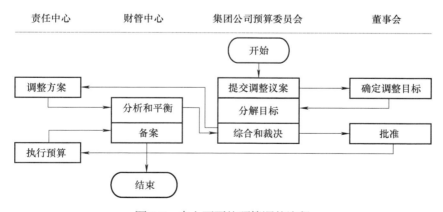

图 7-3　自上而下的预算调整流程

观因素导致集团公司局部性重大变化时（对集团公司部分业务产生重大影响），适合自下而上的预算调整流程，如图7-4所示。

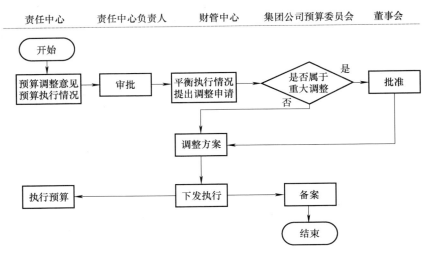

图7-4　自下而上的预算调整流程

7.3.4　重大预算调整案例

【背景】2015年6月12日，H集团公司召开了董事会会议。在会议上，企业管理中心对集团公司2015年上半年以来的内部、外部环境进行了分析和对战略、经营计划实施情况进行了复盘，财管中心对集团公司2015年上半年以来的经营情况进行了分析（详见第6章预算分析操作实务）。

战略委员会执行主任、企管中心总监王×在会议上进行了总结，即集团公司业务所处的行业将发生深刻的变化：

（1）行业真正进入微利时代，毛利率大幅跳水。行业将会划分出两大阵营，第一阵营将会集中3~5个品牌，占据70%以上的份额，大部分企业、品牌将面临转产、被并购或退出市场。

（2）前装市场、海外市场的销售量将持续增长，预计增幅在10%~15%；后装市场的销量将进入下降通道，预计4S店主机拦截率及集采率会大幅提高。

（3）后装市场的渠道迅速地往下走，以后会有更多的主机厂将渠道往三、四线城市渗透，三、四线城市将成为低端品牌竞争的激烈的战场。

预算委员会执行主任、财管中心总监张×在会议上对集团公司各业务板块的预算执行情况进行了通报，如表 7-4 所示。

表 7-4 预算执行情况

业务板块	预算指标	预算完成率	同比增长率
前装事业部	销售额	120%	140%
	净利润	110%	120%
后装事业部	销售额	50%	−40%
	净利润	40%	−50%
海外事业部	销售额	100%	115%
	净利润	105%	110%
车联网事业部	销售额	120%	150%
	净利润	90%	110%

在深刻分析各业务板块的经营情况之后，张总监认为，前装事业部、海外事业部和车联网事业部的财务状况与经营成果在年度预算的控制范围之内，后装事业部的财务状况、经营情况已经超出了年度预算的可控范围，后装往前走的速度已经严重超出预期。由于外部环境的重大变化，后装事业部现有的预算已经不符合当前的经营现状。

基于上述情况，经预算委员会讨论，决定向董事会提请，对后装事业部的预算进行全面调整，并确定采用自下而上的重大预算调整程序。

董事会一致同意并批准了预算委员会提请的对后装事业部的预算进行重大预算调整的方案，后装事业部调整下来的预算目标由前装事业部和海外事业部进行补足。

在这个案例中，对于后装事业部而言，由于市场环境发生了重大变化，必须要对预算目标进行调整，这个调整属于重大预算调整。但对于整个集团公司而言，市场的变化不足以做出全局的调整，后装业务萎缩，后装往前走，说明前装的业务要好过预期，因此，董事会才做出了后装事业部未完成的任务由前装事业部和海外事业部来补充的决定。这样对于整个集团公司而言，这个预算调整只能算是一般预算调整。

那么什么时候才会触发整个集团公司的重大预算调整呢？我在 H 集团公司工作的七年中，都没有触发过整个集团公司的重大预算调整，因为预算目标是很刚性的，不到万不得已，不要去调整它。

重大预算调整就像潘多拉的盒子，一旦打开，就一发不可收拾。之前我在美的集团工作的时候，美的集团最大的事业部——空调事业部，经常会面临两种极端的情况：一种是凉夏；另一种是热夏。由于天气的因素在制定预算目标时无法准确预见，因此，在预算执行时也会碰到两种情况：热夏时，空调畅销，预算目标相对比较容易达成；凉夏时，由于经常下雨，气温比较凉爽，空调相对而言比较难卖一些。那么是不是碰到热夏就要调高预算目标，碰到凉夏就要调低预算目标呢？不是的，因为很多资源在年初制定预算目标的时候就已经匹配好，不是想要调整就能调整的。怎么办呢？热夏的时候有超额奖激励措施，防止管理团队提前完成目标后的"停滞"行为；而凉夏的时候就考验管理者的智慧。美的集团有一句话，每个老美的人都耳熟能详，就是"不修改目标，只修改手段"，表达的就是这个意思。

案例小帮手：董明珠的"淡季返利"

早期家用空调产品的销售有明显的淡旺季之分，每年3月—8月是空调销售的旺季，9月—次年2月是空调销售的淡季。由于销售淡旺季十分明显，加上空调行业属于资金密集型产业，空调企业每年都要经历两大压力：一是淡季生产资金压力（淡季生产与储货需要大量的资金）；二是旺季供货压力（如果淡季资金不足，无法大量储备货源，到了旺季市场需求转旺时，企业的生产能力就会满足不了市场的需求）。

为了有效地解决这两种压力，1995年格力空调首创了一种名叫"淡季返利"的销售政策。"淡季返利"政策的中心内容是：销售淡季的打款会享受到提货价格上的折扣，经销商在销售淡季向格力打款，不但可以拿到有竞争力的价格，而且淡季打款旺季提货也享受淡季优惠价。同时，在淡季的6个月中，不同月份的定价又有所不同，9月份的价格为最低，然后每半个月上调一次，每次上调约一个百分点，直至3月1日实行旺季价格。

"淡季返利"政策的推出收到了一石四鸟的效果：一是解决了淡季生产资金短缺的问题。格力空调推行"淡季返利"的第一年，9月—次年2月的回款比上年增长3.4倍，达11亿元，第二年又增长到15亿元。为此有人认为，格力空调在1995年能从上一年度的行业排名第八一跃成为行业第二，并在1996年再次一跃为行业第一，"淡季返利"政策立下了汗马功劳。二是缓解了旺季供货的压力。三是调动了大批的经销商积极推销格力空调的热情。四是一举确立了格力在市场上

第 7 章 预算调整操作实务

的竞争优势。

格力空调推行"淡季返利"政策的成功充分说明了：在预算刚性的要求下，营销人员或管理人员可以通过创新性的思维和方法，去完成企业既定的目标。例外事项层出不穷，市场状况千变万化，完不成目标，可以找到一千个借口。每一个管理者或预算的执行者，都应该为完成企业下达的预算目标而殚精竭虑。"不修改目标，只修改手段"应该作为每个推行预算的企业深入所有员工的普通理念和共同的口号。

案例小帮手：阿里巴巴和腾讯的红包之争

说起阿里巴巴和腾讯的红包之争，相信很多经历这场事件的人至今还记忆犹新，这场堪称中国互联网两大巨头"火星撞地球"般的世纪之争最终以腾讯的大胜而结束。很多人知道这个结果，但不知道这其中的过程一样令人惊心动魄。

我们一起来还原一下。

微信是这个时代最伟大的产品之一，现在不仅全球华人在使用这个产品，很多外国人也为之着迷。但微信的伟大不是一天造就的，它自被微信之父"张小龙"发明出来，经过了无数次的迭代。

微信 1.0 版本，只是一个在熟人之间可以免费发文本信息和图片的工具。

微信 2.0 版本，增加了微信的语音功能和"查找附近陌生人"的功能。

微信 3.0 版本，推出了"扫一扫""服务号"，从这个版本开始，微信真正做到了"连接世界"。

微信 4.0 版本，又推出"朋友圈"，微信开始从通信工具进化到了社交平台。

微信 5.0 版本，开始绑定银行卡，有了支付功能。火烧到了马云的地盘，开始了和支付宝的正面竞争。

微信 6.0 版本，竞争白热化，战场一路延伸到了央视。

微信在这个时候研发出来微信红包。微信红包是由微信的支付团队研发出来的，这支团队脱胎于微信的财付通团队。在此之前，支付宝一直都是压在财付通头顶的一座大山，不可逾越。

战局从 2015 年春晚发生逆转。

2015 年，微信和春晚合作。数以亿计的观众在收看春晚的间隙，拿出手机，开启微信摇一摇，就可以抢红包，红包有大有小，但是谁在意呢？春节嘛，抢个红包图个喜庆。就这么一个简单的操作，微信红包新增一亿用户，也就意味着，至少一亿张银行卡被微信绑定，你抢了红包，得用银行卡存起来啊。不仅如此，派红包的钱还不是腾讯出的，几亿人抢红包，这是多大的广告流量啊，精明的腾讯人想到了，一大批的金主重金抢占微信红包的广告位。腾讯公司以较少的预算支出取得了很大的成果。

而反观阿里巴巴呢？它也推出了支付宝红包。2016年春晚，支付宝花了2.69亿元去参与红包大战，与微信简单直接地抢红包不同，支付宝推出一个概念，叫"集齐五福，分两亿现金"。很多人都集齐了四福，就差最后一张敬业福，集齐五福的只有79万人，而支付宝的总用户有多少呢？四亿。四亿人中只有79万人抢到了红包，占比为0.2%，99.8%的人都与这两亿元现金无缘，也就意味着高达99.8%的支付宝用户对这次红包营销不满意，不仅没抢到红包的人不满意，抢到红包的人中也有很多人不满意，他们抢到了红包，但金额太少，只有几块钱，而为了这几块钱，集五福时手机屏幕都快被戳烂，高期望得到一个低回报，很多支付宝的铁杆粉丝一气之下卸载了支付宝。因此，支付宝的这次红包大战，被很多网友戏称为"出了演太子的钱，却领了个陪太子读书的角色"。

经此一役，微信支付后来居上，一举打破十多年支付宝在移动支付上的统治地位，和支付宝共分天下。

腾讯和阿里巴巴的红包大战也告诉我们这样一个事实：在移动互联时代，拼的往往不是钱，而是创意。腾讯用了比阿里巴巴少得多的钱，却收到了比阿里巴巴更好的效果，因此，优秀的管理者或预算的执行者不要总是把预算不够挂在嘴边，因为资源总是有限的，像以往秦池酒业靠砸钱做央视的标王从而提升销售业绩的机会越来越少了。渠道在碎片化，传播在碎片化，人们的时间也在被碎片化。这种碎片化削弱了传统管理手段的效能，但同时也给了创新管理的机会。比如杜蕾斯的海报营销，每次蹭热点都蹭得拍案叫绝，是经典的以较少的预算支出获取极大的预算回报的成功案例。因此，优秀的管理者或预算执行者更应该打破传统的思维，好好想一想，如何利用企业提供的有限的资源，在环境发生变化的时候，能够随机应变，果断调整，最终达成企业下达的预算目标。

第 8 章
预算考核操作实务

第 8 章的思维导图如图 8-1 所示。

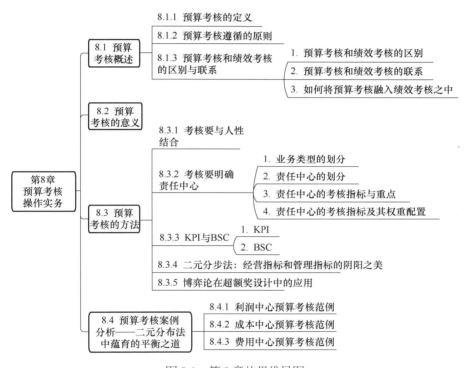

图 8-1　第 8 章的思维导图

预算考核是全面预算的最后一个环节，也是至关重要的一个环节。没有预算考核做支撑的全面预算好比一座空中楼阁，看起来很美，但是落不了地。同时预算考核又不能游离于企业整体的考核体系之外，它是绩效考核的一个重要的组成部分。

8.1 预算考核概述

8.1.1 预算考核的定义

预算考核是指企业对各级预算责任单位或责任中心执行结果进行的考核与评价。它是通过预算管理体系对执行者实行的一种有效的激励和约束形式。

预算考核包含两个层面的考核：一个是对态度的考核；另一个是对能力的考核。对态度的考核，也叫对事的考核。比如我们想知道预算责任单位或责任中心对预算这件事是否足够的重视，一般会设置一个"预算准确率或预算达成率"指标，用于防止预算责任单位或责任中心由于预算编制时的马虎而导致实际执行时出现大的偏差，因为大的偏差最终会导致资源的浪费或效率的降低，偏差率反映的是一种态度。对能力的考核，也叫对业绩的考核。预算有两大职能：一是配置资源；二是分解目标。合理配置资源是一种态度；而能不能达成目标，则反映的是执行者的能力。

除了按态度和能力分类外，预算考核还有一种分类方法，即正向激励和负向激励，正向激励是奖，负向激励是罚。好的管理者就是在奖和罚之间找到一个动态平衡，做到奖罚分明。

8.1.2 预算考核遵循的原则

预算考核过程是对预算执行效果的认可过程，预算考核应遵循目标原则、激励原则、时效原则、例外原则和分级考评原则五个基本原则。

1. 目标原则

实施预算管理，根本目的在于实现企业战略目标和本年目标。在目标确定之前，管理者已经进行了科学预测，在严谨地分析和调查的基础上建立起来的全面预算年度计划是企业所能达到的最佳经营和管理业绩。因此，在预算考评时如无特殊原因，未能实现预算目标就说明执行者未能有效地执行预算，企业要将目标原则作为实施预算管理考核的首要原则，以考核、引导各预算执行单位的行为，避免各责任中心发生只顾局部利益、不顾全局利益甚至损害全局利益的行为。

2. 激励原则

人的行为是由动机引起的，而动机又是由各种需要引起的，行为科学告诉我们，激励导致努力，努力导致成绩。所以，在实施全面预算管理时，企业应设计一套与预算考核相适应的激励制度。没有科学的激励制度，预算执行者就缺乏执行预算的积极性与主动性，预算考核将失去作用。企业应根据自身的实际情况，制定科学、合理、有效的激励制度，鼓励预算执行者完成甚至超额完成预算。

3. 时效原则

企业对预算的考核应及时进行。企业可根据管理基础、内外部环境变化以及经营需要来选择合适的考核时点，并依据激励制度及时进行奖惩。只有这样，才有助于偏差的及时纠正、管理上的改进，保证各单位预算目标的完成。如果考核不及时，奖惩不在一段时间内兑现，将很难使员工得到预期的回报，企业很难维持员工的忠诚度，激励机制将形同虚设。

4. 例外原则

实施预算管理时，企业的高层管理者需对影响目标实现的关键因素进行控制，并要特别关注这些因素中的例外情况。在企业的预算管理中，可能会出现一些不可控的例外事件，如产业环境的变化、市场的变化、执行政策的改变、重大意外火灾害等。企业如果受到这些因素的影响，就应及时按程序修正预算，考评按修正后的预算进行。

5. 分级考评原则

预算考评是根据企业预算管理的组织结构层次或预算目标的分解次序进行

的。预算执行者是预算考评的主体对象，每一级责任单位负责对其所属的下级责任单位进行预算考评，而本级责任单位预算的考评则由所属上级部门来进行，也就是说预算考评应遵循分级考评的原则。由于每一责任单位对其所属下级责任单位的情况更加了解，实行分级考核将更加简单、可行、科学，对于中国普遍存在的金字塔式的企业结构具有借鉴意义。

8.1.3 预算考核和绩效考核的区别与联系

1. 预算考核和绩效考核的区别

很多人在做预算考核时把预算考核与绩效考核混为一谈，认为预算考核就是绩效考核。虽然这两者均为考核，但其实并不是指同一样东西，不过两者之间确实存在一定的联系。

以下分析这两者间的区别与联系。预算考核是针对预算的考核，预算有两个职能：一个是资源配置；另一个是目标分解。因此预算考核主要从以下三个方面进行考核：

（1）下达预算目标的完成性；

（2）上报预算目标的准确性；

（3）预算管理的规范性。

绩效考核则是对员工全方位的一个考核，不仅包含以上三个方面的预算考核，甚至连员工日常行为也在考核范围内。"管理者重视什么，我们就应该考核什么。"我认识的一个 HRD 在总结他多年的绩效考核经验时如是说，我非常认可他的观点。绩效考核说到底是为管理者服务的，董事会或预算委员会把战略目标下达给以总经理为首的经营管理团队，以总经理为首的经营管理团队为了完成董事会或预算委员会下达的目标，必须要调动起全体员工的工作积极性，而要调动起员工的工作积极性，就要做好绩效管理与考核，奖励先进，惩罚后进。因此相对于预算考核而言，绩效考核的范围更广，绩效考核与预算考核是包含与被包含的关系。

2. 预算考核和绩效考核的联系

预算是绩效管理的基础，是绩效考核的来源；预算的实现需要通过绩效管理进行调整与控制，缺乏相应绩效考核的预算会造成实际的经营结果与战略目标相脱节。预算考核本身并不是最终目的，更多的是充当一种在企业战略与经营绩效之间联系的工具。一般来说，绩效与预算相关性越强，企业的预算管理成熟度越高。绩效与预算的相关程度反映了预算管理的成熟度。预算管理的成熟度与绩效管理的关系如图 8-2 所示。

图 8-2　预算管理的成熟度与绩效管理的关系图

此外，企业的战略、预算和绩效考核三者真正地形成循环，是一个密不可分的有机整体。只有通过三者的高效互动，企业才能达成其既定的战略目标，而在此过程中，全面预算起到了承前启后的作用。一方面，全面预算是企业战略细化、量化的体现；另一方面，全面预算也是形成企业、职能部门关键绩效考核指标的主要来源，是绩效管理的依据和基础。提高计划与预算的效率，并建立相应的绩效管理，就能使企业的各项经营活动符合企业的战略及经营计划的要求，提高企业的核心竞争力。

3. 如何将预算考核融入绩效考核之中

前面讲了预算考核与绩效考核的关系，预算考核是绩效考核的组成部分，预算考核要融入绩效考核当中去。那么如何融入？怎么考核？

先谈融入。

前面讲到预算考核主要考核以下三个方面：

（1）下达预算目标的完成性；

（2）上报预算目标的准确性；

（3）预算管理的规范性。

第（1）项反映的是经营指标，可以用销售额达成率、目标利润完成率等经营指标来表述。第（2）和（3）项反映的是管理指标，可以用预算编制准确率、预算执行差异率等管理指标来体现。后面将会介绍二元分布法，在做绩效考核时就是根据不同责任中心的类型来调配经营指标和管理指标的权重，因此预算考核的这三项内容都可以通过这种方式纳入绩效考核中去。

再谈考核。

绩效怎么考核呢？

制定企业的战略目标后，要通过预算体系把这个目标分解下去，这个目标不仅要分解到部门、个人，还要分解到各季度、各月份，甚至分解到每一天、每一小时，绩效考核就是确保这些目标的达成，而这些目标最终是落实到人的。所以绩效考核分为两种：一种是对部门的考核；另一种是对个人的考核。不管是对部门的考核还是对人的考核，最终都落实到两类指标：经营指标和管理指标。绩效考核就是根据责任中心不同的属性，把控好经营指标和管理指标的权重分配，这也就是下面所说的二元分布法的内涵所在。预算考核的三个方面也可以拆解为经营指标和管理指标，根据责任中心的属性，匹配好相应的考核权重。

8.2 预算考核的意义

全面预算的实施，无疑是企业的一次重大的变革。要保证变革的成功，的确要加强对预算的考核。预算考核的意义有如下几个：

（1）确保目标利润的实现。目标利润确定并细化分解以后，预算目标就成为一切工作的核心，具有较强的约束作用。在预算执行中，管理者对预算执行情况与预算的差异及时确认，并进行相应的预算考核，有助于减少预算责任单位或责任中心在资源上的浪费，纠正执行中的偏差，为预算目标的顺利实现提供可靠的保障。

（2）可以帮助企业管理者及时了解企业所处的环境及发展趋势，进而衡量有关预算目标的实现程度，评估预算完成后的效益。

（3）对利润预算执行结果的考核反映整个企业的经营业绩，它对编制下期预算极具参考价值，是管理者完善并优化整个利润预算管理系统的依据。

（4）预算考核是对执行者业绩评价的重要依据，利润目标的层层分解和延伸细化使企业全员都有相应的预算目标。这种预算目标与执行中的经济活动在时间上相一致，其经营环境和条件也基本相同，以预算目标与执行者的实际业绩相比较，评价执行者的业绩，确定责任归属，是比较公正、合理、客观的，尤其对企业人才的业绩评价具有较强的说服力。

（5）预算考核增强了管理者的成就感与组织归属感（组织归属感指员工对自身所处组织的基本态度和对组织整体的深层反映）。预算考核具有较强的激励作用，通过预算考核肯定了作为预算责任主体的管理者的工作业绩，这是企业对管理者工作业绩的认可，将工作业绩与奖惩制度挂钩，势必增强管理者的成就感与组织归属感，从而进一步激发管理者的工作能动性。

8.3 预算考核的方法

预算考核是绩效考核的一个重要组成部分，我们要了解预算考核的方法，就必须要知道绩效考核的构成。在第 1 章中，我们在介绍 6M 体系时提到绩效的定义：从管理学的角度看，绩效是组织期望的结果，是组织为实现其目标而展现在不同层面上的有效输出。它包括个人绩效和组织绩效。简单地说，绩效的实质是对个人和组织的一种评价。除了描述绩效的定义外，我们还提到了以下几个观点：

（1）绩效考核不等同于 KPI，绩效管理是一个体系；

（2）做好绩效管理一定要通晓人性；

（3）好的绩效管理是在经营目标和管理目标之间找到一个动态的平衡；

（4）最有效的绩效考核是让员工做合伙人。

为了更好地阐述这些观点，我们接着往下看。

8.3.1 考核要与人性结合

绩效管理其实就是对人性的管理。要做好绩效考核，管理者要通晓人性。人的本性用四个字来概述，那就是趋利避害。趋利是因为贪婪，避害是由于恐惧，没有贪婪和对美好生活的向往，我们可能不会背井离乡到外地来打拼，而周末更多的选择是和家人团聚而不是在各个城市里奔波。华为公司之所以这么成功，是因为它的狼性文化。狼性文化的背后是三高政策：高目标、高激励、高淘汰。如果把高激励去掉试试，不用高淘汰，人自然都走光了。这是人趋利的本性使然。除了趋利，人还有一个本性是避害。如果没有这个本性，那么人为了利益为所欲为，社会就麻烦了。有个成语叫"飞蛾扑火"，喜欢光是飞蛾的本性，因为飞蛾靠光来辨别前行的路，而火能把飞蛾烧死。飞蛾有趋利的本性——火能给它带来光明；但飞蛾不会避害，缺少这个本性让它最终走向灭亡。人不是飞蛾，为了躲避野兽的攻击，为了能够遮挡风雨，人类发明了房屋；为了避免雷击，人类又发明了避雷针。因此，趋利让人类进步，避害让我们生活得更安全。这对一个由人构成的企业也是如此。

案例小帮手：碧桂园与达晨创投的跟投制度

碧桂园的跟投制度可以说是一个利用了人的趋利避害本性的经典案例。碧桂园是总部位于顺德的一家世界500强企业，主营业务是房地产。碧桂园为了激励与考核公司中高层，制定了一个跟投制度，跟投比例是10%。集团自有资金计息，年化利率是30%，即1亿元的集团自有资金，12个月收取3 000万元的利息，扣除集团自有资金利息后，团队分20%的净利润，集团的财务底线是净利率的10%。跟投制度是强制性的，区域总裁、营销负责人、项目总经理、项目营销负责人必须跟投。管理层不跟投，集团不允许拿地。

碧桂园创始人杨国强的想法是：项目管理层都不敢投钱，我为什么敢投钱？

那么如何判断这块地该不该拿，这个项目该不该做就很简单了，因为大家的利益被捆绑在一起了。

如果项目赚钱，那很简单：大家一起分钱。

如果项目达不到预期，也很简单：取消项目奖金的发放。

如果项目亏损，那就不是简单的取消奖金发放的问题了，亏损的钱需要项目团队补回来。补钱的方式，或是从管理层工资中扣除，或是从盈利的项目中划转。

碧桂园的跟投制度引起越来越多企业的效仿。

达晨创投是一家著名的基金管理公司，成立于2000年4月。达晨创投最近几年发展迅猛，所投项目IPO成功率远高于同行平均水平，其成功的一个很重要的原因也是得益于跟投制度。达晨创投要求每一个达晨创投投资的项目，项目经理必须跟投，否则公司就不投。跟投制度很好地解决了投资的风险与职业经理人的腐败问题。

是啊，报告写得再漂亮，行业分析得再有理，判断的唯一标准是敢不敢一起投。企业投1亿元，你跟投100万元，项目成功了，企业赚5亿元，你也能赚500万元。你想想看，哪个企业能一次性给你500万元的薪水或奖金？500万元是利，人有趋利的本性，如果你认为这个项目把握性大，你肯定会赌一把；同时人又有避害的本性，如果这个项目不太靠谱，你肯定不敢拿这么多钱往里赌。可能有人会说，他为什么不赌啊，如果投这个项目，别人给他的好处费超过100万元呢？

超过 100 万元，还有法律来制裁他。所以，一个好的管理者善于在趋利和避害中找到一个最佳的平衡，这个平衡点就是跟投的度。

跟投制度根据人的趋利避害的本性很好地解决了激励的风险问题。

案例小帮手：王老板的烦恼

除了正面的例子，以下也举个反面的例子。

曾经听过我讲课的一个学员的公司是做小家电的，老板姓王，公司业务以出口为主。有一次，王老板找到我，说起了他公司最近发生的一件让他很闹心的事。事情是这样的：

去年王老板到国外出差，看到一个好的产品，国内还没有人做。他买了一个样品回来，问工程师 A 君："这个样品以我们的能力能做出来吗？"

A 君回答："能"

王老板又找到负责营销的 B 君，问他："这个产品如果技术部能做出来，你们能卖吗？"

B 君回答："能"！

于是王老板拿出 500 万元，上马了这个项目。可结果却出乎王老板的预料，产品开发进度严重延期。好不容易生产出产品，小批量做了五十台，拿到市场上去做测试，市场却反应冷淡。反复修改调试了几次，又折腾了几个月，最后这个项目还是以失败告终。

王老板很生气，问 A 君："你当初不是说能做出来吗？为什么做成这个样子？"

没想到 A 君还一肚子委屈，"要人力资源部招两个工程师，三个月还没招到。采购部为了降成，买的材料质量不合格。生产部没有按照我们要求的工艺进行生产。销售部提炼的销售话术不对，没有突出产品的功能……"

A 君一口气说了一大堆问题，都是其他部门的，自己却像是一个受害者。

王老板于是找来人力资源部经理 C 君对此事进行调查，前后又花了一个月，结果出来了：A 君说的情况大部分属实，但技术部门同样存在严重的问题。

最后的处理结果是：所有涉事部门的负责人及项目参与者都接受了一定程度的处罚，公司共计收受上缴罚金 10 万元，在下月工资和绩效奖金中扣除。

这样的情况其实在很多企业中都存在，特别是在中小企业中尤为突出。因为缺乏人才，所以中小企业在处理时一般不会过于强势，但这无疑是一个双输的局面。

为什么会形成这样一个双输的局面呢？我给王老板做了分析。

你问工程师能不能做，在一般情况下工程师是会做肯定回答的，因为如果他这也不会做，那也不会做，你还会继续用他，给他开工资吗？所以他必须回答"是"，这样他才能继续领着高工资，拿着高项目提成。这是人趋利的本性。项目如果失败了，一个"推"字就可以化解了，大不了挨罚呗，10万元钱分到每个人头上也没多少，比起既得收益来，这个罚金一般人还是可以接受的。

这就是工程师 A 君的心态，趋利的收益大于避害的风险，所以他会做出一个对自己相对有利的决定。但是对于王老板来说，虽然罚了员工 10 万元，但自己却实实在在地损失了 490 万元，如果再加上时间成本，这个损失就更大了。

如何能避免这样的情况发生呢？

有一个办法，那就是学碧桂园和达晨创投，让员工跟投。

怎么跟投？你不是说这个项目行吗？那好，咱们一起来玩儿。这个项目需要 500 元万，公司投 400 万元，团队联合投 100 万元。项目独立核算，赚了钱按项目所占投资比例进行分配；亏了钱，公司和团队一起按投资比例承担损失。

案例小帮手：史玉柱的虚拟股权

在那么多创业失败而后又东山再起的创业者中，史玉柱绝对算是一个标志性人物。巨人大厦因为资金断裂牵连到整个巨人集团，巨人集团倒闭后，史玉柱通过一种叫"巨人脑黄金"的保健品迅速崛起，还了债，实现了人生命运的逆转。但保健品行业生命周转短，赚钱快死得也快，史玉柱急于找到一个新的产品和行业来寻求突破。他选择了游戏行业，虽然他是一个骨灰级的玩家，但他对游戏的开发一窍不通。一个不懂游戏开发的人怎么领导一个开发游戏的团队？

大智慧的人的能力就在这里。史玉柱在游戏公司里用了一招"虚拟股权"就轻松地化解了投资风险，并且乐得逍遥，不参与游戏开发环节的工作，唯一的任务就是做自己喜欢的事情，玩游戏后给项目组"挑刺"。这款叫作"征途"的游戏一上市就大卖特卖，大获成功。

史玉柱为什么能获得成功呢？一个游戏的门外汉干了一个门内汉都很难干成的事情，诀窍在哪里？诀窍就在他推行的这个"虚拟股权"。史玉柱把这个项目虚拟成一家公司，独立核算，工程师拿钱入股，赚了钱按大家出资的比例分享收益，亏了钱按大家出资的比例分摊亏损。这招一出，工程师的积极性马上大不相同了。

原先加班是被动的，加完班晚上打车回家，反正公司给报销。现在不打车了，公司门口多了一大堆自行车，晚上骑车回家，美其名曰：骑车环保，还锻炼身体。我就纳闷了，难道以前就不知道骑车环保还锻炼身体吗？另外，以前出差按级别要住星级酒店，现在也不住了，住七天、住如家，商务酒店也挺好的嘛，干净、卫生还有 WI-FI。为什么从打出租车改骑单车，从住星级酒店改住商务酒店，关键在于以前省下的钱是公司的，不用白不用；现在省下的钱，有一部分是自己的，能省则省。体制变了，员工的行为就变了，而员工行为的改变还是在于管理者深谙人的本性：趋利。史玉柱在新的游戏项目上实施的这个"虚拟股权"制度就是利用了人"趋利"的本性，从而在一个死亡率极高的游戏行业中打造出了"征途"这样一款现象级产品。

人性博弈曲线图

为了让大家更直观地理解人性在管理中发挥的作用，在绩效考核中更注重对人性的思考与研究，我们开发出了一个人性博弈曲线，如图8-3所示。

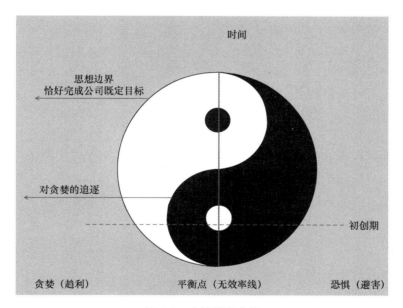

图8-3　人性博弈曲线

以下对这张图做一下简单的解读：

（1）横轴是人性，左边代表贪婪（趋利），右边代表恐惧（避害），中间点为平衡点，无效率线，纵轴代表时间。

（2）白色部分代表制度（恶），黑色部分代表文化（善），白或黑弯曲的幅度代表了对贪婪或恐惧的追逐或害怕程度。

（3）在初创期，文化占比会多一点，制度占比应少一点。随着企业的发展，文化和制度逐渐趋于平衡，再往后发展，制度的占比开始大于文化，但到了一个临界点，又重新回归到文化优先，制度退居其后。企业的制度和文化，相当于一手硬一手软，不能太硬也不能太软，硬和软的程度跟企业的发展阶段有着密切的联系。

（4）曲线的幅度代表了人的企图心（贪婪的程度），企图心越大的人创造的效益也越大（对应的阴影部分面积）。有多大的贪婪，就要有多大的恐惧与之对应。

案例小帮手：真的是 KPI 害死了索尼公司吗？

在工业化时代，索尼公司曾经被视为神一般的存在。记得当年在上大学的时候，如果谁手上有一台索尼随身听，家境一定很殷实。而现在呢？我们在市面上已经很难见到索尼产品的身影。

对于索尼公司的衰落，曾在索尼集团担任过副总裁的天外伺朗写过一篇文章《绩效主义毁了索尼？！》，他把索尼的失败归咎于在索尼实施的 KPI 考核。他认为正是基于 KPI 的绩效主义毁掉了索尼。

1．激情集团消失

技术开发人员的内在动机与外在动机：想通过自己的努力实现技术开发的成功，这是一种内在动机；与此相反的，比如赚钱、升职或出名等是来自外部回报的外在动机。外部动机加强，自然会削弱内在动机，如果总是说"你努力干，我就给你加工资"，那么以工作为乐趣的这种内在意识就会受到抑制。缺少了发自内心的激情，也就成不了"开发狂人"。索尼的创始人井深大的想法与绩效主义恰恰相反，他有一句口头禅："工作的报酬是工作。"

2．挑战精神消失

几乎所有的人都提出容易实现的低目标，索尼公司内追求眼前利益的风气蔓延，短期内难见效益的工作，比如产品质量检验以及"老化处理"的工序都受到轻视。不管什么样的企业，只要实行绩效主义，一些扎实细致的工作就容易被忽视。

3．团队精神消失

绩效主义企图把人的能力量化，以此做出客观公正的评价。但我认为做不到。它的最大的弊端是搞坏了企业的气氛。上司不把部下当作有感情的人看待，而是一切都看指标、用"评价的目光"审视部下，而企业的员工需要的是温情和信任。

4．创新先锋沦为落伍者

索尼公司是最早引进美国式合理主义经营理论的企业之一，但创始人井深大的经营理念谈不上所谓的"合理"。1968年10月上市的单枪三束彩色显示管电视机的开发就是最有代表性的例子。当时索尼在电视机的市场中处于劣势，几乎到了破产的边缘。即便如此，井深大仍坚持独自开发单枪三束彩色显像管电视机。这种彩色电视机画质好，一上市就大受好评。其后三十年，这种电视机的销售一直是索尼公司的主要收入来源。"干别人不干的事情"，这种追求独自开发的精神，恐怕不符合今天只看收益的企业管理理念。如今，索尼采取了极为"合理"的经营方针，不是自己开发新技术，而是同三星公司合作，建立了液晶显示屏制造公司。这种"合理"的做法却削弱了索尼未来的竞争力。

5．高层主管是关键

今天的索尼已经没有向新目标挑战的体力，同时也失去了把新技术拿出来让社会检验的胆识。在导致索尼公司受挫的几个因素中，该公司最高领导人的态度是其中最根本的原因。索尼公司内流行这样的说法："如果你真有新点子，那就背着上司把他搞出来。"

对于天外伺朗的说法，我个人不敢苟同。索尼公司的衰败不在于KPI本身：一方面是由于工业化时代向互联网时代转换的过程中，索尼原有的优势丧失，而新的优势尚未建立；另一方面是由于在企业发展的不同阶段，索尼公司没有处理好文化与制度的关系。

我们再回到这张图，通过这张图我们可以看出，随着时间的增长，文化占的比重越来越少，制度占的比重越来越大，但是到了一个临界点后，终点又变成了起点，这个时候，不能再一味地增加制度，而是要反过来做文化。这契合了我们中国传统文化的精髓——中庸之道，中庸之道的核心在于变化，阴和阳、黑和白、刚和柔，随着环境的不同、所处的阶段不同而做出相应地变化和调整。

所以说当美的提出"美的最大的不变就是变",而中国老话又说"以不变应万变",这时西方的管理学家懵了:"你到底是要变还是不变?"其实变或不变,不在于事物本身,而在于事物所处的阶段和环境。

比如索尼公司在创立之初比较依赖创始人井深大、盛田昭夫的个人魅力,这个时候文化为大没错,随着公司的逐渐发展壮大,加强制度的管理也没错。但是文化是基于人性本善,人都有善的一面,而制度是基于人性本恶,人都有恶的一面。正因为人还有恶的一面,所以我们才要用制度去约束他。KPI 就是一种制度,设计 KPI 的本源是基于人性是恶的,如果人性都是善的,也就没有必要去通过 KPI 把好员工和坏员工识别出来了,因为大家都不会偷懒,都会拼尽全力为公司工作,这显然是不现实的。索尼通过 KPI 规范员工的行为无可厚非,但凡事有个度,过了就不好了。原来考核干部和员工用五个指标,觉得不够,从五个增加到十个,用了一段时间,觉得还不够,又把十个增加到二十个,二十个不够,再增加到三十个。每增加一次,都是假定员工的恶又增加一分。这种无限地增加带来了两个最显著的恶果:第一,员工会认为,既然你觉得我的恶性在不断增加,那好了,我就专挑 KPI 有考核的事项来做,没有考核的不做,考核比重很小的也不做。这样 KPI 就失去了原来的意义,变成了一种猫捉老鼠的游戏。第二,不断增加的 KPI 指标极大地增加了统计工作量,由于有些指标很难量化,考核单位与被考核单位扯皮严重,员工不满意度增加,另外统计工作量的加大又催生了一批专职监督者,两人干活,一人监督,这样极大地降低了工作效率,造成人浮于事。

既然一味增加 KPI 指标的方式行不通,怎么办呢?反其道而行之,减少 KPI 指标的考核,增加文化和精神的激励。在电影《中国合伙人》中,成东青为了留住孟晓骏,在美国买了一套别墅送给他,没想到这个举动反而激怒了他,后来成东青把别墅改成一套以孟晓骏命名的实验室,却把孟晓骏感动得一塌糊涂,这就是文化的力量。腾讯的马化腾也深得中庸之道的精髓,他对张小龙的管理方式就值得我们学习。张小龙是互联网界的产品"大神",性格内向,不善言辞,又极爱睡懒觉,如果按索尼的考核方式,张小龙一定是一名不合格的员工,但马化腾却给了他极其特殊的待遇。有重要的会要开,不是一句生硬的"你今天必须准时到会",而是三请五请。你不是起不来床吗?我安排一个人打电话提醒你;你不是说路上堵车吗?好,我安排个专职司机帮你开车。另外,马化腾的另一个高明之处是礼让张小龙微信之父的头衔。为什么说是礼让?因为马化腾是老板啊,没有老板的支持与资金投入,微信出得来吗?即使产品出来了,没有马化腾安排从 QQ

导流，用户能成长那么快吗？上不与下争利，因势而变，因人而异，准确地拿捏制度和文化之间的度，可见马化腾也是中国传统文化应用的高手。而索尼的管理者错就错在一味地追求发挥 KPI 的效力，重视制度的硬，而忽略了文化的软，所以才造成如今的局面。

合伙人制介绍：最好的考核是让员工做合伙人

合伙人制被大众广为关注，是 2014 年阿里巴巴在美国纽交所上市后。阿里巴巴上市的地点最初选择在香港，但由于阿里巴巴独特的合伙人制与港交所倡导的同股同权的原则不符，于是马云被迫转战美国资本市场。那么合伙人制与原来的雇佣制有什么不同呢？阿里巴巴为什么要采用合伙人制？合伙人制能持续多久？

我们一个个来分析。

雇佣制是传统的股份公司治理模式，股东出资发起设立股份有限责任公司，股东大会选出代表公司股东利益的董事组成董事会，董事会决定公司经营管理团队的任命，经营管理团队对董事会下达的预算目标负责。董事会代表所有者，经营管理团队代表经营者(被雇佣)，因此在传统的雇佣制下的激励称为基于公司管理层面的激励。而在合伙人制下，公司的最高决策机构不是董事会，而是合伙人委员会，合伙人不一定是公司股东，但必须在公司担任一定职务，因此合伙人制下的激励称为基于公司治理层面的激励。

那阿里巴巴为什么要采用合伙人制呢？跟传统企业一般是创始人占大部分股权不同，由于新兴的互联网企业早期盈利能力不足，需要融资做大规模，因此，创始人股权不断被稀释，比如阿里巴巴在美国纽交所挂牌上市后，创始人马云的股份已经不到 10%。这么少的股份很难去掌控这么庞大的一个公司，而过于分散的股权如果按传统的玩法就是一场灾难，万科就是一个很典型的例子，"宝万之争"让万科差点死于非命。因此，为了防止"宝万之争"这类事情的发生，阿里巴巴实行合伙人制度来取代传统的董事会制度，管理层可以用较少的股份比例掌控公司大局。

合伙人制是不是会一直持续下去？这个很难回答。因为这个社会的变化实在太快，所有的要素都在加速迭代，原先的算术级增长已经裂变为几何级增长，但无论如何变化，合伙人制肯定会持续一段比较长的时间，因为合伙人制的威力才刚刚开始显现。陈春花教授有一次在华章书院演讲时说，"我们 100 年来的管理学的研究，其实都是基于一个基本前提，那就是雇佣制。"在一个以雇佣关系为主的企业形态里，它具有以下特征：

（1）成员依赖于组织才可以创造价值；
（2）雇员需要了解组织的需求；
（3）服从和雇佣的关系、等级、层级制度；
（4）稳定结构，有效分工，创造一个个岗位角色；
（5）不关心个体特征，只关心个体所扮演的角色。

从这些特征我们可以看出，这种雇佣关系是伤害人的创造力的。在这种传统的雇佣关系为主的企业形态里，只有在雇佣关系下，个体才有可能得到资源，才可以发挥更大的效能。

而在互联网时代，一切都发生了变化。陈春花教授预测，雇佣社会将会消失，将会迎来个体价值的崛起，未来将进入合伙人时代。在一个以合作关系为主的企业形态里，它有以下特征：

（1）组织要依赖成员才可以创造价值；
（2）组织必须要了解雇员的需求；
（3）平等、交流、合作、契约关系；
（4）个人成为创客，从条块管理中解放。

互联网技术带来的最大变化，就是把资源和机会变得更多，给人们更大的可能性。与雇佣制抑制人的创造性不同，合伙人时代将充分释放人的个性，把个人的创造力发挥到极致。

前面提及的万科，吸取了"宝万之争"的教训后，开始推行事业合伙人制。

而阿里巴巴的二号人物蔡崇信，在当年以白菜价加盟阿里巴巴，除了给马云带来了花不完的融资外，还带来了一套合伙人制度。如果说是融资的成功让阿里巴巴脱颖而出，成为一家伟大的公司的话，那么合伙人制度的建立，则能使阿里巴巴长治久安，真正成为一个能活很多年的公司。

八个要点详解阿里巴巴合伙人制度

在招股文件中，阿里巴巴用略带"文艺"的方式向美国人讲述他们的合伙人制。

自从1999年阿里巴巴创始人在马云的公寓聚集，我们就一直秉承着合伙精神。我们将这种精神视为成功的基础及为提供服务、员工发展的能量源泉。2010年7月，为了让合伙人精神能够传承下去，成为阿里巴巴愿景和价值观的核心，我们决定构建自己的合作人制度。

一、命名

我们将阿里巴巴合伙人制称为"湖畔合伙人制",因为1999年马云等在位于"湖畔花园"的一套公寓里开始创业。

二、目的

我们相信合伙人制度有助于阿里巴巴改善经营管理,使管理层能够通力合作,防止官僚主义和等级制。

三、组成

目前,阿里巴巴有28名合伙人,其中22位来自公司内部,6位来自关联公司。阿里巴巴的合伙人是动态更新的,每年会引入新的成员。在阿里巴巴任职五年以上,经严格的程序获得提名的候选人,在全体现任合伙人参加的投票中获得3/4以上赞成票方可就任新合伙人。合伙人协议经3/4多数同意可以修订。

四、与双层股票结构相比

双层股票结构将投票权固定在少数人手里,阿里巴巴合伙人制却能让广大管理人参与其中,既能保持公司价值观的延续又顾及合伙人退休后的更新换代。

五、核心权力

阿里巴巴合伙人对董事会半数以上席位拥有排他提名权。如果阿里巴巴合伙人提名的候选人没有获得股东大会批准,或在任董事离职,阿里巴巴合伙人有权指定其他人选担任临时董事直至来年股东大会。上市后阿里巴巴董事会有9个席位,合伙人有权提名其中的6席。

六、合伙人委员会

合伙人委员会(可理解为常委)由五人组成,任期三年,可连选连任。合伙人委员会选举每三年进行一次,由全体合伙人从8名候选人中差额选出5名。

七、离任及罢免

除了马云和蔡崇信以外,离开阿里巴巴集团或关联公司时即失去合伙人资格。包括马云和蔡崇信,所有合伙人都可由全体合伙人大会投票罢免(超过半数即可)。

八、减持限制

合伙人任职期间需持有本人上任前股票的60%以上（即减持不得超过40%），任职期满后三年内需持有本人上任前股票的40%以上。

8.3.2 考核要明确责任中心

1. 业务类型的划分

首先，对业务类型的划分、定义、含义进行总结，并将其与预算考核联系起来。业务类型的划分如表8-1所示。

表8-1 业务类型的划分

业务类型	核心业务—短期	新兴业—中期	种子业务—长期
定义	"今天"赚钱的业务	"明天"赚钱的业务	"后天"赚钱的业务
含义	指一个多元化经营的企业或企业集团中具有竞争优势并能够带来主要利润收入的业务，在当前为企业提供着现金流	新兴业务将在不久的将来为企业提供现金流，但在它们成为主流之前所需要的前期投入都来自于核心业务的大力支持	种子业务将在更远的将来为企业提供现金流，但在成熟之前需要像培育种子那样跟踪、投入和开发。它不像新兴业务那样可以很快瓜熟蒂落，从种子到果实的漫长过程很容易抽空核心业务的现金流动
考核重点	利润、现金流	销售、市场份额拓展	资金、成本

2. 责任中心的划分

预算管理的预算指标作为一种责任，应该与分权基础上责任人的权责范围相关，所以预算管理应该建立在责任中心的基础上。责任中心是指由一位管理者领导并负责各项活动的组织单元。在某种意义上而言，企业就是一个由责任中心组成的集合体，每个责任中心都是用组织结构图中的一个方框来表示的。这些责任中心构成一个等级制度，位于最底层的是小组、班次以及其他小组织单元的责任中心，由几个较小组织单元组成的部门或经营单元，位于等级制度的最高层。从高级管理层和董事会的角度看，整个企业就是一个责任中心，尽管这个词通常用来指企业内部的各个单元。责任中心承担一定的经济责任，并享有一定权利。责任中心就是将企业经营体分割成拥有独自产品或市场的几个绩效责任单位，然后将总的管理责任授权给这些单位之后，将它们处于市场竞争环境之下，通过客观性的利润计算，实施必要的业绩衡量与奖惩，以期达成企业设定的经营成果的一种管理制度。

责任中心可划分为利润中心、成本中心和费用中心。责任中心的划分如表 8-2，成本中心和费用中心的区别如表 8-3 所示。

表 8-2 责任中心的划分

利润中心	成本中心	费用中心
指既对成本负责又对收入和利润负责的责任中心，即利润中心的活动不仅会影响成本的高低、费用的大小，而且会影响收入的多少和利润的大小。利润中心仅适用于能够取得收入来源的责任中心。它有独立或相对独立的收入和生产经营决策权	指只对成本或费用负责的责任中心。成本中心的范围最广，只要有成本费用发生的地方，都可以建立成本中心，从而在企业形成逐级控制、层层负责的成本中心体系	指仅对费用发生额负责的责任中心，是用货币量衡量投入或费用的责任中心，而产出却不用货币量加以衡量，也是以控制经营费用为主的责任中心

3. 责任中心的考核指标与重点

（1）责任中心的考核指标选取原则。评价责任中心业绩的指标要根据企业的具体情况进行设计。总体来说，考核指标的设计应遵循以下几个原则：

1）一致性原则。责任中心的业绩评价指标必须与企业的整体目标一致。

2）为责任中心设计业绩评价指标时，应坚持经营指标与管理指标平衡的原则。

3）数量适当原则。为责任中心设计多个业绩评价指标是必然的。但是，指标并不是越多越好。过多的指标一方面会提高业绩评价的成本，另一方面会过分分散责任中心负责人的精力，使其不能抓住工作的重点。一般认为，指标以不超过 10 个为宜。

4）可计量原则。无论是经营指标还是管理指标，都必须要能计算出或以其他有效的方式取得明确的数字结果。因为指标只有可计量，才能保证评价标准、评价过程和评价结果的客观性。

（2）责任中心主要责任指标。主要责任指标是必要保证实现的指标，它是不同责任中心的具体考核指标，如责任成本、利润和投资报酬率等。它反映了各种不同类型责任中心的责任和权利的区别，体现了责任中心责权利分明的基本特征。主要责任指标通常是可以量化考核的财务指标。责任中心的主要责任指标如表8-4所示。

表8-3 成本中心和费用中心的区别

	成本中心	费用中心
含义	对产品的生产成本负的责任中心	对管理费用等期间费用负责的责任中心
内容	（1）成本中心的活动可以为企业提供一定的物质成果，如生产在产品、半成品、产成品，但不会在本责任环节直接形成以货币计量的收入。 （2）责任会计中，一个最重要的成本分类是将成本按可控性分类，分为可控成本和不可控成本两大类。根据可控原则，考核成本中心的成本指标只能是责任成本而不是财务成本。只有可控成本才能成为责任成本。 （3）可控成本和不可控成本的分类是相对于一定的时间和空间范围而言的，具体来说，是相对于特定的责任中心和特定的期间而言。离开一定的条件讨论某项成本是否可控是毫无意义的。 （4）一项成本对于某个责任中心来说是可控的，但对于另一个责任中心来说却可能是不可控的。例如，生产所需原材料的价格对生产部门而言是不可控的，但对采购部门来说则是可控的。另外，有的成本对于下级责任中心来说是不可控的，而对于上级责任中心而言则是可控的。例如，在生产设备原值和折旧方法既定的条件下，其折旧费对于具体使用设备的生产车间这一成本中心来说是不可控的，但对于拥有投资决策权力的上级责任中心来说，则是可控的。一般而言，随着管理层次的提高，成本的可控性也不断增加。从可控性的期间特点来看，有的成本从短期看是不可控的，但从较长时期看却是可控的。随着期间跨度的延长，成本的可控性也不断增强	费用中心主要是为企业提供一定的辅助性的专业性服务，如企业内部的财务部、人事部等行政管理部门，同时也不能直接产生可以用货币计量的经营成果。其特点是与产品的生产制造没有直接的联系，一般通过费用预算的形式予以控制，通过实际发生的各种费用与费用预算的比较确定差异，用以评价工作绩效

表8-4 责任中心的主要责任指标

单位	主要责任指标
利润中心	ROE EBIT 净资产增长率 资产现金回收率

（续）

单位	主要责任指标
成本中心	产品单位成本 产品生产成本消耗定额
费用中心	费用率（费用/营业收入、资金费用率） 费用总额 单项费用定额

（3）责任中心的考评重点如表 8-5 所示：

表 8-5 责任中心的考评重点

责任中心	说明	举例
利润中心	投入和产出都加以衡量	子公司、事业部
成本中心	对投入的成本和费用加以衡量	制造部门
费用中心	只度量投入	职能部门

1）利润中心考核重点。利润中心的考核主要通过将一定期间实际实现的利润与责任预算所确定的预计利润数进行对比，进而对差异形成的原因和责任进行具体分析，借以对其经营上的得失和有关人员做出全面而正确的评价。利润中心既要控制成本的发生，也要对收入与成本的差额进行控制，对投入和产出进行衡量。

2）成本中心考核重点。成本中心没有收入，是对产品的生产成本负责的责任中心，只对成本负责，因而对成本中心的评价与考核应以责任成本为重点，即以业绩报告为主要依据来衡量责任成本的实际完成情况，包括计算可控成本实际数与预算数的差异，确定差异性质，追溯差异原因，对投入的成本和费用加以衡量，据此进行奖惩。

3）费用中心考核重点。费用中心是对管理费用等期间费用负责的责任中心，仅对费用发生额负责。费用中心用货币量衡量投入或费用，而产出却不用货币量加以衡量，即费用中心只度量投入。企业中的费用中心主要是职能部门。

4. 责任中心的考核指标及其权重配置

预算考核的主要内容如图 8-4 所示。

预算考核指标及权重设计如表 8-6 所示。

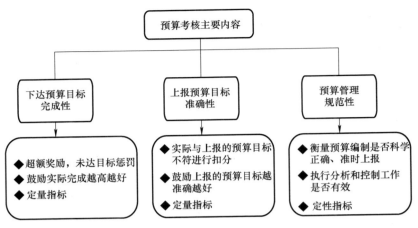

图 8-4　预算考核的主要内容

表 8-6　预算考核指标及权重设计

考核对象	预算考核指标	分值	指标得分	预算考核指标权重
集团总部	投资收益率	100	投资收益率×分值	/
事业部	收入执行率	40	收入执行率×分值	≥60%
	费用执行率	20	费用执行率×分值	
	利润贡献执行率	40	利润贡献执行率×分值（如利润贡献为负数，得 0 分）	
总部职能中心	费用执行率	100	费用执行率×分值	20%
专项预算推行部门	本责任主体费用执行率	100	费用执行率×分值	10%
	专项预算执行率	100	专项预算执行率×分值	10%

（1）子公司：考核分值为 100 分，考核指标为收入执行率、费用执行率、利润贡献执行率；收入执行率占 40 分，费用执行率占 20 分，利润贡献执行率占 40 分。预算考核分值为三项得分之和。

预算考核得分=收入执行率考核得分+费用执行率考核得分+利润贡献执行率考核得分绩效考核得分=预算考核分值×预算考核指标权重+其他考核指标得分×其他考核指标权重

（2）总部职能中心：考核分值为 100 分，考核指标为费用执行率。预算考核得分为费用执行率考核得分。

绩效考核得分=预算考核得分×20%+其他考核指标得分×80%

（3）专项预算推行部门：本责任主体费用执行率预算考核和专项预算执行率考核各占10%。本责任主体费用执行率考核得分=费用执行率×分值；专项预算执行率考核得分=专项预算执行率×分值。

绩效考核得分=本责任主体费用执行率考核得分×10%+专项预算执行率考核得分×10%+其他考核指标得分×80%

H集团公司的责任中心权责划分如表8-7所示。

表8-7 H集团公司的责任中心权责划分

考核对象	预算考核指标	分值	指标得分	预算考核指标权重
集团总部				
事业部	收入执行率	40	收入执行率×分值	≥60%
	费用执行率	20	费用执行率×分值	
	利润贡献执行率	40	利润贡献执行率×分值（如利润贡献为负数，得0分）	
总部职能中心	费用执行率	100	费用执行率×分值	20%
专项预算推行部门	本责任主体费用执行率	100	费用执行率×分值	10%
	专项预算执行率	100	专项预算执行率×分值	10%

8.3.3 KPI 与 BSC

1. KPI

（1）KPI的定义。关键业绩指标（Key Performance Indicator，KPI）是一种目标式量化管理指标，是把企业的战略目标分解为可操作的工作目标的工具，是企业绩效管理的基础，是衡量企业战略效果的关键。

（2）KPI的优缺点分析

1）优点：

① 目标明确，有利于企业战略目标的实现。KPI是企业战略目标的层层分解，通过KPI的整合与控制，使员工绩效行为与企业目标行为相吻合，不至于出现大的偏差，有力地保证了企业战略目标的实现。

② 操作简便，KPI最能体现管理者的意志，重视什么就考核什么，缺什么就考核什么。

2）缺点：

① 入门易学好难，大多数企业在使用 KPI 这个工具进行考核时，缺乏系统性的思考。眉毛胡子一把抓，西瓜芝麻一起捡。

② 各种指标间缺乏内在的必然的逻辑联系。

③ 对考核指标权重的分配和打分标准没有一个统一的标准，容易造成考核的随意性和不公平性。

2. BSC

（1）BSC 的定义。BSC（Balanced Score Card），也就是平衡计分卡，是由哈佛大学商学院教授卡普兰和诺朗·诺顿研究所的诺顿于 1992 年提出的，强调平衡和业务评估的重要性。其核心思想就是通过财务、客户、内部流程、学习与发展四个方面的指标之间的相互驱动的因果关系展现组织的战略轨迹，实现绩效考核—绩效改进以及战略实施—战略修正的战略目标过程。它把绩效考核的地位上升到组织的战略层面，使之成为组织战略的实施工具。作为一种应用范围非常广的管理工具，平衡计分卡最大的价值在于它是一个战略分解工具，通过四个维度方向，将组织战略进行分解，从而将未来规划落实到具体的工作中去。平衡计分卡中包含的五个平衡如图 8-5 所示：

- √ 财务指标与非财务指标的平衡
- √ 长期目标与短期目标的平衡
- √ 结果性指标与动因性指标的平衡
- √ 内部群体与外部群体的平衡
- √ 领先指标与滞后性指标之间的平衡

图 8-5　平衡计分卡的五个平衡

1）财务指标与非财务指标的平衡。企业考核的一般是财务指标，而对非财务指标（客户、内部流程、学习与成长）的考核很少，即使有对非财务指标的考核，也只是定性的说明，缺乏量化的考核，缺乏系统性和全面性。

2）长期目标与短期目标的平衡。平衡计分卡是一套战略执行的管理系统，如果以系统的观点来看平衡计分卡的实施过程，则战略是输入，财务是输出。

3）结果性指标与动因性指标的平衡。平衡计分卡以有效完成战略为动因，以可衡量的指标为目标管理的结果，寻求结果性指标与动因性指标之间的平衡。

4）内部群体与外部群体的平衡。平衡计分卡中，股东与客户为外部群体，员工和内部业务流程是内部群体，平衡计分卡可以发挥在有效执行战略的过程中平衡这些群体间利益的重要性。

5）领先指标与滞后指标之间的平衡。财务、客户、内部流程、学习与成长这四个方面包含了领先指标和滞后指标。财务指标就是一个滞后指标，它只能反映企业上一年度发生的情况，不能告诉企业如何改善业绩和可持续发展。而对于后三项领先指标的关注，使企业达到了领先指标和滞后指标之间的平衡。平衡计分卡的基本内容如图 8-6 所示。

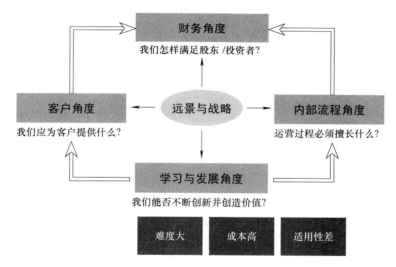

图 8-6　平衡计分卡的基本内容

与传统的企业绩效测评体系相比，平衡计分卡在保留财务指标的同时，引入了外部客户、内部流程以及学习与成长这三个方面的测评指标，很好地弥补了传统绩效测评系统的不足，不仅可以衡量过去发生的事情，也能系统评估企业前瞻性的投资运营与无形资产。然而，在实践操作中，平衡计分卡实施的难度极大，而且实施效果与当初的预期相距甚远，甚至使企业付出了沉重的代价。

（2）BSC 的优缺点分析

1）优点：

① 对将要考核的指标进行量化；

② 组织愿景的达成要考核多方面的指标，不仅是财务要素，还应包括客户、业务流程、学习与成长；

③ 克服财务评估方法的短期行为；

④ 使整个组织行动一致，服务于战略目标；

⑤ 能有效地将组织的战略转化为组织各层的绩效指标和行动；

⑥ 有利于各级员工对组织目标和战略的沟通与理解；

⑦ 有利于组织和员工的学习成长与核心能力的培养；

⑧ 实现组织长远发展；

⑨ 通过实施BSC，提高组织整体管理水平。

2）缺点：

总体来说，平衡计分卡存在着难度大、成本高、适用性差三大缺点。

① 难度大。平衡计分卡的实施要求企业有明确的组织战略，高层管理者需要具备分解和沟通战略的能力和意愿，中高层管理者要具有指标创新的能力和意愿。因此管理基础差的企业引入平衡计分卡有较高的门槛，必须先提高自己的管理水平，在基础指标管理、项目管理能力达到一定水平后，才能循序渐进地引进平衡计分卡。

② 成本高。平衡计分卡要求企业从财务、客户、内部流程、学习与成长四个方面考虑战略目标的实施，并为每个方面制定详细而明确的目标和指标。在对战略的深刻理解外，需要消耗大量精力和时间把它分解到部门，并找出恰当的指标。而落实到最后，指标可能会多达15~20个，在考核与数据收集时，也是一个不轻的负担，并且平衡计分卡的执行也是一个耗费资源的过程。一份典型的平衡计分卡需要3~6个月去执行，另外还需要几个月去调整结构，使其规范化。从而总的开发时间经常需要一年或更长的时间。

③ 适用性差。平衡计分卡植根于欧美企业文化。欧美企业文化具有目标导向、直接表达、规则明确、高度竞争等奖惩特点。这些特点明显与中国倡导的和谐文化有所差异。国内企业文化注重上下部属、同事间的和谐关系，注重面子，避免正面冲突，经常迂回沟通。文化差异是造成管理方面冲突的根源，企业文化风格对新的管理系统或方法的引进成功与否至关重要。

平衡计分卡的三大缺点限制了其在企业中的应用。平衡计分卡发源于美国，它要求企业内控很健全，流程和制度很完善，中国很多企业在这些方面存在欠缺，所以平衡计分卡在中国企业中推行得不是很成功。相比之下，二元分布法更适合中国企业。

8.3.4 二元分布法：经营指标和管理指标的阴阳之美

二元分布法是在平衡计分卡和 KPI 的基础上进一步升级改良而来的，是根据责任中心的不同类型和属性，通过调节经营指标和管理指标的权重来达到区别考核的目的。在这个体系中，企业所有的指标分为两大类，即反映企业经营状况的经营指标和反映企业管理状况的管理指标。其中，常见的经营指标有销售达成率、销售毛利率、净利率和存货周转率等，常见的管理指标有人员流失率、计划准确性、客户满意度和财务规范性等。二元分布法的原理如图 8-7 所示。

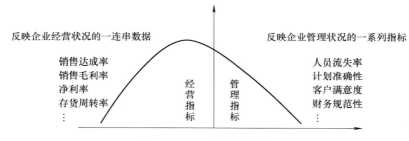

图 8-7　二元分布法的原理

相对于 KPI 和 BSC 而言，二元分布法很好地规避了前两者在考核上的缺点。KPI 对指标的选择过于随意，并且这些指标的选择没有跟责任中心的类型关联起来，经常会出现把利润中心当费用中心来进行考核的现象；BSC 比 KPI 更先进，它从四个维度来选取指标对责任中心进行考核，但对于很多中小公司而言，它们管理的精细度还不够，过于追求从四个维度进行指标选取也会出现为考核而考核的情况，造成考核与实际的脱节，同时 BSC 也忽略了责任中心的性质与考核指标的关系，没有针对不同的责任中心来进行考核指标权重的分配。

在用二元分布法对责任中心进行考核时，在不同的责任中心里，经营指标和管理指标的权重是不同的。一般来说，利润中心作为集团的子公司或事业部，是企业的运营中心，通过经营为企业创造利润，更倾向于对经营指标的考核；成本中心一般是指企业的制造部门、研发中心等，它们虽然不是利润中心，但对利润中心的业绩达成起着至关重要的作用，因此对于成本中心，我们既要考虑对经营指标的考核，又要考虑对管理指标的考核，在进行权重分配时，这两类指标的比例是基本一致的；而费用中心一般为企业的职能部门，它们不直接创造利润，不需要对经营指标负责，因此更倾向于对管理指标的考核。责任中心预算考核指标比重如图8-8所示。

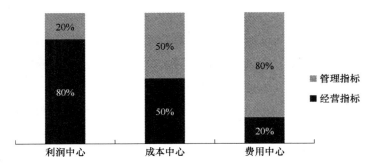

图8-8 责任中心预算考核指标比重

二元分步法通过将指标分为经营指标和管理指标，从经营和管理两方面进行考核，并通过调整这两个指标考核的权重来适应不同类型的责任中心，既降低了实施难度，也增加了适用性，是一种更适合中国企业应用的考核方法。

8.3.5 博弈论在超额奖设计中的应用

管理无处不博弈。博弈论应用得最充分的两个场景分别是：预算目标的制定和绩效考核方案的确定。

我们重点来讨论下博弈论在超额奖设计中的应用。超额奖的设计是绩效考核方案中非常重要的一项内容，但往往被很多企业忽略。为什么要设计超额奖呢？还是基于人性中恶的一面，如果不设超额奖，可能会出现这样一种情况：由于市场的变化或其他因素影响，10月底就完成了全年的目标，还有两个月，如果你是这个事业部的负责人，你会怎么办？我相信大部分人的选择会是采取一种保守的策略，或告诉你的经销商，年底不要提货了，过了12月31日再来安排提货。为什么你会这么做呢？因为任务完成得多了，你没有超额奖，并且你不仅没有奖，因为你今年的基数高了，明年公司会给你下更高的指标。所以说，设置超额奖是非常有必要的，它是对企业预算目标准确性的一个有效的调节，保证了企业运行的效率。

但是问题也来了。既然你设置了超额奖，那么我为了拿到这个超额奖，必将按你给我定的目标拼命地博弈，并且超额奖定得越高，这种博弈的程度越激烈。其实一定程度的博弈并不是坏事，它是利益的重新分配，起到了资源的配置作用。合理的博弈可以提升企业运营的效率。

那么怎么才能把博弈论应用在超额奖的设计中呢？为了让大家更好地掌握这门技能，我还是来给大家举个例子。

案例小帮手：吃包子的故事

小王是一名非常优秀的员工，公司为了激励他更好地工作，给他制定一个吃包子的奖励政策。

假定小王正常的水平是一口气吃掉8个包子，在通常情况下，最后确定的预算目标会出现以下三种情况。

情况一：6个包子。在和公司的博弈中，小王占了上风。

情况二：8个包子。最好的博弈结果。

情况三：12个包子。公司比较强势，这种情况在现实生活中最普遍。

针对这三种情况，如果由你来设计超奖额激励政策，你将如何设计呢？这看似是一个很简单的问题，但在企业实际经营管理过程中，很多企业因为超额奖设计不当，导致要么激励不足，要么激励过当。

我们一个一个来分析。

先看情况一。由于小王的正常水平是一口气吃8个包子，那么公司设计超额奖的目的是希望小王更努力一点。但人的能力是有极限的，小王正常能吃8个包子，你让他努力一下，挑战10个包子是有可能的，但如果你让他挑战20个包子，除非他一下子基因突变，否则是根本完不成的，那么如果把超额奖的目标设定为达到20个才有奖励，那么这个激励手段就失效了。

我们把这个挑战目标定为10个。因为小王的正常水平是8个，那么设在6~8个他是比较容易达到的。由于小王在与公司博弈的过程中比较强势，预算目标定为6个，因此，我们在设计超额奖的时候，在小王吃到第7个、第8个包子的时候，我们把这种激励的幅度定小一点，超过8个的时候再提高奖励幅度，而达到10个以上，再提高奖励比例。通过这种阶梯式的奖励以及每个阶段奖励比例的调整，可以以较小的成本付出获得比较大的激励效果。

再看情况二。公司制定的预算目标与小王的实际能力一致，这是一种最理想的状况，不过在实际操作过程中，这种情况是比较少见的。如果碰到这种情况，在设计超额奖时相对容易些。在 8 个包子和 10 个包子之间，设定一个奖励比例，在 10 个以上再设定一个奖励比例，基本上就可以了。

最后看情况三。这种情况应该是最普遍的。公司的老板或董事会成员是公司的所有者，他们肯定希望预算目标定得越高越好，而花在激励上的成本越少越好，但目标定得越高，达成的可能性越低，员工的积极性会越差。小王正常能吃 8 个包子，如果他努力点的话，能冲到 10 个包子，但你给他定的目标是 12 个，他自己会衡量，"这个目标这么高，我怎么使劲都达不到，那还是算了，能做多少算多少。"目标定得过高，会极大地挫伤员工的工作积极性，并且还会带来很多负面的东西：一是目标定高了，会根据目标相应地匹配资源，这样会造成资源的浪费；二是目标定高了，员工会"摆烂"，与其达不成，还不如完成得更差一点，这样明年的目标就不会定那么高了；更有甚者，不仅"摆烂"，还会利用他的职权做一些有损于企业利益的事情。"既然我在公司从正常的途径拿不到钱，那我就想一些其他的途径。"比如，收客户的回扣，和客户联合起来套取企业的资源等，这些非正常的手段又给企业带来极大的经营风险和管理成本的提升。碰到这种情况怎么办呢？也有办法。办法就是把预算目标和考核目标相分离，预算目标是 12 个，但考核目标可以定 8 个，也就是预算目标的 66.67%，达到 8 个就可以领取年终奖，超过 8 个就可以分阶段领取相应的奖金激励。超额奖的设置如表 8-8 所示。

表 8-8 超额奖的设置

情况	预算目标	正常值	超额奖设置			
			6~8 个	8~10 个	10~12 个	12 个以上
1	6	10	5%	20%	40%	40%
2	8	10	0	20%	40%	40%
3	12	10	0	20%	40%	40%

8.4 预算考核案例分析——二元分布法中蕴育的平衡之道

在这一节中，我们针对不同的责任中心讲一下预算考核的具体范例。我们还是以 H 集团公司为案例背景。

8.4.1 利润中心预算考核范例

以后装事业部为例，后装事业部为利润中心，利润中心的考核偏向经营指标的考核，经营指标与管理指标的比例为 8∶2。其中，经营指标包括销售达成率、利润达成率、费用达成率、存货周转天数和新品销售占比。管理指标包括客户满意度和新客户开发数量。利润中心预算考核范例如表 8-9 所示。

表 8-9 利润中心预算考核范例

年度绩效目标的设定					
姓名：张×	职位：前装销售事业部销售中心总监			汇报上级：前装事业部总经理	
所辖部门：销售部		考核周期：2016 年 1 月 1 日—2016 年 12 月 31 日			
类别	序号	KPI	目标	权重	衡量标准
经营指标	1	销售达成率	100%	30%	实际≥100%，得 100 分； 实际在[80%，100%），得 80 分； 实际在[50%，80%），得 60 分； 实际小于 50%，得 0 分
	2	利润达成率	100%	20%	实际≥100%，得 100 分； 实际在[80%，100%），得 80 分； 实际在[50%，80%），得 60 分； 实际小于 50%，得 0 分
	3	费用达成率	100%	10%	实际≥100%，得 0 分； 实际在[70%，100%），得 100 分； 实际在[50%，70%），得 60 分； 实际＜50%，得 0 分
	4	存货周转天数	50 天	10%	实际＜50 天，得 100 分； 实际在[50，80）天，得 90 分； 实际在[80，100）天，得 60 分； 实际≥100 天，得 0 分
	5	新品销售占比	20%	10%	实际≥20%，得 100 分； 实际在[10%，20%），得 80 分； 实际在[5%，10%），得 60 分； 实际＜5%，得 0 分

（续）

年度绩效目标的设定					
姓名：张×	职位：前装销售事业部销售中心总监			汇报上级：前装事业部总经理	
所辖部门：销售部		考核周期：2016年1月1日—2016年12月31日			
类别	序号	KPI	目标	权重	衡量标准
管理指标	6	客户满意度	100%	10%	一次客户投诉，扣10分。 客户评价表打分： 加权评价[80,100）分，得100分； 加权评价[60,80），得80分； 加权评价<60分，得80分
	7	新客户开发数量	5个	10%	每少一个新客户，扣10分

8.4.2 成本中心预算考核范例

以客户服务中心为例，一般来说，客户服务中心需要控制成本，因此经营指标多以成本指标为主，经营指标和管理指标比重呈均衡分布。经营指标包括单机维护成本和部门费用控制率。管理指标包括客户投诉次数、人员流失率和员工胜任力。成本中心预算考核范例如表8-10所示。

表8-10 成本中心预算考核范例

年度绩效目标的设定					
姓名：吕××	职位：客户服务中心总监			汇报上级：集团总裁	
所辖部门：客服中心		考核周期：2016年1月1日—2016年12月31日			
类别	序号	KPI	目标	权重	衡量标准
经营指标	1	单机维护成本	98%	30%	实际大于98%，得100分； 实际在[80%,98%），得80分； 实际在[50%,80%），得60分； 实际小于50%，得0分
	2	部门费用控制率	100%	20%	实际大于100%，得100分； 实际在[80%,100%），得80分； 实际在[50%,80%），得60分； 实际小于50%，得0分

(续)

年度绩效目标的设定					
姓名：吕××	职位：客户服务中心总监			汇报上级：集团总裁	
所辖部门：客服中心		考核周期：2016年1月1日—2016年12月31日			
类别	序号	KPI	目标	权重	衡量标准
管理指标	3	客户投诉次数	3次	30%	实际无投诉，得100分； 实际投诉1次，得90分； 实际投诉2次，得80分； 实际投诉3次，得70分； 实际投诉>3次，得0分
	4	人员流失率	10%	10%	实际为0，得100分； 实际在（0%，5%），得90分； 实际在[5%，10%），得80分； 实际>10%，得0分
	5	员工胜任力	100%	10%	上级对被考核人评分

8.4.3 费用中心预算考核范例

以财务中心为例，一般来说，财务中心为企业的管理部门，侧重于管理指标的考核，重点在于费用的控制，属于集团的费用中心。经营指标与管理指标的比例接近2∶8。其中，经营指标包括企业总体费用控制率、部门费用控制率和退税入库完成率。管理指标包括企业财务制度建设、财务报表及时性和准确率、存货周转天数和应收账款周转天数。费用中心预算考核范例如表8-11所示。

表8-11 费用中心预算考核范例

年度绩效目标的设定					
姓名：张×	职位：副总裁、财务总监			汇报上级：集团总裁	
所辖部门：财务、预算		考核周期：2016年1月1日—2016年12月31日			
类别	序号	KPI	目标	权重	衡量标准
经营指标	1	企业总体费用控制率	98%	5%	实际大于98%，得100分； 实际在[80%，98%），得80分； 实际在[50%，80%），得60分； 实际小于50%，得0分
	2	部门费用控制率	100%	5%	实际大于100%，得100分； 实际在[80%，100%），得80分； 实际在[50%，80%），得60分； 实际小于50%，得0分

（续）

年度绩效目标的设定					
姓名：张×	职位：副总裁、财务总监			汇报上级：集团总裁	
所辖部门：财务、预算		考核周期：2016年1月1日—2016年12月31日			
类别	序号	KPI	目标	权重	衡量标准
经营指标	3	退税入库完成率	100%	10%	实际大于100%，得100分； 实际在[80%，100%），得80分； 实际在[50%，80%），得60分； 实际小于50%，得0分
管理指标	4	财务制度建设	完善	10%	单独评分表，0～100分
	5	财务报表及时性	月度8日出具	20%	月度8日之前出具，得100分； 每推迟一天扣10分
	6	财务报表准确率	100%	20%	无差错，得100分； 使用者发现1个差错扣10分； 自查发现差错扣5分
	7	存货周转天数	50天	15%	实际＜50天，得100分； 实际在[50，80）天，得90分； 实际在[80，100）天，得60分； 实际≥100天，得0分
	8	应收账款周转天数	60天	15%	实际＜60天，得100分； 实际在[60，90）天，得90分； 实际在[90，180）天，得60分； 实际≥180天，得0分

后 记

大家经过很长一段时间的共同努力,《全面预算管理:让公司指数级增长》终于完稿了。

在这里我要感谢我的搭档吕勇清先生,他和我在 H 集团公司共事六年多,也是我当时在 H 集团公司推行全面预算的一位重要的帮手和执行者。他思维敏捷,谦虚好学,并且勇于承担责任。在 H 集团公司共事的六年,是我们共同成长的六年,我们是亦师亦友的关系,我负责方向的制定和资源的协调,他做得更多的是执行。也正是因为大家多年的配合,在这本书的编写中,我们有很多的默契。他和我一起搭建了本书的框架,并完成全部案例的设计,本书能够顺利成稿,他发挥了重要的作用。

我还要感谢我现在的合伙人潘彩荼女士。她是我在 H 集团公司任职的时候,招募的一批大学生中比较优秀的一个。她是硕士研究生学历,她在学校的时候就是学霸级的人物。我离开 H 集团公司创业后不久,她跳槽到了深圳一家公司做财务主管,我邀请她来一起创业。经过几次邀请她终于同意了,她比我想象中还要优秀。她在公司中承担了很多琐碎的事务,并且从不抱怨。她是一个异常勤奋的人,在本书的编写过程中她也付出了很多的劳动,每一章开头漂亮的思维导图就是出自她的手笔。

除他俩之外,我还要感谢林逸轩和吕淳瑜两位同学。林逸轩是我中山大学的小师弟,不过他研究生毕业于新加坡大学。他也是非常优秀的,毕业后就拿到了毕马威的 offer,由于新加坡那边毕业时间早,他有一段空出来的时间正好在公司实习,他和吕淳瑜同学一起,完成了早期资料的搜集和部分章节的撰写工作。吕淳瑜同学毕业于暨南大学,也是一位非常优秀的毕业生。她加入本项目的时候还在念大四,但已经被学校保送到研究生院继续深造。她和林逸轩同学一起,为本书的完稿做了大量的基础性工作。他俩在各自的学校中都属于佼佼者,能够为这本书做编写工作,也为本书增色不少。我相信他俩在未来一定会有美好的前途。

还要感谢我曾经的同事邹美凤、危黎黎、朱威等,她们也参与了本书的部分工作，因为一些原因，他们现在已经走上了新的工作岗位，并且在新的工作岗位上都有着非常优异的表现，我由衷地为他们感到骄傲。

要感谢的人其实还有很多，包括我们公司的小编高东和，我们都亲切地称之为和仔。他是我微博的粉丝，机缘巧合认识后，加入公司一起工作。他是个非常愿意吃苦耐劳的人。他帮忙做了很多图形的美化，并帮助联系出版社等事宜。而现在，他正听从公司的安排，到我们服务的一个项目中从基层的业务员开始做起，这个项目也是 6M 体系在小微企业的一次全方位的试验。我们想通过这个案例来告诉大家，全面预算管理不仅适用于大企业、大集团，在一个初创型的公司，在一个年收入只有 4 000 万元的小企业，它一样能发挥巨大的作用。令人欣慰的是，我们才接手这个项目三个多月，经过我们的梳理，效果已经非常显著。2019 年第一季度，该公司达成了年初制定的预算目标，所完成的业绩是 2018 年同期的 3 倍，我们非常有信心在今年年底完成年初制定的 1.5 亿元的年度销售目标。

还要感谢陈珠明教授，他在百忙之中帮忙写序。陈老师是我在中山大学念 MBA 的导师，他博学多才，对学生关爱有加，对于本书的出版，他给予了很多鼓励和最大的精神支持。

还要感谢我的粉丝们，在本书正式出版之前，已经有超过 100 位粉丝预付了款项。他们都是我身边的朋友、同学、同事以及听过我讲课的"预粉"们，感谢他们一路的陪伴、支持与等待。

还要感谢我的太太、家人及刚出生的我们的第二个孩子，她是上天给我最大的馈赠，也是我在创业的道路上前进及写作本书的最大动力。

还要感谢妈妈金融学院，妈妈金融学院是一个垂直于金融领域的知识付费平台，他们开办了专注于提高企业高层管理人员财税和金融知识与实践能力的线下系列课程，受到了广泛的好评。我非常荣幸，作为平台的特约导师之一，成为了平台系列丛书的第一位作者。

要感谢的人实在是太多，在这里就不一一感谢了。

当然，本书的结束不代表我们工作的结束，相反，它仅仅是个开始，它是我们正在策划的会计实战系列书籍的第一本，是一种新的写作方式和开发方式的实践。同时，它也是我们开发的这个 IP——《全面预算管理：让公司指数级增长》的 1.0 版本，未来我们将持续升级这个版本。在 2.0 乃至更高级的版本中，我们会加入一些新的案例，这些案例大多来自我们的实践。时代在变化。企业所处的环境在变化，但无论如何变化，商业的本质不会变化。我们希望您能通过我们这些

后 记

案例和书籍，找到管理的本质和共性，并把它们应用到您的企业中。同时我们也相信，每一次升级都会给您带来耳目一新的感觉，因为知识和信息都在快速迭代，我们要想不被时代抛弃，唯有不断地创新和学习。

鉴于此，为了让大家能有更深度的思考，也为我们接下来的工作做一个引子和铺垫，我抛出两个问题，并给大家做简要的解释和分析。更多深度的解析则留到 2.0 版本或者是其他更好的沟通方式中去。这两个问题如下：

（1）组织的变化带给我们怎样的思考？它对我们推行全面预算有何影响？

（2）全面预算只适合于大中型企业吗？小微企业能不能通过全面预算管理来提升管理水平和经营业绩？

我们先来看第一个问题。

预算编制的起点是战略目标的制定。目标制定后，接下来要做的就是组织架构的梳理和人事任命。组织架构对企业的发展和目标的达成是至关重要的，特别是在工业化时代向互联网时代转型的过程中，组织的形态发生了根本性的改变。

为什么在转型的过程中组织的形态发生了根本性的改变呢？其实一切都有因可循。

在农业化时代和手工业化时代，基本上还属于作坊的形式，到了工业化时代，才有了真正的企业形态。

在工业化时代，最开始的组织架构是直线职能制，如图 1 所示。

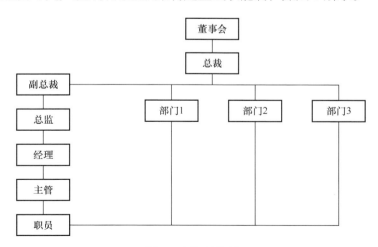

图 1　直线职能制

这种组织架构的优点如下：

（1）层级清晰。从普通职员到部门总监，直至企业总经理，一层一层地往上升。

（2）分工明确。会设置很多的部门，各部门各司其职。

（3）稳定性高。在这种组织架构下，员工的稳定性相对来讲比较高。

缺点如下：

（1）部门之间缺乏信息交流，容易各自为政。

（2）职能部门严重脱离市场，极易形成官僚之风。

（3）当市场发生急骤变化的时候，应变能力差。

正因为直线职能制的以上缺点，组织架构开始慢慢演变，矩阵式组织架构在需要大量的跨部门协作的时候出现。矩阵式如图2所示。

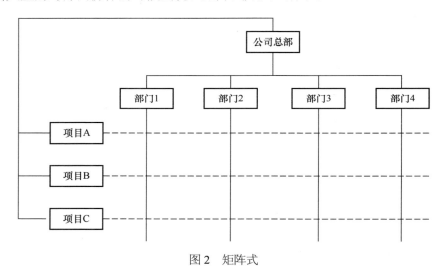

图2 矩阵式

从图2中可以看出，除了原有的这些纵向的实线外，还多出了一条条横向的虚线。

相比较直线职能制而言，矩阵式组织结构有如下优点：

（1）增加了跨部门间的沟通，一定程度上拆解了"部门墙"。

（2）避免人浮于事。矩阵式的组织架构不仅能确保项目得以完成，还能确保项目能够有效率地完成。

（3）便于建立更合理的分配机制。在同一个项目内，项目经理可以根据项目组成员对于项目的贡献来进行激励。

当然这种组织架构也存在一定的缺陷，特别是互联网时代到来的时候。

后 记

它的劣势主要体现在以下几方面：

（1）纵向的直线职能制痕迹太深。在矩阵式组织架构下的员工受着双重领导，既要受直线的上级主管的领导，又要受横向的项目经理的领导。当两个领导的意见不一致时，极易引发冲突，员工往往会显得无所适从，这样也会导致组织效率的降低。

（2）虽然实行项目经理负责制，但项目成员在行政上仍然归属于纵向的职能部门的领导，项目经理无法决定项目成员的选拔、降职和晋升，只能施以负向的考核或者以正向的激励为引导，这样会增加管理的难度。

也正因如此，以小米为代表的互联网企业带来了变革。这个变革就是：纵向的实线变为虚线，而横向的虚线却逐渐变为实线，可以把它称为项目制。项目制如图3所示。项目制的整个组织架构更加扁平化，纵向只有员工、副总裁、总裁三个级别。而横向可以横跨各个部门，项目经理拥有更大的话语权，他可以在项目内进行一切资源的统筹和调配。项目经理也不再是一个永久性的职务，他的任期和产品的生命周期联系在了一起：产品立项，项目经理上任；产品消亡，项目经理使命完成。

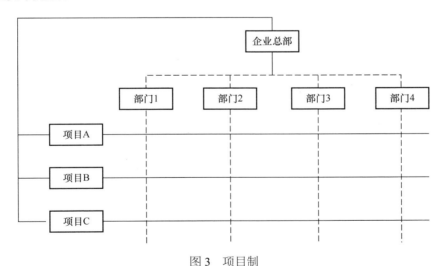

图3 项目制

从组织架构的演变中，我们可以发现这样的规律：纵向的这条线慢慢从实线变为虚线，甚至消失；而横向这条线却从无到有，再从虚到实。

而随着信息技术的不断进步，未来的组织形式会呈现以下特征：

（1）部门的功能越来越弱，边界越来越模糊。

（2）组织越来越扁平化，中间层消失。

（3）传统的组织结构被肢解，组织由紧密型向松散型过渡。企业聚焦核心业务和部门，非核心业务和部门将外包出去。

它可以称为分散式，如图4所示。

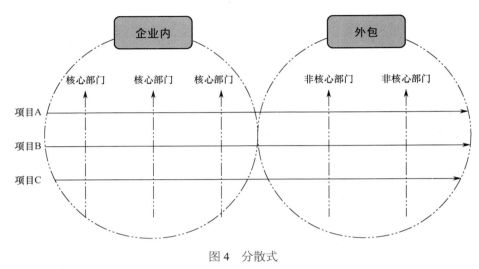

图4　分散式

这种变化给企业推行全面预算的管理也带来了不小的挑战，主要表现在以下几个方面：

（1）对人的管理难度变大。人变得越来越不听话，其实这种现象已经在很多新职员身上出现了。有些人把这归结为90后员工身上特有的毛病，这个评价不太客观，只能说90后员工正好赶上了这种变化，因为他们不像70后、80后员工会受以前的习惯和经验的束缚，他们就是一张白纸，所以他们反而更容易感知这种变化。陈春花老师曾说过，我们一百年来对管理学的研究，都是基于一个前提——雇佣制，而现在时代发生了变化，从雇佣制变成了合伙人制。因此，有前瞻性的管理者要去适应这种变化，并且要因为这种变化让自己也发生变化。至于答案，陈春花老师也给出了，也就是新组织原则：从管理到赋能。而我自己的观点是：我们要转变激励体系，把原来的由企业管理层面的激励体系调整为企业治理层面的激励体系。

（2）项目预算将大行其道。我们以前的做法是，把预算目标按区域分解下去，海外区域分多少？国内区域分多少？而国内区域又分华南大区多少？华中大区多少?等等。而未来的分法是怎样呢?A产品多少?B产品多少?一个产品其实就是一个项目,那么这个项目从前期的市场调研、产品研发到后期的生产制造、市场推广等,所有的成本和费用都要按项目来进行归集,收入和利润也按项目来进行归集。

(3)考核机制将迎来重大调整。考核机制的变化是基于以上两点的变化,从雇佣人到合伙人,一方面,企业经营风险从原来完全由企业承担,到企业和个人共同承担;另一方面,企业的利润从原来的完全由企业占有到与员工共同分享。同时,由于组织从紧密型向松散型过渡,在进行绩效考核时,不能仅仅只考虑企业内部员工,不管是在职还是兼职,在体系内还是在体系外,大家都是为着一个共同的目标,但这也为绩效考核的设计带来了一定的难度。

再来看第二个问题。

很多人觉得,预算是大企业才考虑的事,我们的企业还小,不需要做预算。

这个观点对不对呢?我认为是不对的,前面说了,预算不仅是个工具,它更应该是一个管理思想。一个企业的经营者要管好一个企业,必须要有一套系统的方法论,而基于6M构架下的全面预算管理体系就是这个方法论。

我拿一个例子来说明。

我们服务的一个企业做鲜羊奶配送,两年的时间做到了年营业额4 000多万元,但达到了这个规模后就遇到了瓶颈,也就是管理上的瓶颈。之后这家企业的老板通过一个投资人找到了我们,我们接到这个单后怎么做的呢?

完全按照全面预算管理的体系来帮他做改善和提升。

先从战略规划上来看,战略规划有三个职能:定目标、定方向、定模式。

定目标是确定企业3~5年的经营目标和管理目标。

定方向是确定企业未来的发展方向:核心业务、新兴业务和种子业务。核心业务是鲜羊奶配送,这块业务在未来的3~5年会迎来爆炸式的增长。

定模式是确定企业的商业模式。该公司之所以在两年内就做到了4 000万元的业绩,在于其商业模式的先进性。其他羊奶厂商还局限在传统的经销商模式的时候,这家公司的创始人独辟蹊径,开启了直销模式,并且把直销跟配送结合起来,羊奶配送员同时也是羊奶销售员。这种结合貌似简单,却有可能在未来改变整个业态。当然我们在原有的商业模式上做了一些优化,这里就不展开讨论了。

做完战略规划,确定了预算目标,接着就是把这些目标分解下去。目标分解如表1所示。

表 1　目标分解

区域	2019 年		2020 年		2021 年	
	业绩/万元	站点数	业绩/万元	站点数	业绩/万元	站点数
A 区	5 000	12	10 000	20	12 000	24
B 区	4 000	12	9 000	20	10 000	24
C 区	6 000	30	20 000	42	25 000	60
新区域 A			21 000	50	38 000	80
新区域 B					35 000	100
合计	15 000	54	60 000	132	120 000	288

这些目标不仅要分解到各区域，还要由各区域再分解到各站点，各站点再分解到各小组，各小组最后再分解到每个人。

当然实际的目标分解比我讲的要复杂得多，囿于篇幅的限制，没办法展开来讲，有点小遗憾。

预算编制做完后，最后是考核体系和激励机制的设计。

这家羊奶公司之所以在前期能够发展这么快，激励机制起到了至关重要的作用。

对于一个劳动密集型行业而言，人力成本和人均产值是两个非常重要的指标，如何控制好人力成本，提高人均产值，核心在于最大限度地激发人的潜能，提高人的工作积极性，在这点上，这家羊奶公司可以说做到了极致。

由于我们在考核体系和激励机制设计上的独特性，现在已经有一些竞争对手开始效仿，但终归是"画虎不成反类犬"。不过有竞争是好事，良性的竞争会促进行业的健康发展。

这个项目我们已经辅导了三个多月，从第一季度的业绩来看，完全是按照我们设计的路径在发展。该公司 2019 年的年度销售目标是 1.5 亿元，如果不出大的意外，很大可能会超额完成目标。

我举这个例子是想告诉大家，如果精通预算体系和预算思维，那么您可以更好地对企业进行管理，而不论这个企业的规模有多大。

最后，感谢各位读者朋友的厚爱。由于我们水平有限，书中难免存在错误或疏漏之处，恳请各位读者给予批评和指正，也欢迎大家就书中存在的疑问与我进行探讨与交流。我的微信号：tianruo_stone。

徐　华

2019 年 4 月 7 日

致 谢

在我写作本书的过程中，得到了以下朋友的厚爱，在此向他们表示最真挚的感谢！（排名不分先后）

蔡　毅，陈美丽，陈小文，晨　曦，崔健超，邓红平，邓　茜，冯　伟，辜进喜，古建飞，郭海英，郭红芳，郭　锐，郭屹峰，何其瑞，贺　帅，贺小龙，衡　超，胡冬冬，黄春芳，黄逢梅，黄桂兰，黄　花，黄嘉雯，蒋建平，蒋友谊，柯金水，寇　娟，赖丹霞，老　吴，冷雪莉，黎冬妹，黎明良，李　创，李　丁，李　靖，李　露，李　明，李　薇，李　越，梁景增，廖科乐，林伟雄，林逸轩，刘　畅，刘名亮，刘铭文，刘信江，刘雪华，刘毅清，罗慧聪，潘舒伟，彭俊添，钱宇安，青　青，任梓韵，芮琪玮，孙世民，谭炳光，谭　静，汤　兰，汤　汤，唐　诗，唐刈非，唐迎朝，陶晨扬，滕　滕，王洪霞，王乐乐，王丽媛，王文娟，王小灵，王　忆，王　宇，危黎黎，吴凤琴，吴俊驹，吴　腾，伍栋扬，夏　辰，肖　霞，谢技武，徐兵泉，许彩玲，杨水华，杨小令，殷海霞，于秀丽，岳　云，悦豫且康，张　莉，张四平，张　廷，张雯晴，张　钰，张赞国，郑丽萍，郑　敏，郑兴华，周芳如，周广盛，朱　威，邹美凤，邹杏林，左国衡